TRAITÉ
D'HARMONIE

PAR

HENRI REBER

MEMBRE DE L'INSTITUT
PROFESSEUR DE COMPOSITION AU CONSERVATOIRE

Sixième Édition

PRIX : 18 FRANCS NET

PARIS
COLOMBIER, ÉDITEUR, 6 RUE VIVIENNE
E. GALLET SUCCESSEUR
AU COIN DU PASSAGE VIVIENNE

Tous droits réservés

1904

TRAITÉ

D'HARMONIE

PARIS, IMPRIMERIE JOUAUST, L. CERF, SUCC[r], RUE SAINTE-ANNE, 14.

TRAITÉ

D'HARMONIE

PAR

HENRI REBER

MEMBRE DE L'INSTITUT
PROFESSEUR DE COMPOSITION AU CONSERVATOIRE

Sixième Édition

PRIX : 18 FRANCS NET

PARIS

COLOMBIER, ÉDITEUR, 6 RUE VIVIENNE
E. GALLET SUCCESSEUR
AU COIN DU PASSAGE VIVIENNE

1905

CONSERVATOIRE IMPÉRIAL DE MUSIQUE ET DE DÉCLAMATION.

Rapport du Comité des études musicales du Conservatoire
sur le TRAITÉ D'HARMONIE de M. REBER.

Paris, le 26 avril 1862.

Le Comité des études musicales du Conservatoire Impérial de Musique a examiné avec un vif intérêt le TRAITÉ D'HARMONIE de M. HENRI REBER.

Cet ouvrage, qui repose sur les saines traditions des grands maîtres, satisfait à toutes les exigences de l'enseignement moderne. Il est bien conçu, bien écrit. Les excellents préceptes qu'il renferme sont formulés avec clarté, enchaînés avec méthode et appuyés d'exemples progressifs d'une facture élégante et correcte.

Divisé en deux grandes Parties, l'ouvrage de M. REBER traite, dans le premier Livre, des accords consonnants et dissonants avec tout ce qui se rattache à l'emploi de ces accords. Le Chapitre consacré aux *modulations* est rempli d'aperçus neufs et ingénieux. Dans le deuxième Livre, où il est question des notes *étrangères* à la constitution des accords, ou des *notes accidentelles*, on remarque principalement le chapitre relatif aux *suspensions* qui jette un jour nouveau sur cette partie essentielle du style rigoureux. En général, tout ce qui concerne les *notes mélodiques* est présenté d'une manière très-intéressante et qui fait le plus grand honneur à la sagacité de M. REBER.

A la fin de cet excellent ouvrage se trouve un Appendice contenant les *corrigés* des leçons que les élèves ont à *réaliser*; puis un *supplément* d'une grande lucidité où l'auteur s'occupe des *imitations*, du *contre-point*, et du *style rigoureux*.

Le Comité des études musicales du Conservatoire, reconnaissant que le TRAITÉ D'HARMONIE de M. HENRI REBER, fruit d'une expérience acquise par de longues années de professorat, est un des meilleurs livres de théorie musicale qui aient paru de nos jours, donne son entière approbation à cet ouvrage et l'adopte pour les classes du Conservatoire.

Signé :

AUBER,
Directeur du Conservatoire,
Président du Comité.

CARAFA. — AMBROISE THOMAS. — KASTNER. — VOGT. — GALLAY. — CH. DANCLA — PRUMIER.

ED. MONNAIS,
Commissaire impérial.

Pour copie conforme,

A. DE BEAUCHESNE,
Secrétaire.

AVANT-PROPOS

Ce Traité a été conçu, à la fois, au point de vue spécial de la pratique des écoles, et au point de vue plus général d'une méthode d'analyse.

L'auteur a la conviction que l'enseignement de l'école doit être maintenu dans les limites qui obligent à écrire avec la plus grande pureté ; c'est pourquoi il a respecté, autant qu'il lui a été possible, les traditions et les règles généralement consacrées, et sous l'influence desquelles s'est formé le style de tous les grands maîtres de l'art.

Toutefois, un traité d'harmonie limité aux règles du *style rigoureux*, étant insuffisant au point de vue de l'analyse, pourrait faire naître le doute dans l'esprit de l'élève qui, s'il étudie une œuvre de maître, doit souvent être surpris d'y découvrir soit des hardiesses et des licences qui sont en contradiction avec ce qu'on lui enseigne, soit des combinaisons qui lui paraissent étranges ou inexplicables parce qu'on ne lui en a jamais parlé. L'enseignement de l'harmonie, dans l'acception complète de ce mot, doit donc mettre l'élève à même de pouvoir tout analyser, et, ses études classiques une fois terminées, de pouvoir pratiquer sans trop d'hésitation ni de scrupules ce qu'on est convenu d'appeler le *style libre*. C'est dans ce but (et tout en maintenant constamment la priorité aux règles du *style rigoureux*) qu'on a essayé de consigner dans cet ouvrage les ressources harmoniques plus étendues dont les compositeurs éminents ont successivement enrichi l'art musical depuis un siècle.

En résumé l'auteur n'a pas eu l'ambition de faire un ouvrage original, mais un ouvrage utile, et il a dû nécessairement se rencontrer sur certains points, avec les écrits théoriques de ses devanciers ; il se fait particulièrement un devoir de rendre ici un témoignage de reconnaissance à ses premiers maîtres MM. Séghos et Jelensperger ; ce dernier a publié, en 1830, un traité d'harmonie très remarquable qui a eu peu de retentissement à cause de la mort prématurée de son auteur et, probablement aussi, à cause d'une manière nouvelle de chiffrer qu'il y a introduite et qui a dû rebuter les professeurs.

L'auteur du présent ouvrage a adopté, sinon quant à la forme, du moins quant au fond, plusieurs aperçus théoriques du traité de Jelensperger, entre autres une partie de ceux qui concernent les notes mélodiques, et principalement la disposition générale, les tableaux synoptiques des accords altérés.

Comme livre élémentaire, ce nouvel ouvrage contient peut-être trop de détails, car un élève qui en est à ses premiers rudiments n'a besoin que des règles les plus simples et les plus essentielles, et on doit éviter de lui embarrasser l'esprit avec des exceptions qui ne pourraient trouver une application immédiate dans son travail. L'auteur recommande aux professeurs qui adopteront ce traité de n'insister que sur les règles d'école et de ne pas s'appesantir sur tout ce qui concerne le style libre et les combinaisons harmoniques peu usitées. Il est même certains articles qu'on pourra supprimer momentanément : tels sont surtout : 1° l'ARTICLE concernant *l'influence des changements de position*, §76 à §90, ainsi que les ARTICLES subséquents de §91 à §98 ; 2° le CHAPITRE COMPLEMENTAIRE de la PREMIÈRE PARTIE, §163 à §172. C'est seulement après s'être familiarisé avec les matières les plus essentielles du PREMIER LIVRE, et après avoir vaincu suffisamment les premières difficultés de réalisation, que l'élève pourra s'occuper, avec fruit, d'une étude rétrospective des différents articles qu'on lui aura interdits provisoirement.

TABLE DES MATIÈRES.

LIVRE PREMIER.

PREMIÈRE PARTIE.

HARMONIE CONSONNANTE.

CHAPITRE I.

CHAPITRE II.

CHAPITRE III.

CHAPITRE IV

CHAPITRE V.

DEUXIEME PARTIE.

DES ACCORDS DISSONANTS

CHAPITRE II.

CHAPITRE III.

CHAPITRE IV.

CHAPITRE V

COMPLÉMENTS DU PREMIER LIVRE.

APPENDICE.

LIVRE DEUXIÈME.

DES NOTES ETRANGÈRES A LA CONSTITUTION DES ACCORDS ou DES NOTES
ACCIDENTELLES

PREMIÈRE PARTIE.

NOTES ACCIDENTELLES DE PREMIÈRE CLASSE.

CHAPITRE I

INTRODUCTION.

La résonnance d'une corde ou d'un tube sonore est incontestablement le principe physique et matériel de notre musique. Plusieurs théoriciens même ont prétendu, à tort, il est vrai, on va le démontrer tout à l'heure, que de là provenait notre système harmonique et mélodique tout entier. Nous croyons donc devoir donner ici un exposé succinct des effets de ce phénomène acoustique sur lequel s'appuient certaines combinaisons harmoniques et mélodiques.

Lorsqu'on fait vibrer une note grave, par exemple l'*ut* grave soit d'un violoncelle soit d'un piano, et qu'on approche l'oreille en écoutant attentivement la résonnance, outre le son grave *ut*, on ne tarde pas à entendre distinctement des sons accessoires appelés *sons concomitants* ou *aliquotes* ou *harmoniques de ce son fondamental*. Voici l'effet produit tout d'abord :

Toute oreille un peu exercée, si elle ne peut apprécier les différentes octaves doubles, entendra au moins l'effet suivant : c'est-à-dire *l'octave* du son grave, sa *douzième* ou *quinte juste*, et sa *dix-septième* ou *tierce majeure*. De plus, à mesure que la vibration de la corde devient plus faible, l'oreille distinguera, à l'aigu, la *septième mineure*, puis enfin la *neuvième majeure*. Afin de mieux se rendre compte de l'accord on peut resserrer ces différentes notes dans la disposition suivante :

Les vibrations de la colonne d'air contenue dans un tube ouvert, tel que le cor ou la trompette, donnent successivement et invariablement, selon l'intensité du souffle qui les produit, ou selon la pression des lèvres, une série de sons dont les rapports sont exprimés dans l'échelle suivante (*)

Mais tous les sons de cette échelle ne sont pas d'une justesse rigoureuse ; le *si* ♭ est un peu trop bas et le *fa* est trop haut ; d'ailleurs il se présente encore une objection, bien plus importante, au système qui prétend fonder notre musique tout entière sur les divisions naturelles des corps sonores, c'est que l'ensemble des parties aliquotes d'aucun tube ni d'aucune corde qu'on fait résonner ne nous donne l'impression du mode mineur ; cependant notre âme et nos sens sont tout aussi accessibles aux impressions de ce mode qu'à celles du mode majeur.

Ce qui vient d'être énoncé doit mener simplement à cette conclusion : que le mode majeur est le plus parfait en ce qu'il se rapproche le plus de la sonorité naturelle. Cette vérité se fera sentir et trouvera son application dans plusieurs parties de cet ouvrage, c'est pourquoi on a cru devoir la consigner ici. En dehors de ce fait évident tout ce qu'on veut appeler *théorie naturelle* n'a jamais produit que des dissertations sans résultats pour l'art. Que les données qui ser-

---

(*) On ne donne ici que l'étendue la plus restreinte et la plus ordinaire de cette échelle qui, selon la nature de l'instrument, peut souvent être dépassée ; soit au grave soit à l'aigu.

vent de base au système musical moderne soient naturelles ou conventionnelles, il faut les accepter comme on accepte une révélation ; notre sentiment et nos habitudes musicales en sont la conséquence ; le raisonnement ne les modifiera pas, et ce traité n'a d'autre but que de rechercher, d'analyser et d'exposer le plus clairement possible toutes les ressources renfermées dans l'harmonie telle qu'on la pratique de nos jours.

La musique, envisagée au point de vue moderne, comprend trois éléments : le *rhythme*, la *mélodie* et *l'harmonie*.

Le RHYTHME est la sensation déterminée par les rapports de durée relative soit de différents sons consécutifs, soit des diverses répercussions ou répétitions d'un même son ou d'un bruit, soit des diverses impulsions que reçoit un objet quelconque ; il naît de la division du temps, à condition, toutefois, que les différentes divisions en soient assez courtes pour permettre à la sensation et à l'esprit de les comparer. La durée plus ou moins longue des sons, leur interruption périodique ou irrégulière, la symétrie ou l'irrégularité de leurs nombres, enfin toutes les combinaisons possibles de valeurs sont autant de causes produisant des rhythmes différents plus ou moins entraînants ou incisifs, plus ou moins vagues ou languissants.

La MÉLODIE est l'émission successive d'un nombre indéterminé de sons différents ; ainsi il suffit que deux sons différents se succèdent immédiatement pour qu'il y ait *mouvement mélodique*.

L'HARMONIE, dans le sens absolu du mot, consiste dans l'émission simultanée de plusieurs sons différents.

Chacun de ces trois éléments a une influence spéciale, mais leur union est nécessaire à toute œuvre musicale complète.

Le *Rhythme* peut exister sans mélodie ni harmonie, car il peut être produit par le moyen de toute espèce d'instrument de percussion. Des trois éléments musicaux le rhythme est le plus indispensable ; il est aussi celui dont l'effet est le plus infaillible en ce qu'il est le plus matériel et que, par cette raison, il agit sur les organisations même les plus grossières.

La *Mélodie* ne peut se passer de rhythme ; mais elle peut exister et charmer sans le secours de l'harmonie ; son origine est dans les inflexions de la voix humaine traduisant les diverses affections de l'âme. Le rhythme et la mélodie sont les deux éléments de la musique des civilisations antiques.

L'*Harmonie*, dans le sens de son application à l'art, ne peut se passer de rhythme ni de mélodie, à moins de supposer une émission simultanée de sons immuables ; car dès l'instant qu'une mutation quelconque s'effectue dans les sons il en résulte un rhythme et une mélodie. Ainsi l'Harmonie, dans l'acception la plus étendue du mot, embrasse la musique tout entière ; mais, de fait, elle forme une branche distincte et spéciale de l'art ; elle traite particulièrement des conditions et des lois qui régissent la concordance des sons. Il est donc évident que le cadre d'un traité consacré spécialement à l'étude déjà si complexe de l'Harmonie proprement dite ne permet pas d'approfondir et de développer l'élément rhythmique ni l'élément mélodique ; cependant leur influence, dans l'Harmonie, est considérable et constante, et cette influence a été signalée autant que possible dans tout le cours de cet ouvrage ; mais, dans un grand nombre de cas, c'est plutôt au sentiment musical à deviner et à apprécier cette influence ; l'élève qui n'en aurait pas l'intuition n'est pas né musicien, et, dès à présent, doit fermer ce livre.

NOTIONS PRELIMINAIRES.

Tout en supposant l'élève suffisamment instruit en ce qui concerne le solfège, on a jugé à propos de donner ici un aperçu précis des intervalles ainsi que des modes et de la tonalité, afin de prévenir toute hésitation ou tout malentendu.

DES INTERVALLES.

§1. On appelle *intervalle* la distance d'une note à une autre, c'est-à-dire la différence d'élévation ou d'abaissement qui existe entre deux sons. L'intervalle est *harmonique* lorsque les notes dont il est formé sont entendues simultanément; il est *mélodique* lorsque ces mêmes notes sont entendues successivement:

Un intervalle harmonique se désigne ordinairement à partir de sa note la plus grave. Un intervalle mélodique est appelé *supérieur* (ou *ascendant*) lorsqu'il procède du grave à l'aigu (A); il est *inférieur* (ou *descendant*) lorsqu'il procède de l'aigu au grave (B)

§2. L'intervalle est *simple* lorsqu'il est renfermé dans les limites de l'octave, il est *composé* ou *redoublé* lorsqu'il dépasse cette limite:

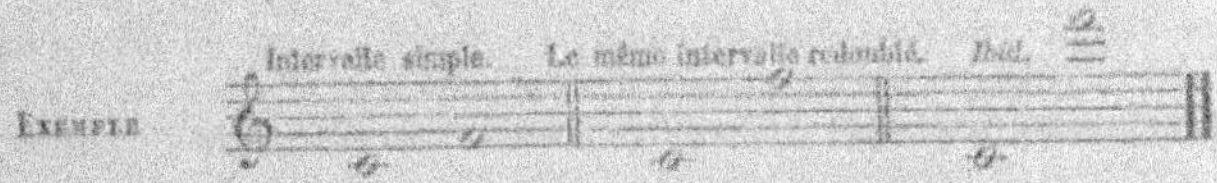

TABLEAU COMPARATIF DES INTERVALLES SIMPLES

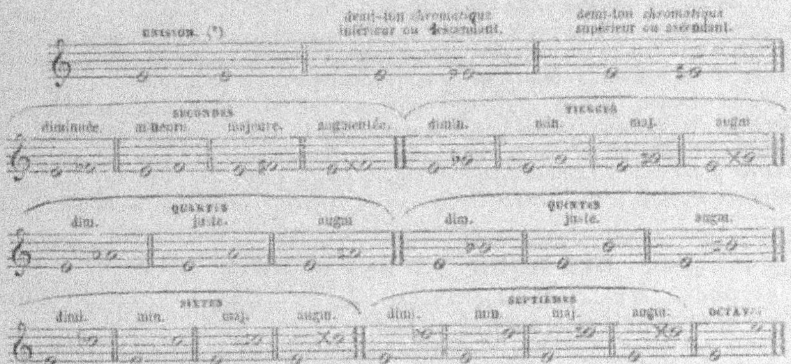

§3. *N. B.* La seconde diminuée s'appelle aussi, le plus souvent, *intervalle enharmonique* ou simplement *l'enharmonique*; il en est de même de son renversement, la septième augmentée.

§4. Lorsqu'on rapproche, d'un demi-ton, les deux notes qui forment un intervalle *diminué*.

(*) L'unisson, de fait, n'est pas un intervalle; cependant il est nécessaire de le faire entrer dans la classification des intervalles, puisque le renversement de l'octave donne l'unisson.

ou qu'on éloigne, d'un demi-ton, les deux notes qui forment un intervalle *augmenté*, ces intervalles deviennent, ou *doublement diminués* (*), ou *doublement augmentés* :

§ 5. Les intervalles redoublés conservent généralement le nom des intervalles simples qui y correspondent. Cependant il arrive assez souvent qu'on ait besoin d'exprimer d'une manière plus précise la distance qui sépare les deux notes d'un intervalle redoublé; alors la *seconde* redoublée prend le nom de NEUVIÈME; la *tierce*, la *quarte*, la *quinte*, etc., prennent les noms de DIXIÈME, ONZIÈME, DOUZIÈME, etc. Le demi-ton chromatique *ascendant*, lorsqu'il est redoublé, prend le nom d'OCTAVE AUGMENTÉE; le demi-ton chromatique *descendant*, lorsque sa note la plus grave est transposée à l'octave aiguë, prend le nom d'OCTAVE DIMINUÉE.

§ 6. RENVERSEMENT DES INTERVALLES. — Renverser un intervalle signifie transposer sa note grave à l'aigu, d'une ou de plusieurs octaves, de manière que celle des notes qui, d'abord, était la plus aiguë, devienne la plus grave (ex. C); ou bien, ce qui donne le même résultat, transposer sa note aiguë au grave, d'une ou de plusieurs octaves, de manière que celle des notes qui, d'abord, était la plus grave, devienne la plus aiguë (ex. D).

La qualification d'un intervalle est changée par le renversement: ainsi, ce qui est *mineur* devient *majeur*, et *vice versâ*; ce qui est *diminué* devient *augmenté*, et *vice versâ*. La *quarte juste* et la *quinte juste* sont les deux seuls intervalles dont les renversements ne changent pas la qualité: ainsi la quarte *juste* donne, par renversement, une quinte *juste*; la quinte *juste* donne une quarte *juste*. (**)

§ 7. On appelle *consonnances* (ou *intervalles consonnants*), l'unisson, l'octave, la quinte juste, la tierce majeure ou mineure, et la sixte majeure ou mineure; on classe même souvent ces différents intervalles: 1° en *consonnances parfaites* qui sont: l'unisson, l'octave et la quinte juste; 2° en *consonnances imparfaites* qui sont: la tierce majeure ou mineure et la sixte majeure ou mineure. Tous les autres intervalles sont *dissonants*, à l'exception de la quarte juste qui n'est classée ni comme intervalle consonnant ni comme intervalle dissonant, ou, pour mieux dire, qui est tantôt consonnance, tantôt dissonance, selon les conditions où elle est placée; ces conditions seront expliquées dans le chapitre qui traite du renversement des accords; provisoirement on considérera la quarte juste comme *consonnance*.

DES MODES ET DES GAMMES.

§ 8. Quoique ces deux termes *mode* et *gamme* soient très souvent synonymes, il convient ici de les distinguer et de les définir.

Par le mot GAMME on entend, en général, l'échelle diatonique renfermée dans l'octave; par extension le mot *gamme* s'applique aussi à l'échelle chromatique. L'ordre diatonique d'une gamme peut varier, c'est-à-dire que la place des tons et des demi-tons peut être intervertie, ce qui constitue un changement de mode.

(*) Il va sans dire que la seconde diminuée fait ici exception parce qu'elle ne peut pas être doublement diminuée.

(**) On n'a pas jugé à propos d'adopter, dans cet ouvrage, les dénominations de quinte majeure pour la quinte juste, et de quarte mineure pour la quarte juste; ces qualifications nouvelles ne sont pas généralement adoptées en France et n'offrent d'ailleurs aucun avantage; cette dernière considération doit toujours faire donner la préférence à la tradition.

Le MODE est déterminé par la place qu'occupent les demi-tons dans l'échelle diatonique; il est donc évident qu'une gamme diatonique détermine toujours le mode, et c'est sous ce rapport que *gamme* et *mode* sont synonymes; mais le mode peut être suffisamment établi sans le concours de toutes les notes de la gamme; il suffit qu'on puisse saisir la place qu'occupe le premier demi-ton dans l'échelle ascendante, pour que l'impression du mode soit complète, quel que soit d'ailleurs le nombre des notes entendues, et l'ordre dans lequel elles se présentent.

Gamme est un terme général; *mode* spécifie une manière d'être de la gamme.

Chacune des divisions de l'échelle diatonique s'appelle DEGRÉ; l'ordre des degrés s'énumère du bas en haut. En termes didactiques et généraux le mot *degré* sous-entend toujours la note placée sur ce degré.

Chacun des différents degrés de la gamme avait autrefois une dénomination particulière: le premier degré s'appelait *tonique*, le cinquième *dominante*, le quatrième *sous-dominante*, le septième *note sensible*; ces quatre dénominations ont été conservées et sont encore généralement en usage; les suivantes sont peu usitées de nos jours: le second degré *sus-tonique* ou *sous-médiante*, le troisième *médiante*, le sixième *sus-dominante* ou *sous-sensible*.

L'harmonie moderne repose entièrement sur deux modes, le *mode majeur* et le *mode mineur* (*). Le mode mineur diffère du mode majeur par le 3e et par le 6e degrés, lesquels, dans le mode mineur, sont baissés d'un demi-ton chromatique relativement au mode majeur:

MODE MAJEUR:

degrés. 1 2 3 4 5 6 7

MODE MINEUR:

cette différence bien établie, on adoptera dorénavant, dans ce traité, les deux gammes types d'*Ut majeur* et de *La mineur* pour représenter les deux modes:

MODE MAJEUR:

degrés. 1 2 3 4 5 6 7

MODE MINEUR:

degrés. 1 2 3 4 5 6 7

N. B. On ne doit pas se préoccuper ici des altérations qu'on fait ordinairement subir, dans la gamme mélodique mineure, tantôt au 6e degré lorsque la gamme est ascendante, tantôt au 7e degré lorsque la gamme est descendante; il sera question plus tard de ces altérations. Au point de vue de l'harmonie, la gamme véritable et constante du mode mineur est celle où les demi-tons se trouvent du 2e degré au 3e, du 5e au 6e, et du 7e au 8e; il résulte à la vérité, du 6e au 7e degré, un intervalle de seconde augmentée, mais, dans ce mode, cet intervalle formé par ces deux degrés doit être considéré comme diatonique; car il suffit de disposer les notes du mode mineur ainsi qu'il suit:

pour sentir qu'il est impossible d'altérer une de ces notes sans détruire le mode.

DE LA TONALITÉ.

§ 9. La TONALITÉ est le résultat des rapports, soit mélodiques, soit harmoniques, de plusieurs sons différents. Ces rapports sont nécessairement soumis à des lois, tantôt naturelles et, en ce

(*) Il est hors de propos, dans ce traité, de parler des anciens modes grecs dont une partie a été conservée dans le plain-chant et dans les psalmodies de l'Église catholique. Il existe, à ce sujet, beaucoup de traités spéciaux.

cas, conformes aux divisions données par un corps sonore mis en vibration (*), tantôt conventionnelles, c'est-à-dire dictées par des habitudes, résultats de notre éducation musicale. Quoiqu'il en soit, il suffit d'une succession simplement mélodique de plusieurs sons, pour que le sentiment musical cherche instinctivement à rattacher ces sons à un son principal qui en est, pour ainsi dire, la résultante finale et qu'on appelle Tonique. L'ensemble de toutes les notes qui concourent à l'effet *tonal* constitue la gamme, et cette gamme prend toujours le nom de son premier degré, c'est-à-dire de sa *tonique*.

Tout enchaînement mélodique ou harmonique qui ne provoque pas une sensation *tonale* ne forme qu'un assemblage incohérent de notes que l'oreille et le sentiment repoussent; aussi la tonalité est-elle la première et la plus importante des conditions de l'art musical moderne.

Quoique la gamme soit la formule la plus complète et la plus irrécusable de la tonalité, l'impression tonale peut être établie sans le concours de toutes les notes de la gamme, car certaines mélodies ne renfermant que trois notes différentes satisfont à la tonalité. Enfin, le besoin de tonalité est si impérieux qu'un seul son isolé est accepté comme *tonique* par toute oreille douée des facultés musicales les plus ordinaires, à moins qu'une impression antérieure ou une habitude prise ne contribue à le classer autrement.

En réfléchissant sur tout ce qui vient d'être dit relativement à la tonalité, on doit en conclure que la plupart des conditions qui concourent à l'impression tonale établissent aussi le mode, et que, en tout cas, la tonalité entraîne nécessairement avec elle l'un ou l'autre des deux modes. Toutefois le mode mineur n'est jamais déterminé qu'à l'aide de son 3ᵉ degré ou tout au moins de son 6ᵉ degré : Ex.

Toute mélodie ne contenant ni 3ᵉ ni 6ᵉ degré est acceptée par l'oreille comme appartenant au mode majeur : Ex.  Cet exemple, à moins d'une impression antérieure autre, ou de quelque cause prédisposante, produit la sensation de *La majeur* et non de *La mineur*. La raison de cet effet tient à ce que le mode majeur étant seul naturel et parfait, le sentiment musical n'a pas besoin d'être contraint à le percevoir, tandis que le mode mineur, étant conventionnel et imparfait (**), exige des conditions non équivoques et absolues pour s'imposer. Par la même raison certains intervalles harmoniques, privés des notes qui déterminent un mode, provoquent toujours l'impression du mode majeur :

Ex. Il en est de même d'un son isolé : l'instinct musical lui prête forcément la tierce majeure, cet intervalle étant un des *sons harmoniques* ou concomitants d'un corps sonore mis en vibration (***).

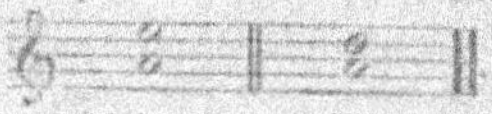

§ 10. Le mot Ton est souvent synonyme de *tonalité*; toutefois le mot *tonalité* a plutôt un sens général et abstrait, car l'instinct tonal est indépendant de l'appréciation rigoureuse ou même approximative des sons; ainsi le sentiment de la tonalité, chez beaucoup de personnes, peut être complètement satisfait à l'audition d'un morceau de musique, sans qu'elles puissent préciser cette tonalité par le nom de sa tonique. Le mot *ton*, au contraire, se joint d'ordinaire au nom de la tonique pour spécifier soit la tonalité établie, soit la tonalité générale et prédominante d'un morceau, les différents *tons* n'étant, de fait, que les diverses transpositions des deux modes. En outre ce mot *ton* s'applique aussi au registre ou à l'accord d'un instrument relativement au diapason; enfin, il s'emploie pour désigner l'intervalle de *seconde majeure*.

<hr>

(*) Voyez l'*Introduction*. — (**) *Ibid.* — (***) *Ibid.*

LIVRE PREMIER.

DES ACCORDS.

§ 11. Le mot ACCORD, dans son acception générale, signifie : l'émission simultanée de plusieurs sons différents.

§ 12. La constitution primitive de tout accord consiste dans un ensemble de trois, de quatre ou de cinq sons différents appartenant tous à une même gamme et superposés en intervalles de tierces. EXEMPLE : (*)

Telle est la loi de formation des accords de tout le système harmonique. Dans cette disposition de tierces superposées, la note la plus grave se nomme FONDAMENTALE ou SON GÉNÉRATEUR de l'accord ; les autres notes constitutives de l'accord empruntent leurs noms à l'intervalle que chacune d'elles forme avec cette note *fondamentale* ; ainsi l'accord C, outre sa *fondamentale* (*sol*), se compose de la *tierce* (*si*), de la *quinte* (*ré*), de la *septième* (*fa*) et de la *neuvième* (*la*) de cette fondamentale. De quelque manière que l'on intervertisse l'ordre de ces notes constitutives, chacune d'elles conserve toujours le nom dont elle est qualifiée dans la formation primitive de l'accord : c'est-à-dire que la *fondamentale* conserve toujours son nom de fondamentale lors même que, par suite de sa transposition à l'aigu, elle se trouve placée au-dessus des autres notes de l'accord ; la *tierce*, la *quinte*, *etc.* conservent toujours aussi leur dénomination de tierce, de quinte, etc., à quelque distance qu'on les place, soit au-dessus, soit au-dessous de la fondamentale, et *l'accord lui-même est toujours désigné par le nom de sa fondamentale* : p. ex. que les notes de l'accord suivant soient disposées ainsi ou de toute autre manière, l'accord n'en sera pas moins l'accord de *sol*, parce que cette note *sol* devra toujours être appelée FONDAMENTALE, le *si* TIERCE et le *ré* QUINTE de l'accord.

§ 13. En conséquence de ce qui vient d'être dit, le mot *accord*, dans son acception réelle et rigoureuse, signifie une combinaison simultanée de notes diverses qui, dans quelque ordre qu'on les présente, doivent pouvoir être reconstituées à l'état de *tierces superposées*.

§ 14. Les notes superposées ainsi, en ordre de tierces, forment entre elles les NOTES CONSTITUTIVES des accords ; on les appelle aussi *notes intégrantes* ou NOTES RÉELLES.

§ 15. Toute agrégation de notes qui ne permet pas cette superposition de tierces, ou qui est formée de plus de cinq sons différents, appartient à l'une des deux catégories suivantes : ou l'agrégation est inadmissible en ce que l'oreille en est blessée et se refuse à la saisir ; ou bien l'agrégation, tout en satisfaisant l'oreille, renferme une ou plusieurs notes qui ne font pas partie de l'accord réel ; ces notes, qui font l'objet spécial du second Livre, sont appelées *notes étrangères* ou NOTES ACCIDENTELLES. Parmi cette seconde catégorie il est certaines agrégations qui reçoivent généralement aussi le nom d'accords ; cette dénomination, en ce cas, est impropre, mais elle est consacrée par l'usage et par la tradition ; on peut donc considérer le mot *accord* comme applicable, par extension, à toute combinaison harmonique ayant une certaine durée.

____

(*) Voyez l'Introduction.

§ 16. Chaque degré de la gamme, dans les deux modes, peut servir de fondamentale à un accord ; c'est-à-dire qu'on peut former un accord (§ 12.) sur n'importe quel degré de l'un ou de l'autre des deux modes, avec les seules notes constitutives de chacun de ces modes.

La théorie des *accords réels* (conformes à la définition du § 13), leur emploi et leurs divers enchaînements, font l'objet de ce PREMIER LIVRE qu'on a divisé en DEUX PARTIES : la première partie ne renferme que les accords produisant une HARMONIE CONSONNANTE ; la deuxième partie traite des *accords dissonants* et des *accords altérés*.

PREMIÈRE PARTIE.

HARMONIE CONSONNANTE

CHAPITRE I.

ACCORDS FORMÉS DE TROIS NOTES CONSTITUTIVES
OU ACCORDS DE TROIS SONS.

§ 17. Les accords de trois sons se composent de *fondamentale*, *tierce* et *quinte*. Ils forment la partie essentielle et indispensable de l'élément harmonique. Les anciens maîtres, jusqu'à la fin du 16e siècle, ne connaissaient ou ne se servaient que d'accords de trois sons alliés à quelques artifices de composition. Il est de la plus haute importance que l'élève étudie et pratique exclusivement ces sortes d'accords jusqu'à ce qu'il soit familiarisé avec leurs effets et avec toutes les ressources qu'ils offrent ; cette étude le conduira à comprendre, à apprécier et à employer d'autant mieux tous les autres accords.

DES DIVERSES ESPÈCES D'ACCORDS DE TROIS SONS.

§ 18. En formant un accord de trois sons sur chacun des degrés des deux modes (§ 16,) et en classant chacun de ces accords d'après la nature des intervalles qui le composent, on trouve les diverses espèces suivantes :

(Vérifiez, à mesure, le texte suivant avec le tableau ci-dessus.)

§ 19. ACCORD DE PREMIÈRE ESPÈCE: Cet accord, dont la *tierce* est *majeure* et la *quinte juste*, s'appelle communément accord *parfait majeur*, ou simplement accord *majeur*. Il est placé sur le 1er, le 4e et le 5e degré de la gamme majeure, ainsi que sur le 5e et le 6e degré de la gamme mineure.

§ 20. **Accord de seconde espèce** : sa *tierce* est *mineure* et sa *quinte juste* ; on l'appelle *accord parfait mineur* ou *accord mineur*. Il est placé sur le 2ᵉ, le 3ᵉ et le 6ᵉ degré de la gamme majeure, ainsi que sur le 1ᵉʳ et le 4ᵉ degré de la gamme mineure.

§ 21. **Accord de troisième espèce** : sa *tierce* est *mineure* et sa *quinte diminuée* ; on l'appelle *accord de quinte diminuée* ou simplement *accord diminué*. Il est placé sur le 7ᵉ degré de la gamme majeure, ainsi que sur le 2ᵉ et le 7ᵉ degré de la gamme mineure.

§ 22. Le 3ᵉ degré de la gamme mineure, (légèrement biffé dans le tableau,) comporte un accord dont la *tierce* est *majeure*, et la *quinte augmentée* ; on peut l'envisager comme formant une **quatrième espèce** ; mais quoique ce genre d'accord soit souvent pratiqué dans la composition, on ne peut presque pas citer d'œuvre musicale où il apparaisse dans les conditions et avec le caractère du 3ᵉ degré du mode mineur ; on se convaincra plus tard de ce fait ; provisoirement on considérera cet accord comme impraticable ou comme n'existant pas, et on acceptera, comme principe, que le 3ᵉ degré du mode mineur ne peut servir de fondamentale à aucun accord appartenant à ce mode.

§ 23. *REMARQUE.* Les accords de trois sons de la première et de la seconde espèce sont les seuls *consonnants*, et, par celu, s'appellent *accords parfaits*. Tous les accords de plus de trois notes constitutives sont *dissonants*. Quant à l'accord de 3ᵉ espèce, quoique sa quinte diminuée le rende dissonant, il n'est pas considéré comme tel, parce qu'il n'est pas soumis aux lois qui régissent les accords dissonants proprement dits ; il est plutôt un accord *imparfait* qu'un accord dissonant ; on l'appelle aussi quelquefois *accord mixte*, ou bien *accord neutre* ; en résumé, quelque soit le nom qu'on lui donne, on l'emploiera ici provisoirement dans les mêmes conditions que les accords parfaits, et, par cette raison, on appellera désormais *accords consonnants* tous ceux qui sont formés de trois sons constitutifs.

CHAPITRE II.

RÉALISATION DE L'HARMONIE.

§ 24. Par ce terme *réalisation* on entend l'ensemble effectif d'une harmonie qui d'abord n'était qu'indiquée incomplétement ; la réalisation est donc l'ordonnance complète, la disposition précise des différentes voix ou des différents instruments concourant à une harmonie.

Il est aisé de comprendre qu'une même harmonie, c'est-à-dire une même suite d'accords, peut être réalisée de diverses manières plus ou moins satisfaisantes ; pour atteindre à la plus grande pureté de réalisation possible, l'expérience de plusieurs siècles a consacré des principes et des règles qui vont être développés en partie dans les articles suivants et complétés successivement dans tout le cours de l'ouvrage.

ARTICLE I.

DE LA DISPOSITION DES NOTES DE L'ACCORD.

§ 25. La manière de disposer les diverses notes d'un accord s'appelle communément **position de l'accord** (*). Tout accord se prête à un assez grand nombre de *positions* ou *dispositions*

(*) Dans la pratique de l'accompagnement au piano, on appelle *position* la manière de disposer les notes destinées à la main droite ; la Basse ne comportant d'ordinaire qu'une seule note exécutée par la main gauche ; la plupart des traités d'accompagnement pratique se bornent à enseigner trois positions classées généralement comme il suit :

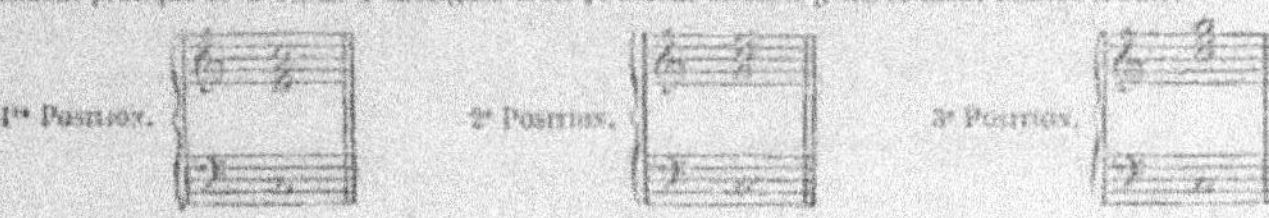

lesquels, tout en influant plus ou moins sur l'effet de l'accord, ne changent jamais sa
nature :

La position est *serrée* quand les notes sont rapprochées les unes des autres (ex. A); elle
devient de plus en plus *large* à mesure que les notes s'écartent entre elles (ex. B et C).

L'élève ne se servira généralement que de positions ni trop serrées ni trop larges.

A moins d'intentions exceptionnelles dont l'école ne peut tenir compte, on évite surtout de
serrer vers les registres graves.

ARTICLE II.

DES PARTIES.

§ 26. On appelle *partie* toute succession mélodique de notes concourant à un ensemble
harmonique et qui diffère des autres successions mélodiques concourant au même ensemble.

§ 27. La partie qui exécute les notes les plus graves d'un ensemble harmonique s'appelle
Basse. De deux ou de plusieurs parties quelconques, la plus grave se nomme *partie inférieure*,
la plus aiguë *partie supérieure*. La Basse ainsi que la partie la plus élevée sont aussi appelées
parties extrêmes ; les autres se nomment *parties médiaires* ou *intermédiaires*. On nomme *partie prédominante* ou *principale* celle dont l'intérêt mélodique est le plus saisissant et qui, par ce fait,
se détache des autres parties appelées *accompagnantes, ou parties d'accompagnement* ; mais, dans
la plupart des exercices élémentaires, conçus sous le rapport harmonique, aucune mélodie
n'étant assez saillante pour attirer particulièrement l'attention, ce sont les deux parties
extrêmes qui sont prédominantes en ce qu'elles frappent le plus l'oreille. On donne souvent
le nom de *parties de remplissage* à celles qui ne servent qu'à compléter ou à renforcer une
harmonie déjà suffisamment indiquée par d'autres parties plus essentielles ; la Basse, en
aucun cas, n'est considérée comme partie de remplissage.

§ 28. Quant au nombre des parties, il est évident que trois suffisent pour produire l'ensemble des trois sons constitutifs de l'accord consonnant ; mais, par des raisons que la pratique fera apprécier, on se sert le plus souvent d'un nombre de parties excédant le nombre
des notes constitutives des accords ; dans ce cas, et selon le nombre de ces parties, on est
nécessairement forcé de doubler, tripler, etc., une ou plusieurs des notes de l'accord ; cette
question sera traitée dans l'*Article III*.

DU CHOIX DES PARTIES

§ 29. L'élève doit écrire exclusivement pour les voix. *Tous les exercices* contenus dans cet
ouvrage sont conçus de manière à pouvoir être réalisés à quatre parties, savoir : *Soprano* ou
Premier Dessus et *Contralto* ou *Deuxième Dessus* (voix de femmes ou d'enfants); *Ténor* et *Basse*
(voix d'hommes). Mais plusieurs de ces exercices permettent également la réalisation à trois
parties ; à cet égard on suivra les indications placées en tête des leçons. Dans la réalisation à
trois parties, les deux parties supérieures peuvent être écrites, au choix de l'élève, tantôt
pour *Soprano* et *Contralto*, tantôt pour *Soprano* et *Ténor*, ou *Contralto* et *Ténor*.

Tableau du diapason et de l'étendue ordinaire des voix.

(*N. B.* Les notes placées aux extrémités de chaque échelle, dans les différentes voix, et indiquées par des points noirs, ne s'emploient que très-rarement, et il est toujours préférable de s'en abstenir.)

Tous les exercices proposés dans ce traité, devant être réalisés en vue d'une exécution chorale, on y doit, non-seulement ne pas dépasser l'étendue des voix prescrite par ce tableau, mais se renfermer autant que possible dans le *médium* de chaque voix, et si l'on aborde les limites extrêmes, soit à l'aigu soit au grave, ne pas s'y maintenir longtemps.

DE L'ORDRE RESPECTIF DES PARTIES.

§ 30. Dans la répartition des diverses notes d'un accord, chaque partie doit toujours conserver, à l'égard des autres parties, la position relative qu'implique son régistre et dont l'ordre respectif est désigné dans le tableau précédent.

§ 31. Lorsque cet ordre est interverti, c'est-à-dire lorsqu'une partie supérieure descend momentanément au-dessous d'une partie inférieure, ou *vice versâ*, les deux parties se *croisent*, ou *croisent entre elles*. Exemple

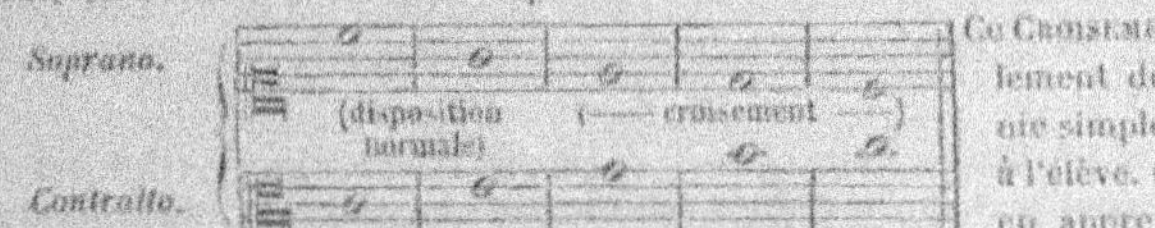

Ce CROISEMENT des *parties* est généralement défectueux dans l'harmonie simple, et il doit être interdit à l'élève. Ce n'est que plus tard, et en apprenant à se servir de certains artifices de composition, qu'il pourra obtenir de bons effets à l'aide des croisements.

ARTICLE III.

DES NOTES DOUBLÉES DANS LES ACCORDS.

§ 32. *Doubler une note*, signifie reproduire simultanément cette même note, dans une autre partie, soit à l'*octave* supérieure ou inférieure, soit à l'*unisson*.

(*) Résumant toutes les notes du tableau et indiquant leur diapason.

Il est préférable de doubler une note par son *octave* soit simple, soit redoublée; l'élève évitera soigneusement de doubler en unisson (*).

DU CHOIX DES NOTES A DOUBLER

§ 33. *RÈGLE GÉNÉRALE.* On double de préférence la note *fondamentale* de l'accord. — Quoique la *quinte* doublée soit aussi d'un très-bon effet, elle suscite quelquefois des embarras de réalisation à l'égard de l'accord subséquent — Quant à la *tierce* on la double le moins possible et seulement lorsqu'on y est forcé par la nécessité d'éviter des infractions à certaines règles concernant la réalisation et qui sont contenues dans la suite de ce chapitre.

§ 34. *OBSERVATIONS PARTICULIÈRES.* La règle précédente, quoique incontestablement bonne dans la majorité des cas, est cependant soumise au goût, à l'expérience et aux intentions particulières de chaque auteur. Elle demande quelquefois à être modifiée non-seulement par les exigences de l'intérêt mélodique des parties, mais aussi en raison des influences tonales. Ainsi il est souvent préférable de doubler la note *tonique* quelque rang qu'elle occupe dans l'accord consonnant : p. ex. la tierce de l'accord du sixième degré, se trouvant être la note tonique, il est d'un bon effet de la doubler. Dans d'autres cas on doublera préférablement la note *dominante* ou bien la note *sous-dominante*, ces deux notes possédant, après la tonique, la plus grande force tonale; cette dernière considération doit particulièrement influer sur le choix de la note à doubler.

§ 35. Ces trois notes : la *tonique*, la *dominante* et la *sous-dominante* reçoivent la qualification de BONNES NOTES du ton. La *note sensible*, au contraire, jouant toujours un rôle délicat dans l'harmonie, ne doit jamais se doubler parce qu'elle deviendrait trop prépondérante.

N. B. Ces diverses observations, toutefois, ne doivent pas empêcher l'élève de se conformer, autant que possible, à la *règle générale* (§ 33).

ARTICLE IV.

DE LA SUPPRESSION DE CERTAINES NOTES DANS LES ACCORDS

§ 36. Lorsqu'on écrit à moins de quatre parties on est souvent forcé de supprimer une des notes de l'accord ; cette suppression a même lieu quelquefois dans la réalisation à quatre ou à plus de quatre parties ; par l'effet de cette suppression l'accord devient *incomplet*.

DU CHOIX DES NOTES A SUPPRIMER.

§ 37. *RÈGLE GÉNÉRALE.* On supprime de préférence la *quinte* de l'accord. — La *tierce* se supprime rarement, son absence privant l'accord d'un intervalle qui contribue généralement le plus à caractériser l'espèce d'accord ainsi que le mode. La suppression de la tierce cause une sensation vague, et, par cela même peut produire des effets piquants mais qui ne sont pas du domaine de l'école.

§ 38. *OBSERVATION PARTICULIÈRE.* — L'accord du 5ᵉ degré des deux modes est celui qui se prête le mieux à la suppression de la tierce, parce que l'accord que comporte ce degré est le même dans les deux modes, et, par cela, ne peut laisser de doute dans la sensation : Exemple ^ . . . .

Quant à la suppression de la *fondamentale*, il n'en sera question que plus tard.

(*) La consonance de l'unisson est loin d'être proscrite; on ne la défend ici à l'élève que parce qu'elle appauvrit l'harmonie en la privant de quelque autre intervalle plus sonore.

ARTICLE V.

DU MOUVEMENT MÉLODIQUE DES PARTIES ET DE LEUR IMMOBILITÉ.

§ 39. Deux sons différents qui se succèdent immédiatement dans une même partie déterminent un MOUVEMENT MÉLODIQUE ; en d'autres termes, tout intervalle mélodique implique un *mouvement*.

§ 40. Lorsqu'une même note, commune à deux ou à plusieurs accords, est maintenue à la même place et dans une même partie, cette partie reste *immobile*, soit qu'elle soutienne la note, soit qu'elle la répète suivant un rhythme quelconque :

Ex. 

RÈGLES ET OBSERVATIONS CONCERNANT LE MOUVEMENT MÉLODIQUE.

§ 41. Chaque partie, envisagée isolément, ne doit contenir que des intervalles mélodiques faciles d'intonation. A cet effet on se conformera aux règles suivantes :

§ 42. — *PREMIÈRE RÈGLE.* Tout intervalle mélodique soit *diminué*, soit *augmenté*, est proscrit, ainsi que tout intervalle *plus grand que la sixte mineure*, l'octave exceptée (*).

§ 42 *bis.* L'effet mélodique de quelques-uns de ces intervalles reste même défectueux lorsque les deux notes qui les forment ne sont séparées que par une seule note intermédiaire :

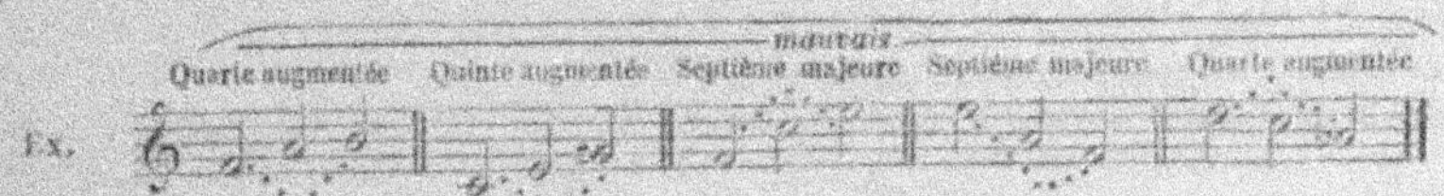

de pareils mouvements mélodiques ne sont bons que dans les conditions suivantes :

1° si l'intervalle défectueux est *ascendant*, la note interposée doit être *et supérieure et conjointe* à la dernière note de l'intervalle : Ex.

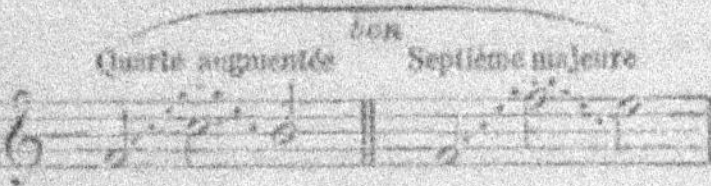

2° si l'intervalle défectueux est *descendant*, la note interposée doit être *et inférieure et conjointe* à la dernière note de l'intervalle : Ex.

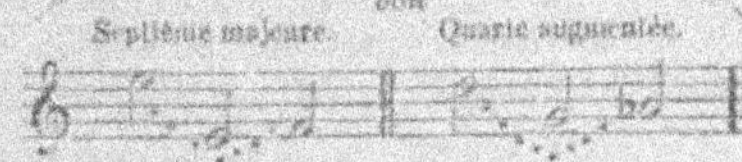

§ 43 — *EXCEPTION A LA RÈGLE DU § 42.* Lorsque, des deux notes formant un intervalle mélodique défendu, la deuxième note est *note sensible allant sur la tonique*, ces sortes d'intervalles, et principalement la *quarte diminuée* ainsi que la *quinte diminuée*, sont tolérés : Ex.

§ 44. — *DEUXIÈME RÈGLE.* La *note sensible*, dans le mode mineur, doit toujours monter à la tonique. Cette règle n'est pas toujours applicable au mode majeur où elle n'est de rigueur que dans les conclusions de phrases.

(*) Le *saut d'octave*, généralement facile d'intonation, est fréquemment pratiqué dans la Basse ; l'élève s'abstiendra de s'en servir dans les parties intermédiaires.

§ 45. — *TROISIÈME RÈGLE.* Dans les exercices d'école et dans le style rigoureux on évitera de *faire sauter les parties* (*) et on procédera le plus possible par *degrés conjoints.* Cette 3e règle ne concerne pas la Basse dont les lois seront enseignées dans les chapitres et les paragraphes relatifs à l'enchaînement des accords.

ARTICLE VI.

DES RAPPORTS HARMONIQUES PROVENANT DU MOUVEMENT RESPECTIF DES PARTIES

§ 46. Deux ou plusieurs parties peuvent se mouvoir, les unes à l'égard des autres, de trois manières différentes :

1° Lorsque deux ou plusieurs parties font simultanément soit un mouvement ascendant, soit un mouvement descendant, elles procèdent entre elles par MOUVEMENT SEMBLABLE OU DIRECT :

Exemple. 

Quand le mouvement semblable produit une suite d'intervalles semblables il est aussi appelé MOUVEMENT PARALLÈLE :

Ex. 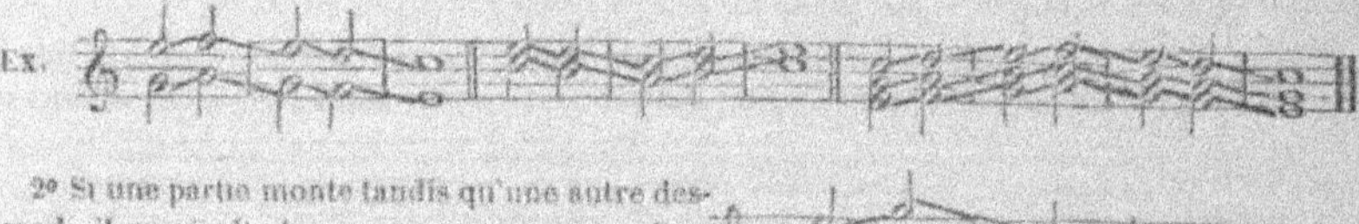

2° Si une partie monte tandis qu'une autre descend, il en résulte le MOUVEMENT CONTRAIRE : Ex. 

3° De deux parties dont l'une est immobile tandis que l'autre se meut, il résulte le MOUVEMENT OBLIQUE : Ex.

Dans la réalisation à quatre parties ces trois mouvements peuvent avoir lieu à la fois ; mais il importe d'apprécier l'effet harmonique, soit bon, soit mauvais, résultant de chacun de ces trois mouvements :

§ 47. Le MOUVEMENT SEMBLABLE (OU DIRECT), dans certains cas, est défectueux et exige les précautions suivantes :

§ 48. — *RÈGLE.* Les intervalles de *quinte juste* et d'*octave* ainsi que l'*unisson*, provenant d'un mouvement semblable, produisent en général mauvais effet, quelles que soient d'ailleurs les parties qui concourent à la formation de ces intervalles ; par conséquent : *il est défendu d'aboutir, par le mouvement semblable, soit à une* QUINTE JUSTE (Ex. A), *soit à une* OCTAVE (Ex. B) *soit à un* UNISSON (Ex. C) :

Ex. 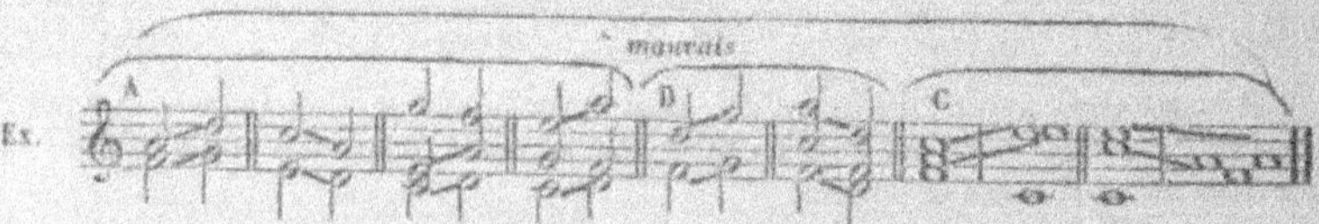

(*) C'est la locution consacrée pour désigner les mouvements mélodiques très-disjoints.

§ 49. *L'effet de* DEUX QUINTES JUSTES CONSÉCUTIVES, ex. D, *ainsi que de* DEUX OCTAVES *ex.* E (ou E DEUX UNISSONS CONSÉCUTIFS), *est plus mauvais encore que celui des exemples précédents:*

§ 50. Les infractions à la règle précédente produisent ce qu'on nomme généralement des quintes et des octaves *défendues.* (Il est bien entendu que, dans tout ce qui concerne cette règle, ce terme *octave* comprend aussi l'unisson.)

§ 51. Une *seule* quinte juste, ou une *seule* octave, provenant d'un mouvement direct, est appelée quinte ou octave *directe* (*).

§ 52. Dans les cas de *deux* quintes justes ou de *deux* octaves consécutives on dit simplement qu'il y a *deux quintes* ou *deux octaves.*

§ 53. — *EXCEPTION A LA RÈGLE PRÉCÉDENTE.* — Dans les exemples suivants:

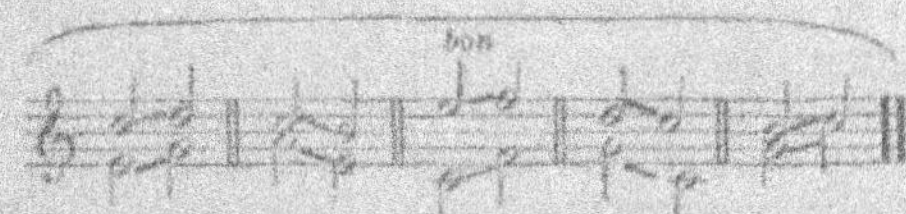

les quintes justes et les octaves (ainsi que l'unisson), quoique provenant d'un mouvement direct, sont d'un bon effet; donc, dans des cas analogues, c'est-à-dire toutes les fois que, pour aboutir à l'un ou à l'autre de ces intervalles, *la partie* SUPÉRIEURE *procède par* DEGRÉS CONJOINTS (**) *et que la partie* INFÉRIEURE *procède par* DEGRÉS DISJOINTS (***), *les intervalles de quinte juste et d'octave (ou l'unisson), provenant d'un mouvement semblable, sont permis.*

§ 54. *OBSERVATION IMPORTANTE.* A l'égard de l'octave (ou de l'unisson) l'exception précédente elle-même est à modifier dans certaines dispositions des accords: en général, quand l'octave provenant d'un mouvement *direct* et *ascendant* est placée dans les deux parties *extrêmes*, cette octave n'est absolument bonne que si la partie supérieure procède par *seconde mineure*: Ex.

Mais quand la partie supérieure *extrême* procède par *seconde majeure ascendante*, il en résulte le plus souvent un effet peu satisfaisant: Ex.

toutefois cet effet malsonnant disparaît dès que l'octave n'est pas placée dans les deux parties extrêmes. Ex.

(****).

(*) On a omis à dessein, dans cet ouvrage, les locutions, d'ailleurs très usitées, de *quintes cachées* et *d'octaves cachées*; il est désirable que ces termes, que rien ne justifie et qui ne font que jeter le doute et la confusion dans l'esprit de l'élève, soient effacés du vocabulaire musical, ou plutôt que l'épithète *cachée* reçoive sa véritable application (voy. § 341). Pour couper court, si on tient à connaître le sens consacré de ce qu'on appelle quintes et octaves cachées, on en trouvera l'explication dans la plupart des traités faits jusqu'à ce jour.

(**) Seconde majeure ou mineure.

(***) Tout intervalle plus grand que la seconde majeure.

(****) *N. B.* Provisoirement, en ce qui concerne le mouvement semblable, et en vue de la réalisation des exercices dépendants des quatre premiers chapitres, la règle précédente, son exception ainsi que l'observation qui s'y rapporte, suffisent à l'élève. On trouvera plus loin, et à mesure qu'on avancera dans l'étude de cet ouvrage, les exceptions complémentaires à cette règle, ainsi que les licences les plus tolérées.

§ 55. Le MOUVEMENT CONTRAIRE est le plus élégant; aussi l'emploie-t-on, pour ainsi dire, sans réserve dans le style libre. Quant au style rigoureux, le mouvement contraire n'y est défendu que lorsqu'il mène immédiatement d'une *quinte juste* à une autre *quinte juste :*

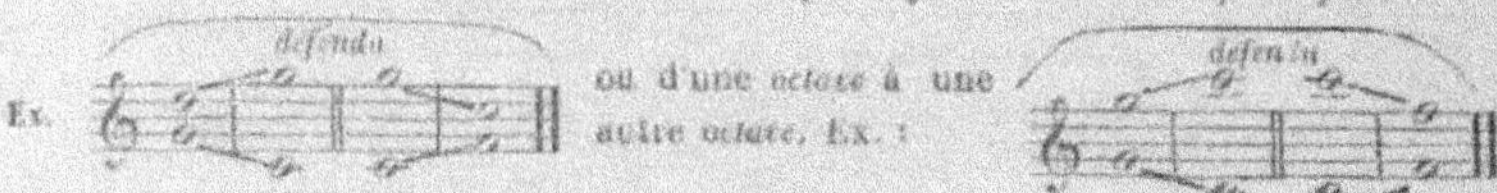

En d'autres termes : *deux quintes justes consécutives ainsi que deux octaves consécutives sont défendues, à l'école, lors même qu'elles proviennent d'un mouvement contraire.* Par une conséquence du même principe l'*octave* ne peut être suivie de l'*unisson*, et *vice versâ.* Exemple :

§ 56. Le MOUVEMENT OBLIQUE est le plus favorable à la pureté de la réalisation en ce que aucun mauvais effet ne peut en résulter.

§ 57. *REMARQUE CONCERNANT LA RÈGLE DU § 48.* Il y a une différence caractérisée entre l'effet, des *quintes* défendues et celui des *octaves.* En général, la quinte défendue est une dureté, elle est incohérente, tandis que l'octave défendue est une pauvreté, elle sonne creux. Aussi l'effet de l'octave défendue est-il plus mauvais que celui de la quinte. — Quant aux séries d'octaves consécutives qui se présentent fréquemment dans la musique et dont le but est de renforcer une mélodie qu'on veut rendre plus prédominante, elles n'ont aucun rapport avec celles dont il est ici question; on en parlera à la fin du premier Livre.

RÉSUMÉ DU CHAPITRE II.

Faire choix de positions ni trop serrées ni trop larges. — Doubler de préférence la fondamentale de l'accord; ne doubler la tierce que lorsque la pureté de la réalisation l'exige absolument, et à condition toutefois que cette tierce soit une des *bonnes notes* du ton. Ne jamais doubler en unisson. — En cas de suppression d'une note, supprimer de préférence la quinte de l'accord; ne jamais supprimer la tierce. — Quant au mouvement mélodique de chaque partie, procéder le plus possible par les intervalles les moins disjoints, surtout dans la réalisation à quatre parties. Ne pas faire d'intervalle mélodique diminué ni augmenté, ni d'intervalle plus grand que la sixte mineure, l'octave exceptée. Faire rigoureusement monter la note sensible à la tonique dans le mode mineur. — En ce qui concerne les rapports harmoniques des parties, ne faire ni quinte juste ni octave provenant d'un mouvement direct, sauf les cas où, des deux parties qui aboutissent à la quinte ou à l'octave, la partie supérieure procède par degrés conjoints tandis que la partie inférieure procède par degrés disjoints; se conformer, de plus, à l'*observation* du § 54. *Deux* quintes justes consécutives ainsi que *deux* octaves sont absolument défendues, *même par mouvement contraire.*

EXERCICES POUR SE FAMILIARISER AVEC LA RÉALISATION DES ACCORDS CONSONNANTS

À L'ÉTAT DIRECT.

§ 58. Un accord est dans son *état direct* lorsque sa fondamentale est placée à la Basse (§ 12.), quelle que soit d'ailleurs la position de l'accord. Toutes les Basses à réaliser qui se trouvent à la fin de ce chapitre ne contiennent que des accords à l'état direct, par conséquent *chaque note* de ces mêmes Basses y est toujours la *fondamentale* d'un accord. À mesure que l'élève effectuera la réalisation de ces Basses, il devra se rendre compte de l'ordre numérique de chaque *degré,* ainsi que de l'*espèce* d'accord que comporte chacun de ces degrés; il marquera ces *degrés* et ces *espèces* en petits numéros placés au-dessous et au-dessus de chaque note de la Basse, tel que cela est indiqué dans la leçon suivante :

Basse réalisée à quatre parties.

La même basse réalisée à trois parties.

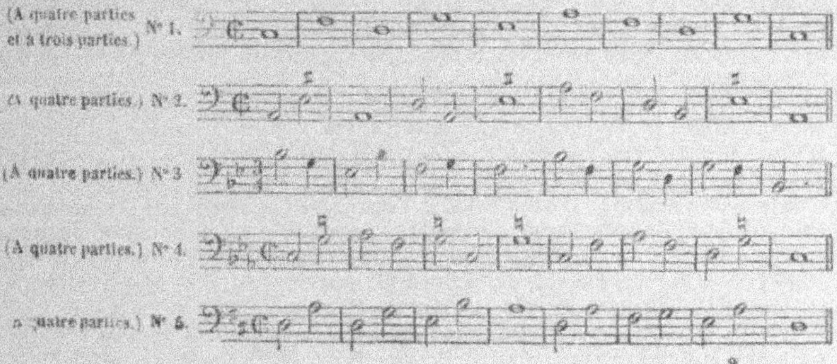

OBSERVATION. Pour la terminaison d'un morceau il est toujours préférable de disposer l'accord final de telle manière que la fondamentale redoublée soit placée dans la partie supérieure extrême. L'élève se conformera à cet avis dans la réalisation de toutes les Basses de cet ouvrage.

BASSES A RÉALISER.

N. B. Les accidents placés au-dessus de quelques-unes des notes de ces Basses servent à indiquer que la tierce de chacune de ces notes doit être affectée de l'accident superposé (voyez la leçon réalisée ci-dessus).

2

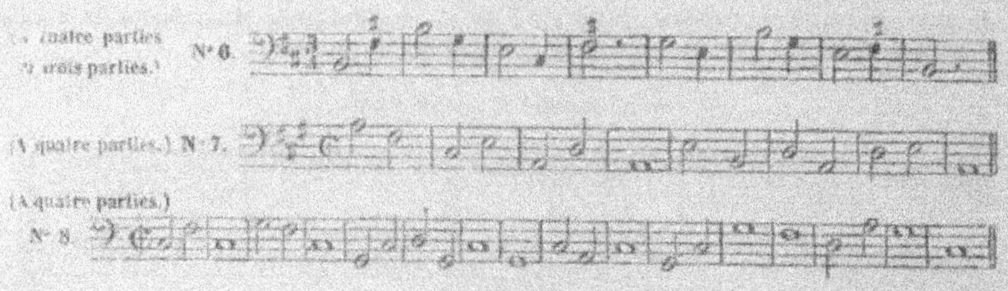

CHAPITRE III.

ARTICLE I.

DE L'INFLUENCE TONALE RELATIVE DES ACCORDS CONSONNANTS.

Tout ce qui a été dit § 9, sur la *tonalité* en général va trouver son application dans la pratique des accords.

§ 59. Lorsqu'on fait entendre isolément un accord parfait, soit majeur, soit mineur, l'oreille l'accepte immédiatement comme accord de tonique. Mais si plusieurs accords différents se succèdent, il en résulte des rapports de sons qui déterminent plus ou moins promptement une sensation tonale laquelle, toutefois, ne se complète que quand l'oreille a pu saisir l'accord de tonique que cette succession d'accords confirme ou prépare.

Les exemples suivants vont servir d'éclaircissements :

Dans l'ex. A, le premier accord donne l'impression de la tonalité d'*Ut* majeur ; les accords qui lui succèdent, loin de détruire cette tonalité, ne font que la confirmer, puisque les notes constitutives de ces divers accords appartiennent toutes à la gamme d'*Ut*. — Dans l'ex. B, les mêmes raisons déterminent et maintiennent la tonalité de *La* mineur. — Le premier accord de l'ex. C donne la sensation de *Fa* majeur, et s'il n'était suivi d'aucun autre accord, l'oreille s'arrêterait à la tonalité de *Fa* ; mais l'accord suivant (*sol, si, ré,*) vient détruire cette impression, puisque le *si naturel* n'appartient pas au ton de *Fa* ; or la relation des deux notes *fa* et *si* implique naturellement et forcément le ton d'*Ut*, et le sentiment musical n'est pleinement satisfait qu'après avoir entendu l'accord d'*ut* qui est celui de la tonique résultant de la relation des deux accords précédents. Il en est de même de l'ex. D qui *commence par un accord de la mineur* auquel succède l'accord (*sol, si, ré,*) qui implique le ton d'*Ut* majeur, le *sol naturel* n'appartenant pas à la gamme de *La* mineur.

De là on peut conclure : 1° qu'en raison de l'impression *tonale* immédiate il est généralement préférable de commencer un morceau par l'accord du 1er *degré* ; 2° qu'une succession d'accords différents n'est satisfaisante que lorsqu'il en résulte une sensation *tonale* précise ; 3° que l'accord parfait sur la *tonique* doit être le but final et la conclusion de tout morceau de musique. Ainsi les deux exemples A et B restent en suspens sur l'accord du 5e *degré* et font désirer l'accord de la *tonique* comme conclusion, tandis que dans les ex. C et D la *tonale* est parfaitement établie.

ARTICLE II.

DE L'IMPORTANCE RELATIVE DES DIFFÉRENTS DEGRÉS

§ 60. Dorénavant, par le mot *degré*, on sous-entendra *l'accord* formé sur le degré qui lui sert de fondamentale; ainsi, nommer le *degré*, c'est désigner la *fondamentale* de l'accord sous-entendu.

§ 61. Dans toute série d'accords concourant à une tonalité il est certains *degrés* sur lesquels on doit faire des retours plus fréquents que sur d'autres, sous peine de rendre l'effet tonal indécis ou peu satisfaisant. Les degrés qu'on emploie le plus fréquemment sont : le *premier* (accord de la tonique) et le *cinquième* (accord de la dominante); il existe un grand nombre de morceaux de musique dont l'harmonie ne renferme que ces deux accords. En associant le *quatrième* degré aux deux précédents l'effet tonal est complet puisque l'ensemble des accords de ces trois degrés renferment toutes les notes de la gamme, ce que l'on peut vérifier en disposant ces accords ainsi qu'il suit :

Ces trois degrés, dans les deux modes, comportent donc *les accords par excellence*; on les appelle LES BONS DEGRÉS OU DEGRÉS DU PREMIER ORDRE. Mais de leur emploi exclusif ou de l'abus qu'on en fait généralement, naît la monotonie; leur effet est d'autant plus grand qu'on sait les ménager et les opposer à d'autres degrés moindres comme importance tonale mais qui, par cela même, contrastent avec eux et les font mieux valoir. Ainsi le *deuxième* et le *sixième* degrés, dans les deux modes, sont d'un excellent effet lorsqu'on possède l'art de les placer; toutefois ils ont une valeur tonale moindre que les trois degrés du *premier ordre*, en ce qu'ils ne sont pas rigoureusement nécessaires pour constituer la tonalité, et que leur retour trop fréquent ou leur durée trop prolongée nuit à l'impression tonale; ces deux degrés (le 2e et le 6e) sont donc de SECOND ORDRE. — Le *troisième* degré de la gamme majeure est faible comme effet tonal; on l'emploie assez rarement. — Le *septième* degré du mode majeur est plus faible encore que le précédent; on ne l'emploie que dans certaines conditions particulières dont il sera parlé dans le chapitre des *marches harmoniques*; provisoirement on s'abstiendra absolument de s'en servir. En résumé le 3e et le 7e degré du mode majeur sont les degrés de TROISIÈME ORDRE; on les appelle aussi MAUVAIS DEGRÉS. — En ce qui concerne le 7e degré du mode mineur, son emploi, dans quelques conditions que ce soit, est, pour ainsi dire, nul. — Quant au 3e degré du mode mineur, on sait qu'il doit être considéré comme n'existant pas (§ 22).

REMARQUES SERVANT DE CONCLUSION AU CHAPITRE III.

§ 62. En réfléchissant à tout ce qui vient d'être exposé, et après avoir exécuté lentement et avec précision, sur un instrument à clavier, toutes les leçons réalisées jusqu'ici, on devra être convaincu de cette vérité: que l'importance harmonique d'un accord, c'est-à-dire l'impression plus ou moins parfaite qu'il produit, dépend entièrement de ses relations avec les accords qui l'avoisinent. On ne saurait assez se pénétrer de ce fait; les exemples suivants vont achever de le mettre en évidence:

L'accord parfait mineur qui sert de début à l'ex. E, accuse la tonalité de *Mi* mineur, et cette tonalité est confirmée par les accords suivants, de telle sorte que, ce premier accord attirant à lui toute la force tonale, l'oreille est irrésistiblement entraînée à l'accepter comme accord de tonique et à le désirer comme conclusion. — Or, dans la cinquième mesure de l'ex. F, se trouve identiquement ce même accord; mais son effet est tout autre que dans l'ex. E; il a quelque chose de faible et d'indécis, et l'oreille, loin de désirer s'y reposer, aspire à d'autres accords dont la plénitude tonale soit saisissante. D'où vient la faiblesse harmonique de cet accord qui, dans l'ex. E, avait une puissance tonale si forte? c'est que les accords qui le précèdent dans l'ex. F, constituent la tonalité *d'Ut* majeur dont cet accord *mi, sol, si* se trouve être le troisième degré (degré faible § 61).

Ces exemples, ainsi que toutes les leçons réalisées précédemment, constatent donc qu'un même accord, placé dans des conditions différentes, produit des effets différents et quelquefois entièrement opposés. On doit comprendre maintenant qu'il est utile et important de nommer les accords par l'ordre numérique des degrés qu'ils occupent dans la gamme, au lieu de les désigner simplement par le nom de leur fondamentale; ainsi p. ex, *accord d'ut majeur* est une dénomination vague, car cet accord peut être le 1er degré *d'Ut* majeur, ou le 5e de *Fa* majeur, ou le 5e de *Fa* mineur, ou le 4e de *Sol* majeur, ou le 6e de *Mi* mineur, et cet accord produit un effet très-différent dans chacun de ces cinq tons.

Si dans les principes qu'on a exposés jusqu'ici il se trouve des redites qui peuvent paraître superflues ou fastidieuses, c'est qu'on ne saurait assez insister sur l'importance de ces principes qui servent de base à la théorie harmonique tout entière.

CHAPITRE IV.

LOIS QUI RÉGISSENT L'ENCHAINEMENT DES ACCORDS APPARTENANT A UNE MÊME TONALITÉ; ou: SUCCESSION DES ACCORDS DANS LEURS RELATIONS UNITONIQUES (*).

(N. B. Ces lois concernent non-seulement les accords consonnants, mais tous les accords en général, sauf quelques modifications imposées par l'emploi des accords dissonants, modifications qui sont les conséquences naturelles des règles relatives à ces sortes d'accords.)

§ 63. On appelle ENCHAINEMENT ou SUCCESSION le passage d'un accord à un autre.

La *succession* se désigne toujours par le nom de l'intervalle que forment entre elles les *fondamentales* des deux accords qui s'enchainent; ainsi, les deux accords suivants  présentent une succession ou un enchainement de *quarte inférieure*.

ENCHAINEMENTS DE PREMIER ORDRE.

§ 64. Tout accord peut s'enchaîner avec un autre accord appartenant à la même gamme, lorsque cet enchainement a lieu ainsi qu'il suit:

1º Par *tierce inférieure*, ou son renversement, la *sixte supérieure*: Ex.

(*) Ce terme unitonique, comprend tout ce qui appartient à une même gamme, tout ce qui se groupe autour d'une même tonique.

2· Par *quarte inférieure*, ou son renversement, la *quinte supérieure* : Ex.

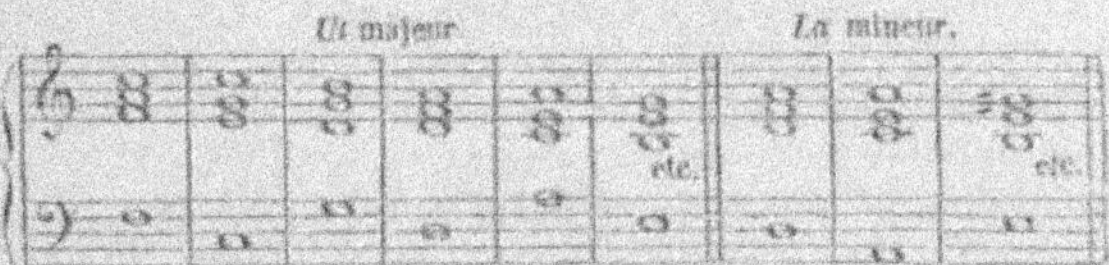

3· Par *quinte inférieure*, ou son renversement, la *quarte supérieure* : Ex.

Ces trois sortes de successions peuvent se pratiquer, quel que soit le degré que l'on quitte et quel que soit celui, bon ou mauvais, sur lequel on arrive (*). Avec leur seul concours on peut déjà construire une série d'accords, une suite harmonique satisfaisante ; c'est pourquoi on les appelle *successions de premier ordre*.

L'élève s'exercera à jouer, dans différents tons, et sur un instrument à clavier, des accords s'enchaînant par le moyen de ces trois successions entremêlées, à peu près comme elles le sont dans les Basses suivantes :

ENCHAINEMENTS DE DEUXIÈME ORDRE.

§ 65. — (1°) ENCHAINEMENT PAR SECONDES. Deux accords peuvent aussi s'enchaîner par degrés conjoints et former des successions de seconde soit supérieure soit inférieure ; mais cet enchaînement ne peut avoir lieu qu'en procédant *d'un bon degré à un autre bon degré* (**) p. ex.

du 4° au 5° degré

du 6° au 5°

du 5° au 6°

etc.

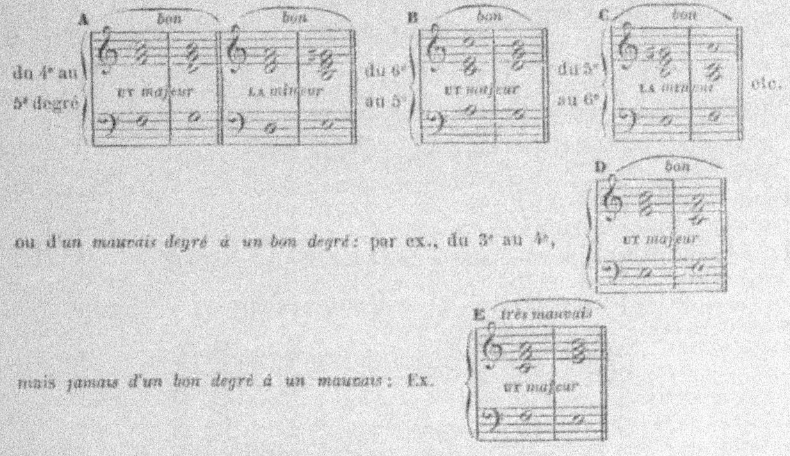

ou d'un *mauvais degré à un bon degré* : par ex., du 3° au 4°,

mais jamais *d'un bon degré à un mauvais* : Ex.

(*) On se rappellera toutefois que, provisoirement, on ne se sert pas du 7° degré des deux modes, et que le 3° degré du mode mineur n'existe pas. (§ 61.)

(**) Le 2° et le 6° degré, quoique moins bons que les trois degrés de premier ordre § 61), sont cependant classés parmi les bons degrés.

En conséquence de cette règle on peut établir, comme principe, que l'enchaînement par secondes est d'autant meilleur qu'il aboutit à un degré meilleur, et que, au contraire, cet enchaînement est d'autant plus défectueux qu'il aboutit à un degré plus mauvais. Ainsi, p. ex., quoique la succession du premier au deuxième degré puisse se pratiquer, celle du deuxième au premier est d'un effet beaucoup meilleur.

§ 66. *OBSERVATION.* La règle précédente est cependant sujette à une modification importante qui concerne l'enchaînement du 5° au 1° degré (Ex. F); ces deux degrés enchaînés ainsi, et dans certaines dispositions de leurs notes respectives, produisent souvent un effet dur attribué, par les anciens contrapuntistes, au rapport indirect du *si* au *fa* (ou de n'importe quelles notes établissant entre elles un rapport de quarte augmentée) connu, dans le contrepoint, sous le nom de FAUSSE RELATION DE TRITON (*). Exemple :

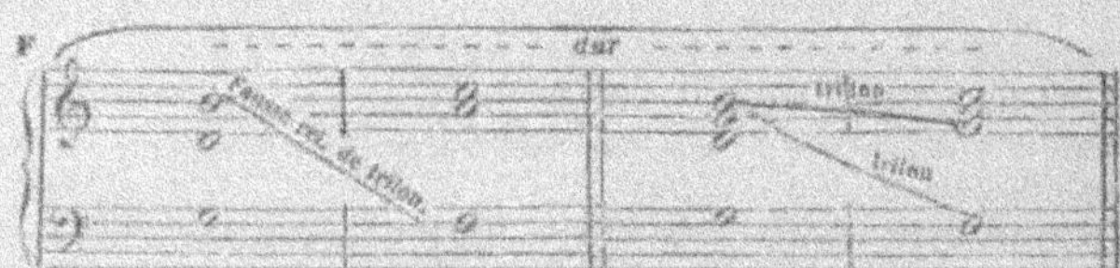

Cette particularité a donné lieu, dans les traités de contrepoint, à des règles obscures et contradictoires. Il est incontestable que l'Ex. F est dur : mais pourquoi les Ex. A, C, D, dont chacun contient aussi la relation du triton, sont-ils bons et très-usités par les maîtres ? il importe peu d'en connaître la cause, l'essentiel est de connaître et d'apprécier les effets des successions, et, à cet égard, la règle du § 65 suffit, en général, pour guider l'inexpérience. Quant à l'enchaînement du 5° au 1° degré, on ne le pratique pas fréquemment ; d'ailleurs son effet plus ou moins satisfaisant dépend surtout de la manière de le réaliser : ainsi la réalisation suivante :

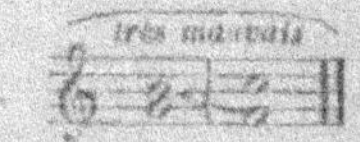

est très-admissible et infiniment préférable à celles de

l'exemple F, lequel devient intolérable à deux parties. Ex.

D'où l'on peut conclure qu'il est bon d'imposer à l'élève la règle suivante :

§ 67. *RÈGLE. Il est défendu, dans l'enchaînement du 5° au 1° degré, de placer la relation du triton dans les parties extrêmes* (Ex. F).

N. B. Il n'est pas sans intérêt de consigner ici que les maîtres du 16° siècle, y compris *Palestrina*, ont pratiqué assez fréquemment la relation du triton. Exemple :

(PALESTRINA, *Sanctus*, de la messe ÆTERNA CHRISTI MUNERA).

(*) On sait que la quarte augmentée étant composée de trois tons entiers, s'appelle vulgairement *triton*.

et même dans les parties extrêmes · Exemples.

(*Gloria*, de la même messe).

(*Sanctus*, de la même messe

§ 68. — (2°) ENCHAÎNEMENT PAR TIERCE SUPÉRIEURE (OU SIXTE INFÉRIEURE). Cet enchaînement, moins usité que les précédents, est d'un effet très-faible quand le second accord est mineur :

Ex.

mais son effet est bon toutes les fois que le second accord est majeur. Exemple :

En général on peut lui appliquer les mêmes lois qu'aux successions de secondes (§ 65), c'est-à-dire que *la succession de tierce supérieure est bonne toutes les fois qu'elle aboutit à un bon degré.*

ENCHAÎNEMENTS DE TROISIÈME ORDRE.

§ 69. Ce sont les enchaînements par seconde (soit supérieure, soit inférieure) et les enchaînements par tierce supérieure qui aboutissent à un mauvais degré.

RÉSUMÉ DU CHAPITRE IV

§ 70. Les trois successions principales ou de *premier ordre*, et par le moyen desquelles on peut aborder tous les degrés, sont : la *tierce inférieure*, la *quarte inférieure* et la *quinte inférieure* (ou leurs renversements). — Les successions de *deuxième ordre*, sont : la *seconde*, soit *supérieure*, soit *inférieure*, et la *tierce supérieure*, qui sont bonnes lorsqu'elles aboutissent à un bon degré, mais défectueuses ou faibles lorsqu'elles aboutissent à un mauvais degré : elles constituent alors les successions de *troisième ordre*.

L'élève doit éviter l'emploi réitéré des successions de deuxième ordre, et s'abstenir complétement des successions de *troisième ordre*.

Les règles et observations concernant le mouvement mélodique (§ 42, 43 et 44) doivent être appliquées aussi à la Basse ; il faut en excepter la *troisième règle* (§ 45).

N. B. L'enchaînement de deux accords *consonnants* est toujours plus doux lorsqu'ils ont une note commune.

———

EXERCICES SUR L'ENCHAÎNEMENT UNITONIQUE DES ACCORDS CONSONNANTS A L'ÉTAT DIRECT.

§ 71. Les leçons suivantes consistent en parties supérieures proposées, ou *Chants donnés*, destinés à être harmonisés. A cet effet on cherchera à y adjoindre une harmonie satisfaisante, *note contre note*, c'est-à-dire en changeant d'accord à chaque note, en plaçant toujours la fondamentale de l'accord à la Basse, et en enchaînant les accords d'après les lois prescrites dans ce chapitre. On composera d'abord la Basse, puis on complétera l'harmonie en remplissant les deux parties intermédiaires, le but de ces leçons étant non-seulement de construire de bonnes successions à l'état direct, mais aussi de compléter l'effet de ces successions par une bonne réalisation. Chaque leçon doit commencer par l'accord du premier degré et finir par ce même accord précédé de celui du 5° degré. — Ce travail achevé, il faudra copier, dans l'APPENDICE, (page 213 et suivantes) les *Basses pour les chants donnés*, en plaçant chaque Basse sous son chant correspondant, réaliser avec cette nouvelle Basse, puis comparer avec le travail fait d'abord et avec les leçons réalisées de l'APPENDICE (page 217 et suivantes).

Chants donnés.

CHAPITRE V.

CONSIDÉRATIONS GÉNÉRALES SUR LES MODIFICATIONS, LA PLACE RESPECTIVE
ET LA DURÉE DES ACCORDS

ARTICLE I.

DES PRINCIPALES MODIFICATIONS DE L'ACCORD.

Les causes qui modifient plus ou moins l'accord sont : 1° la POSITION, 2° les RENVERSEMENTS.
On a déjà parlé de la *position* en général (§ 25).

§ 72. CHANGER DE POSITION c'est placer successivement un accord dans deux ou plusieurs
positions différentes, abstraction faite de la note Basse qui reste la même qu'au début de l'accord, soit qu'on la maintienne ou place, soit qu'on la permute d'octave.

Exemples :

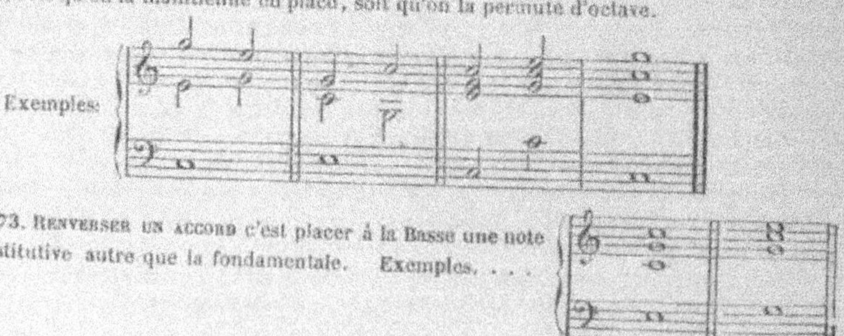

§ 73. RENVERSER UN ACCORD c'est placer à la Basse une note
constitutive autre que la fondamentale.   Exemples. . . .

§ 74. Quoiqu'un renversement ne soit, en apparence, qu'un changement de position, l'influence du renversement sur l'effet de l'accord est infiniment plus caractérisée que celle du simple changement de position. On fera donc désormais une distinction complète entre le RENVERSEMENT ou ÉTAT *de l'accord*, et les diverses POSITIONS que peut subir l'accord quel que soit son état.

§ 75. Toutefois lorsqu'on se sert successivement des divers *états* d'un même accord sans donner à aucun de ces *états* une importance prédominante comme *durée*, on les envisage simplement comme changements de position. Exemple :

Par cette raison tout ce qui, dans l'article suivant, concerne le *changement de position* s'applique généralement aussi au *changement d'état* de l'accord.

ARTICLE II.

DE L'INFLUENCE DES CHANGEMENTS DE POSITION SUR LA RÉALISATION.

§ 76. *EXCEPTION A LA RÈGLE DU § 42.* Lorsqu'on change de position sans changer d'accord, l'intervalle mélodique de *sixte majeure* et même les intervalles mélodiques de *quinte diminuée*, de *septième mineure* (*) et de *septième diminuée* sont tolérés dans les parties prédominantes.

§ 77. *EXCEPTION A LA RÈGLE DU § 48.* Tant que dure un même accord, les divers changements de position qu'on lui fait subir peuvent aboutir directement, et sans inconvénient, à la *quinte juste* ou à *l'octave* (ou à *l'unisson*) : Exemples.

§ 78. Mais le changement de position peut influer de diverses manières sur la réalisation de l'accord subséquent, comme on va le voir ci-après :

RÈGLES SUPPLÉMENTAIRES CONCERNANT LES QUINTES ET LES OCTAVES HARMONIQUES.

§ 79. Une réalisation correcte de deux accords qui s'enchaînent (Ex. 1 et 2) peut être rendue fautive par un simple changement de position effectué, dans le premier des deux accords, par l'une des parties (Ex. 1 *bis* et 2 *bis*).

(*) Il va sans dire que les intervalles de septième ne trouveront leur application que dans les accords dissonants.

L'Ex. 1 *bis* produit l'effet de deux quintes consécutives, et l'Ex. 2 *bis*, celui de deux octaves, quoique, dans chacun de ces deux exemples, le changement de position ne soit que momentané, et que la partie qui effectue ce changement retourne à la position première, avant l'attaque du second accord.

§ 80. Si l'on a des raisons pour conserver le dessin mélodique des Ex. 1 *bis* et 2 *bis*, il faut, pour éviter les fautes, employer la réalisation des Ex. 3 et 4 ; c'est-à-dire qu'il faut faire effectuer un changement de position simultané aux deux parties qui ont déterminé les fautes dans les Ex. 1 *bis* et 2 *bis*, afin que, dans le premier accord de chacun de ces deux exemples, ces deux parties ne se trouvent jamais, entre elles, en rapports de quinte avant d'aboutir à une autre quinte, ou d'octave avant d'aboutir à une autre octave.

§ 81. Le mauvais effet de *deux* quintes ou de *deux* octaves consécutives telles que : . . . . 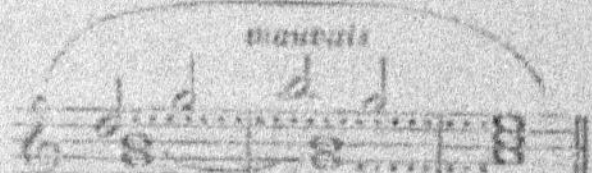

ne peut pas être évité par un simple changement de position du premier accord ; Exemple. . . . .

parce que l'impression de la position première n'est pas effacée par ce changement de position.

Un nombre quelconque de changements consécutifs de position ne détruit même pas l'impression de la position première (*). Exemple. . . . .

§ 82. Les considérations précédentes concernent aussi le croisement des parties durant un même accord :

§ 83. Si, au moment du changement d'accord, la quinte ou l'octave sont déterminées par un mouvement oblique, il n'en résulte point de faute (Ex. 5 et 6), à condition, toutefois, que la note qui syncope ait une durée suffisante pour que le mouvement oblique puisse être parfaitement apprécié ; ainsi les Ex. 5 et 6 deviendraient de moins en moins bons, à mesure qu'on accélérerait leur mouvement. Les Ex. 5 *bis* et 6 *bis* sont toujours défectueux parce que la sensation du mouvement oblique y est nulle ou incomplète : des réalisations analogues à celles de ces mêmes exemples produisent ce qu'on nomme *quintes* et *octaves* ANTICIPÉES.

§ 84. En ce qui concerne une *seule* quinte juste ou une *seule* octave provenant d'un mouvement direct, on se conformera aux instructions suivantes :

<hr>

(*) A moins que l'une des positions ultérieures n'ait une durée suffisante pour faire oublier la position première.

§ 85. — 1° Lorsque les deux parties destinées à aboutir à une quinte juste ou à une octave effectuent simultanément un changement de position, soit par mouvement contraire (Ex. 7 et 7 *bis*) soit par mouvement semblable (*ex.* 8, 8 *bis*, 9 et 9 *bis*), c'est la position qui précède immédiatement le changement d'accord qu'il faut consulter comme influant seule sur la réalisation de l'accord suivant, quelque soit d'ailleurs le nombre des changements de position qui précèdent la position dernière (Ex. 10).

§ 86. — 2° Mais si les changements de position du premier accord n'ont lieu que dans une seule des deux parties destinées à aboutir à une quinte juste ou à une octave, et que l'autre de ces deux parties reste immobile (Ex. 11, 12, 13 et 14), on devra consulter à la fois et la position première et la position qui précède immédiatement le changement d'accord. — Les positions intermédiaires sont, le plus souvent, sans conséquence (Ex. 15 et 16).

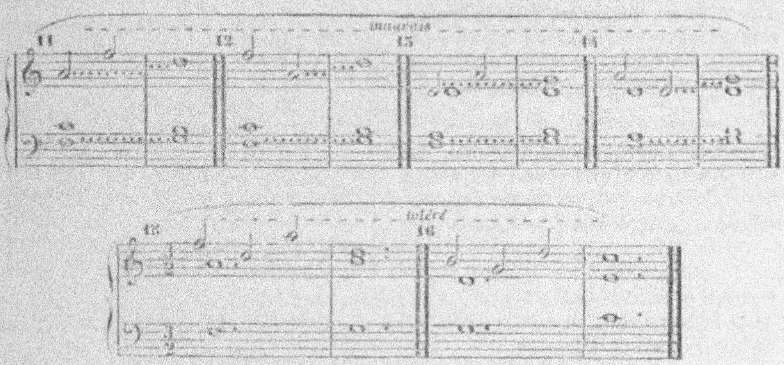

§ 87. Toutefois il faut excepter, de la règle précédente, les cas analogues aux Ex. 17, 18 et 19, ainsi qu'aux Ex. 1 *bis* et 2 *bis* (§ 79); c'est-à-dire les cas où la position dernière est identique à la première; alors on consulte et la dernière et l'avant-dernière position; mais une réalisation pareille à celle de l'Ex. 19 *bis*, ainsi que des Ex. 3 et 4, est, le plus souvent, la meilleure.

§ 88. *N. B.* Les règles et les observations contenues dans cet article sont généralement confirmées, par la pratique, dans les œuvres des compositeurs les plus éminents ; mais l'expérience et l'instinct sont souvent, à cet égard, les meilleurs guides, car la place que telle position occupe dans la division de la mesure, ainsi que la durée relative des diverses positions, peuvent avoir une grande influence sur la réalisation de l'accord suivant (*voir*, à ce sujet, le § 97).

Ces réflexions concernent surtout, en partie, la règle du § 86 ; néanmoins l'élève doit se conformer scrupuleusement à cette règle. Ainsi des réalisations pareilles à celles des Ex. 11 et 13 doivent être défendues à l'école, quoique leur effet ne soit pas toujours absolument mauvais, d'abord, parce qu'une seule quinte directe ou une seule octave est déjà moins mauvaise que deux quintes ou deux octaves consécutives, ensuite, parce que les changements de position des Ex. 11 et 13 atténuent un peu l'effet de la quinte directe ainsi que de l'octave. Certains auteurs ne se font aucun scrupule de pratiquer ces sortes de licences, d'autres les évitent ; elles sont donc soumises à l'appréciation de chacun ; en tout cas il est préférable de ne pas y faire concourir les deux parties extrêmes (voir, à ce sujet, le § 169) ; enfin, ce qui autorise le plus ces licences, c'est que la quinte ou l'octave fasse partie d'un accord de l'un des meilleurs degrés (voir § 169).

En résumé les règles dont traitent les § 79 à 87 ne seront complétées que par les § 97 et 98, ainsi que par l'article qui traite des *accords brisés* (*page* 124).

§ 89. Dans la réalisation de deux accords qui s'enchaînent, si c'est au dernier de ces deux accords qu'on fait subir quelque modification, il n'en résulte généralement pas d'inconvénient. Cependant certains auteurs considèrent comme mauvais les exemples suivants renfermant ce qu'on appelle des OCTAVES RETARDÉES : Exemple............

la réalisation précédente est, à la vérité, d'un effet lâche, à peu près comme s'il y avait deux octaves consécutives comme dans l'Ex. suivant : . . . .

toutefois des cas semblables sont plutôt du domaine de l'instinct et du goût ; ils dépendent de la durée des notes et surtout de l'influence des temps forts et des temps faibles, comme on le verra § 93 et § 97.

§ 90. Les mêmes observations sont applicables aux QUINTES RETARDÉES : Exemple. . . . .

avec cette restriction : les quintes retardées sont d'un effet moins mauvais et sont beaucoup plus tolérées, même par les auteurs les plus sévères, que ne le sont les octaves retardées (§ 57).

ARTICLE III.

DE LA PLACE RESPECTIVE DES ACCORDS DANS LA DIVISION DE LA MESURE.

La division de la mesure implique nécessairement le rhythme dont les conséquences sont importantes quant à l'effet relatif des accords et, quelquefois même, quant à la réalisation.

§ 91. On appelle TEMPS FORTS *de la mesure* ceux qui attirent a eux l'accent principal ; ce sont le 1ᵉʳ et le 3ᵉ temps de la mesure à quatre temps, le 1ᵉʳ de la mesure à deux temps, et le 1ᵉʳ de la mesure à trois temps ; tous les autres temps sont FAIBLES. Les temps forts ou faibles des mesures composées sont les mêmes que ceux des mesures simples dont elles dérivent.

Dans la mesure à quatre temps le 3ᵉ temps est moins fort que le 1ᵉʳ.

Dans la mesure à trois temps certains rhythmes exceptionnels comportent une sorte de second temps fort qui est ou le 2ᵉ ou le 3ᵉ temps, selon le caractère du rhythme et la place de l'accent.

Dans les mouvements lents qui contiennent une nombreuse subdivision de la mesure, et principalement dans les mesures composées, la première note de chaque temps est forte relativement aux autres notes du même temps, mais les temps principaux conservent toujours leur importance relative.

§ 92. Les temps forts ou faibles exercent une influence considérable sur l'importance harmonique et tonale d'un accord ainsi que sur son enchaînement. Les temps forts appellent de préférence les bons degrés et leur communiquent une énergie tonale plus grande ; les mauvais degrés s'assimilent mieux aux temps faibles. Ainsi dans l'exemple suivant :

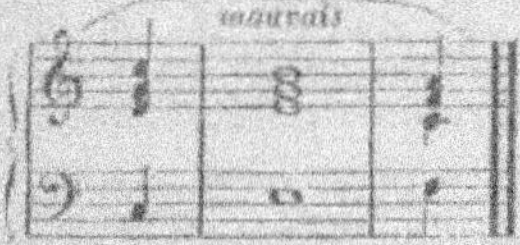

l'accord du 3ᵉ degré, amené par une succession faible (*), est d'un assez bon effet, parce qu'il est placé sur un temps faible, et qu'il ne sert, pour ainsi dire, que de transition au 4ᵉ degré qui lui succède ; tandis que dans la formule suivante :

l'impuissance du 3ᵉ degré est rendue plus évidente par la place qu'il occupe sur le temps fort de la mesure. La même raison explique pourquoi, dans les alternatives d'accords complets et d'accords incomplets, ceux-ci se placent de préférence sur les temps faibles pour réserver aux accords complets les temps forts.

§ 93. Les temps forts ou faibles influent souvent aussi sur la réalisation. Les temps forts sont toujours beaucoup mieux accusés par un mouvement de la Basse que par un mouvement d'une autre partie durant lequel la Basse reste immobile. Par cette raison l'*octave retardée* (**) de l'Ex. A (ci-dessous) n'est pas défectueuse, tandis que celle de l'Ex. B doit être évitée parce que la Basse, n'accusant pas le temps fort, donne la sensation d'un retard et, par conséquent, celle de deux octaves.

(*) *Voyez*, § 68. — (**) *Voyez*, § 89.

Il en est de même des *quintes retardées* (*) : Exemples.

ARTICLE IV.

DE L'INFLUENCE TONALE EXERCÉE PAR LA DURÉE DES ACCORDS CONSONNANTS.

§ 94. Les considérations renfermées dans le § 92 s'appliquent de même à la durée relative des accords consonnants. Ainsi, l'exemple suivant (**) . . . .

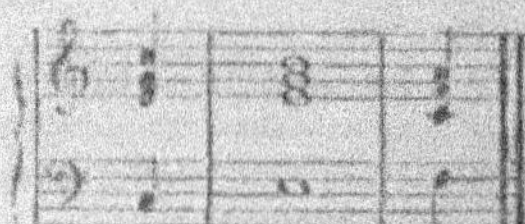

sera d'autant plus mauvais que le 3ᵉ degré y acquerra une importance plus grande comme durée.

§ 95. En ce qui concerne la durée absolue des accords parfaits, elle est arbitraire quant aux meilleurs degrés, mais elle n'est illimitée que pour l'accord de la tonique. De là vient qu'en prolongeant avec persistance un accord parfait d'un degré quelconque autre que la tonique, il parvient souvent à effacer l'impression tonale des accords précédents et finit par s'imposer à son tour comme accord de tonique : Exemple.

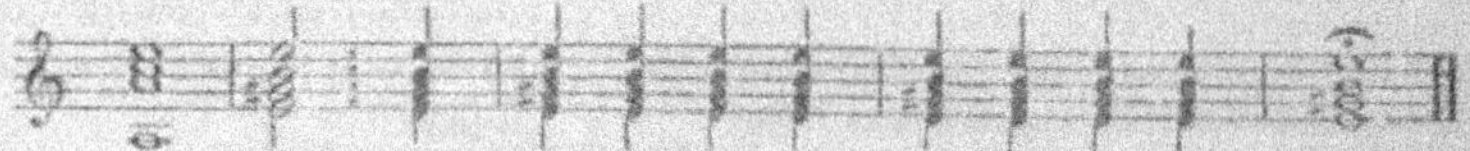

dans cet exemple, à mesure que le second accord se répète et se prolonge, la sensation du 5ᵉ degré de *La* mineur, se modifie, et cède insensiblement à celle de la tonique de *Mi* majeur.

La persistance d'un même accord parfait, surtout lorsqu'il est majeur, fait donc partie de l'une des nombreuses ressources qui constituent l'art de moduler et qui font l'objet spécial du chapitre X.

Quant aux mauvais degrés, leur durée absolue doit généralement être assez restreinte.

§ 96. RÉFLEXIONS GÉNÉRALES. On doit comprendre qu'il est impossible d'établir des règles précises concernant la durée, soit absolue soit relative, des accords; le goût et l'expérience sont, à cet égard, les meilleurs guides. Toutefois il est important de faire observer ici qu'il est toujours préférable de donner à la plupart des accords (du moins à ceux des meilleurs degrés) une durée suffisamment longue pour permettre à la sensation de s'en pénétrer et de s'y complaire; et que, en général, l'oreille se fatigue ou se refuse à saisir des changements trop précipités d'accords différents. Cette dernière considération, qui concerne tous les styles ainsi que tous les accords quelle que soit leur nature, devra surtout s'appliquer, par la suite, aux accords dissonants. Si, dans la plupart des exercices que contient cet ouvrage, cette loi n'est pas toujours observée, si ces exercices renferment souvent une grande profusion d'accords différents, cette sorte d'abus a été motivé par la nécessité de renfermer, dans des cadres restreints, une grande variété de ressources, le but principal et essentiel de ces exercices étant de familiariser l'élève avec l'emploi et la réalisation de tous les accords.

(*) Voyez, § 90. — (**) Déjà cité, § 92.

ARTICLE V.

CONSIDÉRATIONS SUR LA DURÉE DES POSITIONS ET SUR LES SILENCES.

§ 97. Dans les changements de position, la *durée* de la position qui précède le changement d'accord peut modifier plus ou moins les règles des § 81 et § 86, surtout lorsque l'influence de la durée de cette position s'allie à celle du *temps fort* : Exemples.

Il en est de même d'une position intermédiaire à laquelle le temps fort et une durée longue peuvent donner de l'importance : Exemples.

Les mêmes influences peuvent autoriser l'*octave retardée* (**) : Ex.

et à plus forte raison la *quinte retardée* (Voyez, § 90).

§ 98. Les silences, séparant les accords ou certaines notes de ces accords, n'atténuent pas le mauvais effet des quintes et des octaves défendues, quelle que soit d'ailleurs la durée de ces silences et la place qu'ils occupent dans la mesure : Exemples.

N. B. Toutes les exceptions ainsi que toutes les licences que renferme ce chapitre n'y ont été consignées que pour servir provisoirement à l'analyse. L'élève se conformera toujours aux règles § 79 à § 87.

---

*) Voyez, § 86, Ex. 15. — (**) Voyez, § 80.

CHAPITRE VI.

N. B. L'élève peut se dispenser d'étudier immédiatement, à fond, ce chapitre ; il lui suffira de le consulter à chaque signe nouveau qu'il rencontrera dans les Basses chiffrées destinées à la réalisation.

DE LA BASSE CHIFFRÉE.

Pour indiquer le plus succinctement possible une harmonie conçue ou qui est destinée à être réalisée, on se sert de chiffres placés au-dessus des notes de la Basse. Chaque note de la Basse reçoit ainsi un ou plusieurs chiffres, selon la nécessité, et selon la nature de l'accord qu'on veut employer ; lorsque l'espace qui sépare les portées ne permet pas de placer les chiffres au-dessus des notes, on peut les placer au-dessous.

Les chiffres indiquent simplement les intervalles que forment les notes importantes de l'accord avec la note placée à la Basse ; ils ne sont donc qu'un moyen pour faire deviner l'harmonie, moyen incomplet et souvent insuffisant (comme on pourra s'en convaincre plus tard), et que beaucoup d'auteurs ont plus ou moins modifié selon leur convenance ; certains auteurs expriment en chiffres toutes les notes de l'accord ; d'autres ne mettent que les chiffres les plus indispensables pour le faire deviner. Ainsi l'accord parfait, dans son état direct, se chiffre le plus souvent par 5, quelquefois par $\frac{5}{3}$, d'autres fois seulement par un 3 qui, dans ce cas, implique assez souvent la suppression de la quinte ; le chiffre 8 impose d'ordinaire l'octave. L'accord de quinte diminuée se chiffre aussi par 5, souvent par un cinq barré (5̸). Le zéro indique l'unisson, quelquefois l'octave, et en tout cas l'absence d'harmonie.

Quand l'accord parfait est dans l'état direct on se dispense quelquefois de le chiffrer ; ainsi l'absence de chiffres sous-entend l'accord parfait.

Lorsqu'il faut plusieurs chiffres pour exprimer un accord, ces chiffres se superposent en suivant d'ordinaire leurs rangs d'ordre depuis le plus faible, qu'on place en bas, jusqu'au plus fort qu'on place en haut, à moins qu'on n'ait l'intention de préciser la position de l'accord, en ce cas on dispose les chiffres selon le rang qu'on veut assigner à chaque note à compter du bas en haut : Exemple.

Lorsqu'une note tenue dans la Basse est commune à divers accords consécutifs, on exprime successivement, en chiffres, tous les accords que doit comporter cette note, en laissant un espace suffisant entre le chiffre ou la colonne des chiffres d'un accord et les chiffres de l'accord suivant : Ex.  ; la note *ut* comporte donc ici trois accords ; cette manière d'indication est vague puisque la durée de chaque accord n'y est pas précisée. dans des cas pareils, lorsque la subdivision de la mesure le permet, on donne une valeur égale à tous les accords, sinon on se conforme au rhythme général du morceau.

Un trait horizontal, succédant immédiatement à un chiffre, indique que la note représentée par ce chiffre se prolonge autant que le trait, lors même que d'autres chiffres, placés au-dessus ou au-dessous de ce trait, changeraient la nature de l'accord ; Exemples.

Par conséquent le trait horizontal sert aussi à indiquer la prolongation d'un même accord, et dispense des changements de chiffres que nécessiteraient les renversements produits par les mouvements de la Basse. Exemple.

Un accident placé devant un chiffre affecte la note correspondant à ce chiffre:

Par exemple. , indique *fa* dièse

Un accident isolé placé sur une note Basse affecte la tierce au-dessus de cette note, comme si cet accident était placé devant le chiffre 3:

Exemples. , ou bien: , représente:

Pour l'accord parfait dans l'état direct il suffit de placer l'accident tout seul au-dessus de la fondamentale:

Ex. représente: ; comme si la note était chiffrée ainsi:

Dans tous les accords dissonants placés sur la dominante des deux modes, la note sensible est généralement indiquée par une petite croix (+).

CHAPITRE VII.

RENVERSEMENTS DES ACCORDS CONSONNANTS.

D'après la définition du § 73 les accords consonnants se prêtent à deux renversements.

§ 99. On a vu (§ 12) qu'un accord, quelque soit l'ordre dans lequel ses notes sont présentées, conserve toujours le nom de sa fondamentale. Aussi, pour se rendre compte de l'enchaînement des accords et pour expliquer les lois de leurs successions dans leurs renversements, doit-on toujours consulter la note fondamentale et non la note Basse. Ainsi, dans cet exemple: la fondamentale du second accord est *sol*; en conséquence l'enchaînement de ces deux accords présente une succession d'*ut* à *sol*, c'est-à-dire de *quarte inférieure* et non la succession apparente de *seconde* (*ut*, *si*) que forme le mouvement mélodique de la Basse. Dans l'Ex. suivant: le second accord ne présente qu'un renversement du précédent, et quoique la Basse procède par tierce ascendante il n'y a point de succession par tierce supérieure.

N. B. dans la pratique des accords renversés l'élève doit s'habituer à nommer les fondamentales de ces accords, la nature de chaque renversement, ainsi que les successions au point de vue des fondamentales. Il suivra cette méthode durant tout le cours de cet ouvrage; lorsqu'il sera affermi sur ces principes il sera libre de faire usage de termes plus laconiques et d'appeler les accords par les noms de leurs chiffres, selon l'habitude consacrée.

3

ARTICLE I.

DU PREMIER RENVERSEMENT.

§ 100. En plaçant la tierce de l'accord à la Basse il en résulte le PREMIER RENVERSEMENT : Exemple.  Dans cet état, la tierce de l'accord forme avec la fondamentale un intervalle de sixte, de là le nom d'ACCORD DE SIXTE; il se chiffre par 6, quelquefois par $\frac{6}{3}$.

§ 101. Le *premier renversement* est d'une sonorité particulièrement douce et harmonieuse (*); il atténue souvent les imperfections et les duretés de certaines successions et de certaines licences de réalisation : tels sont les cas suivants :

§ 102. L'enchaînement du 1er au 2e degré dans l'état direct est un peu dur et se pratique assez rarement; mais en y mettant le 2e degré dans son *premier renversement* la succession devient très-harmonieuse et s'emploie très-fréquemment : Exemples.

Il en est de même de tous les enchaînements par *secondes* (supérieures ou inférieures); leur effet est toujours adouci par le premier renversement, soit du premier accord, soit surtout du second accord, soit de tous deux.

§ 103. Par le moyen du premier renversement on peut même enchaîner successivement, et par secondes, tous les degrés de la gamme majeure, y compris le 7e degré : Exemple.

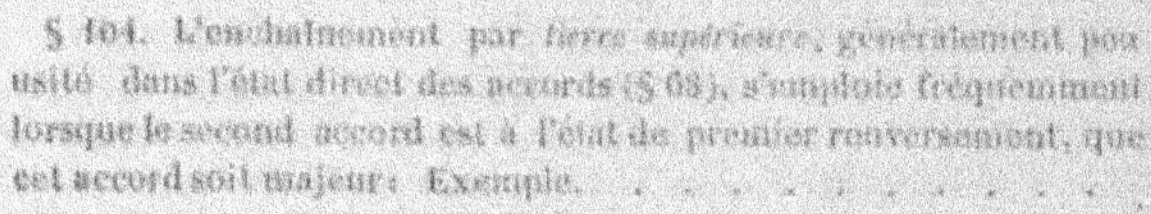

Mais cette manière d'enchaîner la gamme, connue sous le nom de SUITE DE SIXTES, ne peut se réaliser à quatre parties que par le secours d'artifices qu'on connaîtra plus tard; dans l'harmonie simple et naturelle ces suites de sixtes ne se réalisent qu'à trois parties et en plaçant toujours la fondamentale dans la partie supérieure.

§ 104. L'enchaînement par *tierce supérieure*, généralement peu usité dans l'état direct des accords (§ 68), s'emploie fréquemment lorsque le second accord est à l'état de premier renversement, que cet accord soit majeur : Exemple. . . . .

ou mineur : Ex.

Cette succession est tolérable, même aboutissant à un mauvais degré : Exemple. . . . .

(*) Cette remarque est relativement applicable au premier renversement de tous les accords, soit consonnants, soit dissonants.

§ 105. Le mauvais effet d'une *quinte juste* provenant d'un mouvement semblable est complètement atténué par le premier renversement : Ex.

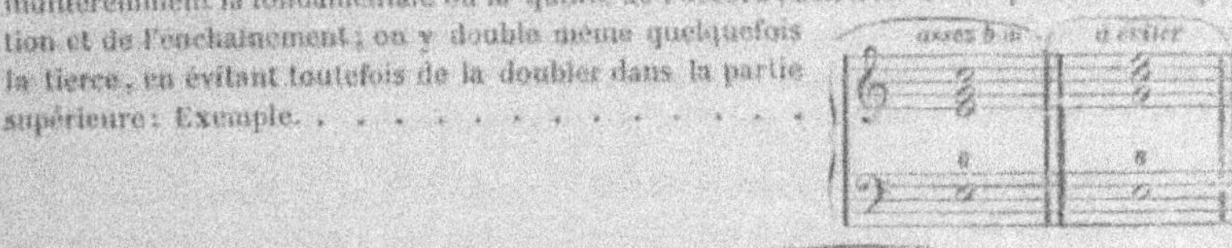

§ 106. En ce qui concerne les notes à doubler ou à supprimer, consulter le § 33 ; cependant le premier renversement admet certaines modifications à la règle générale ; on y double indifféremment la fondamentale ou la quinte de l'accord, selon les conséquences de la position et de l'enchaînement ; on y double même quelquefois la tierce, en évitant toutefois de la doubler dans la partie supérieure : Exemple. . . . .

Lorsque la tierce de l'accord est une des *bonnes notes* du ton (§ 35) on la double même de préférence : Exemple. . . . .

N. B. Se rappeler que la *note sensible* ne se double jamais.

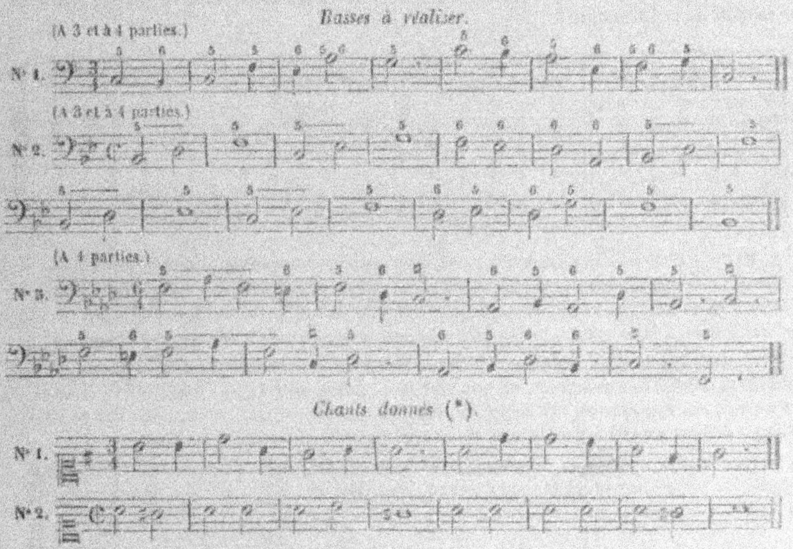

(*) Se conformer aux prescriptions du § 71 en y adjoignant la faculté de se servir du premier renversement.

ARTICLE II.

DU SECOND RENVERSEMENT.

§ 107. En plaçant la quinte de l'accord à la Basse il en résulte le SECOND RENVERSEMENT :

Ex. Dans cet état de l'accord la Basse forme avec les parties supérieures les intervalles de quarte et de sixte ; de là le nom d'accord de QUARTE ET SIXTE OU SIXTE ET QUARTE. On le chiffre par $\frac{6}{4}$.

§ 108. Ce renversement, loin d'égaler la douceur du précédent, est, sinon dur, du moins très-accusé : il a, pour ainsi dire, quelque chose d'impérieux qui entraîne, le plus souvent, une conclusion tonale ; en raison de cette puissance tonale, le second renversement appliqué aux accords de deuxième et de troisième ordre leur donne trop d'importance : il s'emploie donc principalement et presque exclusivement avec les accords des trois meilleurs degrés (1er, 4e et 5e), encore son emploi exige-t-il les précautions suivantes

RÈGLE CONCERNANT LA PRÉPARATION ET LA RÉSOLUTION DE LA QUARTE.

§ 109. Toutes les fois qu'un second renversement produit une *quarte juste* formée par la Basse et l'une des parties supérieures, cette quarte doit résulter d'un mouvement oblique ; Ex. ; de cette manière la quarte est PRÉPARÉE ; après quoi, pour passer à un autre accord, l'une ou l'autre des deux notes qui viennent de former cette quarte doit rester immobile afin de faire partie de l'accord suivant : Ex. ; par ce second mouvement oblique la quarte est RÉSOLUE OU SAUVÉE.

De cette règle ne peuvent naître que les quatre versions suivantes qui ne varient que sous le rapport de la réalisation :

Quarte préparée et résolue par la basse.	Quarte préparée et résolue par une partie supérieure ou intermédiaire.	Quarte préparée par la Basse et résolue par une partie supérieure ou intermédiaire.	Quarte préparée par une partie supérieure ou intermédiaire et résolue par la Basse.

N. B. Il est bien entendu qu'il n'est toujours question ici que de la quarte formée par la Basse et l'une des parties supérieures ; les quartes que peuvent former entre elles les parties supérieures ne sont pas soumises à cette règle et sont considérées comme *consonnances*, tandis qu'une quarte, à la formation de laquelle concourt la Basse, est classée comme *dissonance*.

§ 110. *OBSERVATION.* La règle précédente ne concerne pas les accords dont la quinte est diminuée et dont le renversement, en conséquence, donne une quarte augmentée ; mais *tous les accords, soit consonnants, soit dissonants, et dont la quinte est juste, sont soumis à cette règle*, puisque de leur second renversement résulte nécessairement une quarte juste.

§ 111. Dans la réalisation du second renversement on double de préférence la quinte de l'accord, c'est-à-dire, la Basse : Exemple . . . . 

cependant la fondamentale doublée est d'un bon effet dans des cas analogues au suivant :

Basse à réaliser.

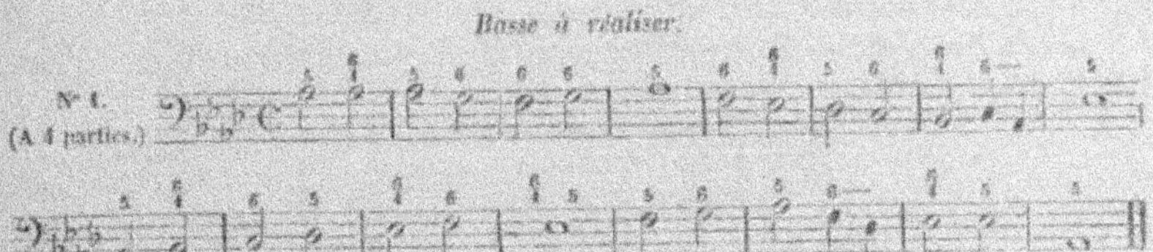

§ 112. *EXCEPTION QUI DISPENSE DE PRÉPARER LA QUARTE.* Dans le second renversement du 1ᵉʳ degré (accord de tonique) la quarte peut se passer de préparation, surtout lorsque l'accord est placé sur le temps fort de la mesure : Exemples.

Cette particularité sera mieux appréciée au chapitre des *Cadences*.

§ 113. L'exception précédente, qui confirme en partie ce qui a été dit § 108, doit faire comprendre que tout accord consonnant, majeur ou mineur, employé dans son second renversement *sans préparation de la quarte*, s'impose comme accord de tonique, en provoquant une conclusion tonale dont on parlera au chapitre des Cadences. Ainsi, toutes les fois que la quarte n'est pas préparée dans le second renversement d'un accord autre que celui du 1ᵉʳ degré, il en résulte l'impression d'une tonique nouvelle, et, par conséquent, d'une modulation. Un second renversement non préparé peut donc servir à moduler ; mais s'il n'est pas employé sciemment dans ce but, si la place qu'il occupe dans la phrase ne permet pas une conclusion satisfaisante, s'il n'est que le produit de l'ignorance ou de la bizarrerie, son effet sera toujours mauvais. Voilà pourquoi la préparation de la quarte est exigée pour tout second renversement autre que celui de l'accord de la *tonique* ; cette loi est une des plus importantes de la composition musicale.

Basse à réaliser.

§ 114. *EXCEPTIONS CONCERNANT LA RÉSOLUTION DE LA QUARTE.* — 1° La quarte est considé-rée comme *résolue* lorsque l'une des notes qui la forme, au lieu de rester immobile, monte ou descend d'un demi-ton soit diatonique, soit chromatique(*) : Exemple.

2° Le second renversement du 1er degré dispense quelquefois de résoudre la quarte, mais cette licence ne se pratique guère que par la succession suivante : Exemples.

3° Quand la note destinée à préparer ou à résoudre la quarte, au lieu de se maintenir en place, permute d'octaves, la quarte est considérée comme préparée ou comme résolue. Cette licence se pratique surtout fréquemment dans la Basse : Exemples.

§ 115. Par une conséquence de la règle qui prescrit la préparation et la résolution de la quarte, *deux* seconds renversements ne peuvent jamais s'enchaî-ner entre eux, si ce n'est lorsque la quarte du dernier de ces deux renversements est augmentée : Exemple. . . . . . .

dans ce cas la quarte du premier accord est *résolue* par demi-ton, et le deuxième accord contient une quarte augmentée qui n'exige point de préparation.

§ 116. *N. B.* Quoique le *second renversement* ne se pratique généralement qu'avec les ac-cords du 1er, du 5e et du 4e degré (§ 108), il peut aussi quelquefois et exceptionnellement s'appliquer aux accords des autres degrés, mais à condition de ne pas leur donner d'impor-tance et de ne les placer que sur des temps faibles. Exemple.

(*) Le chromatique implique nécessairement une modulation.

Basse à réaliser.

117. *EXCEPTION QUI DISPENSE A LA FOIS DE PRÉPARER ET DE RÉSOUDRE LA QUARTE.* Lorsque le second renversement est précédé d'un autre *état* du même accord, la quarte n'exige point de préparation (Ex. A); lorsqu'il est suivi d'un autre *état* du même accord, la quarte n'exige point de résolution (Ex. B) :

CHAPITRE VIII

DES PHRASES, DES PÉRIODES ET DE LA FORME EN GÉNÉRAL.

Un enchaînement de notes, soit mélodique soit harmonique, formant un sens musical satisfaisant et qui puisse s'isoler, s'appelle PHRASE. Une phrase développée qui se compose de plusieurs MEMBRES dont la réunion forme un sens complet, s'appelle PÉRIODE.

Par FORME on entend la contexture d'un morceau ou même d'une période ou d'une phrase.

Le génie de l'homme s'est manifesté, dans les œuvres musicales, sous deux formes principales et essentiellement distinctes ; la *forme fuguée ou canonique*, par l'irrégularité de ses nombres, par le développement de ses périodes et par la variété des artifices de son style qui ne permettent pas le retour régulier des cadences, pourrait être comparée à la prose ; elle ne s'adresse qu'aux intelligences exercées. La *forme métrique ou symétrique*, par les rapports équivalents de ses nombres, par l'ordonnance mesurée de ses périodes et par le retour fréquent et régulier de ses cadences, se rapproche davantage du vers et se grave aisément dans la mémoire de tous. La forme métrique, plus ou moins caractérisée, se trouve dans la musique de tous les peuples primitifs. En inventant successivement les artifices de l'imitation canonique et du style fugué les compositeurs éminents du XVI° et du XVII° siècle ont légué à leurs successeurs les éléments de l'art musical moderne tout entier ; à partir du XVIII° siècle de grands génies ont porté l'art à sa perfection en alliant, dans tous leurs ouvrages transcendants, la forme fuguée à la forme métrique, et de cette alliance est née, après des transformations successives, cette science complète et approfondie de l'harmonie qui se résume, avec toute la multiplicité de ses ressources, dans les œuvres de J.-S. Bach.

Il est important, dans l'étude élémentaire de l'harmonie, que le travail de l'élève consiste principalement en exercices qui l'astreignent à la forme métrique la plus simple et la plus accusée, parce que l'effet relatif des différents accords, et surtout l'effet des procédés exceptionnels, dépend beaucoup de la place où on les applique dans la phrase.

On appelle CARRÉES les phrases et les membres de phrase dont le nombre de mesures est divisible par 4. Les phrases carrées sont les plus saisissables en ce qu'elles sont les plus pratiquées, particulièrement celles de quatre, de huit, et de seize mesures ; toutefois les phrases à nombre impair de mesures sont très-bonnes pourvu qu'elles correspondent entre elles symétriquement ; ainsi une phrase ou un membre de phrase de trois mesures doit correspondre avec une autre phrase ou un autre membre de trois ; cette correspondance peut n'être pas immédiate et l'on rencontre quelquefois d'heureux effets de rhythme et de quantité dans la répartition variée et alternée des phrases et des membres à nombre pair et impair ; la condition essentielle de l'effet métrique est dans les cadences.

CHAPITRE IX.

DES CADENCES.

§ 118. Le mot CADENCE est synonyme de chute et implique une terminaison, ou un repos, ou au moins une démarcation entre deux phrases ou deux membres de phrase. Les cadences sont à la musique ce que la ponctuation est au discours ; elles règlent la respiration dans le chant ainsi que dans toute exécution musicale, et elles ont une influence particulière sur les procédés et les effets harmoniques.

On distingue diverses espèces de cadences ; les principales sont les suivantes :

1° La CADENCE PARFAITE est celle qui termine une phrase ou un morceau par l'accord de la tonique à l'état direct, précédé de l'accord de la dominante aussi à l'état direct. Parmi les formules qui amènent la cadence parfaite, les suivantes sont très-usitées :

2° Lorsque l'accord de la tonique qui termine la phrase, au lieu d'être à l'état direct, subit un renversement, la cadence parfaite se trouve affaiblie et s'appelle alors CADENCE IMPARFAITE :

Exemple. ce qui ne détermine pas une conclusion finale, et nécessite au moins un autre membre de phrase comme complément.

Le renversement de l'accord de la dominante affaiblit aussi la cadence parfaite et la rend plus ou moins *imparfaite* : Exemple.

3° Lorsqu'une phrase incline vers la cadence parfaite, et que, au lieu de conclure par l'accord de la tonique, on substitue à ce dernier un accord quelconque, soit d'un autre degré, soit d'un autre ton, soit consonnant, soit dissonant, la CADENCE EST ROMPUE : Exemples.

Plusieurs théoriciens n'appellent CADENCE ROMPUE que celle du 5° au 6° degré ; tout autre degré que le 6°, ou tout accord étranger au ton, détermine, selon eux, une CADENCE ÉVITÉE ; cette distinction n'est d'aucune utilité.

4° La CADENCE PLAGALE s'emploie le plus souvent à la fin d'un morceau et après la conclusion de la cadence parfaite ; elle consiste dans l'accord du 4° degré (sous-dominante) soit à l'état direct soit renversé, suivi de l'accord parfait de la tonique lequel sert de conclusion finale : Exemples.

Dans des cas analogues à ceux des exemples précédents, la cadence plagale forme une sorte de *Coda* ajoutée au morceau ; mais la cadence plagale peut avoir lieu sans être précédée de la cadence parfaite, et elle peut même être la conclusion d'une phrase autre que la phrase finale.

5° La DEMI-CADENCE détermine un repos, ou quelquefois simplement une démarcation entre les membres d'une phrase ou d'une période ; elle est établie, le plus souvent, par l'accord de la dominante à l'état direct, quelque soit d'ailleurs l'accord qui précède : Exemples.

REMARQUES SUR LES DIVERSES ESPÈCES DE CADENCES.

§ 118 *bis*. 1° La conclusion d'une cadence parfaite est toujours mieux déterminée quand la note tonique est placée dans les deux parties extrêmes : Exemple.

Toute autre position affaiblit plus ou moins la cadence parfaite et peut même la rendre imparfaite : Exemple.

Cette remarque concerne surtout la cadence finale d'une période ou d'un morceau.

2° La succession des accords de dominante et de tonique, même à l'état direct, ne suffit pas toujours pour déterminer une cadence parfaite ; lorsque ces deux accords établissent un repos trop prématuré pour donner la sensation d'une phrase complète, leur effet n'équivaut souvent qu'à celui d'une demi-cadence ; cet effet est principalement subordonné à l'idée mélodique et à l'ensemble de la période.

3° La sensation de la demi-cadence peut être produite avec un degré autre que le 5e ; tel est l'effet de certains repos sur le 1er ou le 4e ou le 2e degré. La demi-cadence elle-même peut être affaiblie soit par un renversement soit par d'autres influences. Enfin il existe souvent, entre les différents membres d'une phrase, des démarcations plus faibles que la demi-cadence proprement dite, mais qui n'en tiennent pas moins lieu de ponctuation, et qu'on pourrait appeler QUARTS DE CADENCE.

4° Le 2e degré dans son premier renversement peut produire l'effet d'une cadence plagale :

Exemple.

5° Il y a des membres de phrase qui se maintiennent sur un seul accord et dont le repos peut, néanmoins, être assez accusé.

6° Une cadence, quelle qu'elle soit, est toujours beaucoup mieux accusée lorsque sa chute ou sa conclusion marque un temps fort ; à moins d'un rhythme particulier et exceptionnel, les temps faibles ne permettent guère que les repos incomplets tels que la demi-cadence.

7° Quelquefois l'accord qui termine la phrase sert aussi, à la fois, de tête ou d'attaque à la phrase qui succède, et de cette manière deux phrases peuvent s'enchevêtrer l'une dans l'autre sans se nuire mutuellement dans leur carrure.

EXERCICES CONCERNANT LE SECOND RENVERSEMENT AINSI QUE LES CADENCES.

§ 119. Dans les exercices qui consistent à créer une harmonie sous une partie supérieure, ou *chant donné*, on s'occupera dorénavant, préalablement à toute chose, à se rendre compte des phrases et des périodes, ainsi que des différents repos qui séparent entre eux les membres d'une phrase; ce n'est qu'après avoir trouvé le genre de cadence convenable à chacun de ces repos, qu'on cherchera les successions harmoniques applicables aux détails de chaque phrase. Les divers états de l'accord doivent, désormais, trouver leur application dans ce genre d'exercices. Autant que la nature du chant donné le permettra, on changera d'accord à chaque note, le but principal de ces exercices étant toujours de se familiariser avec les successions des accords et avec leurs renversements; toutefois il est évident que certaines formules mélodiques, et même certaines formules rhythmiques répétant plusieurs fois une même note, ne se prêtent pas à des changements constants d'accords, et que, dans ces cas, il est préférable de conserver le même accord durant deux ou plusieurs notes successives; l'élève, en cela, doit suivre son instinct, sauf à comparer ensuite son travail avec les leçons réalisées dans l'APPENDICE (page 247 et suivantes) en se conformant d'ailleurs aux prescriptions données à la fin du § 71.

Chants donnés.

CHAPITRE X.

DES MODULATIONS

OU

DE L'ENCHAINEMENT DES ACCORDS APPARTENANT A DES TONALITÉS DIFFÉRENTES.

§ 120. Le terme MODULATION ne veut pas simplement dire *changement de ton*, il sous-entend aussi une transition par le moyen de laquelle on passe d'un ton à un autre; c'est dans la manière d'effectuer les transitions que consiste l'art de moduler.

§ 121. Après avoir étudié l'importance relative des accords consonnants formés sur les différents degrés des deux modes et concourant à une même tonalité (*), il est aisé de compren-

____

(*) Chapitre IV.

dre qu'il suffit de faire subir une transformation à n'importe lequel de ces accords en altérant une de ses notes constitutives, pour que aussitôt cette transformation établisse, à l'égard
des autres accords, des rapports harmoniques nouveaux, constituant une tonalité différente
de la première.

Comparons les deux exemples suivants :

 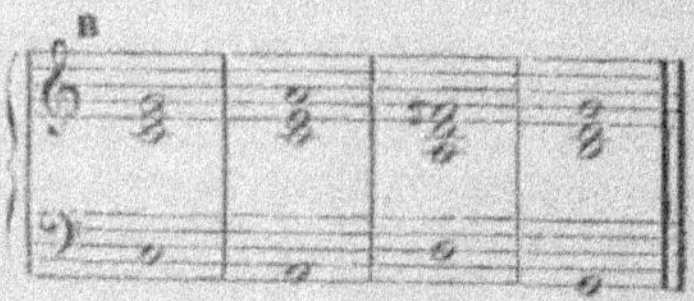

L'Ex. A est entièrement composé d'accords appartenant au ton d'*Ut* majeur. L'Ex. B (dont le
début est identique à celui de l'Ex. A et appartient de même à *Ut* majeur) contient, dans le
troisième accord, un *fa dièse* qui détruit l'impression tonale d'*Ut* et détermine le ton de *Sol*
majeur, car les notes *ut, ré, mi* et *fa dièse* (contenues partiellement dans l'un ou dans l'autre
de ces trois accords qui se succèdent) ne peuvent servir à la formation d'aucune gamme
autre que celle de *Sol* majeur.

Il est important de se rendre compte du rôle que joue le troisième accord dans chacun des
deux exemples précédents : dans l'Ex. A, cet accord est celui du 2ᵉ *degré d'Ut majeur* ; dans
l'Ex. B il ne peut être considéré autrement que comme 5ᵉ *degré de Sol majeur*. Il en résulte
que, dans l'Ex. B, l'enchaînement des deux fondamentales *la* et *ré* ne détermine plus,
comme dans l'Ex. A, une succession de quarte supérieure du 6ᵉ au 2ᵉ degré d'*Ut*, mais une
succession du 6ᵉ *degré* d'*Ut* au 5ᵉ *de Sol*.

Dans l'exemple suivant : 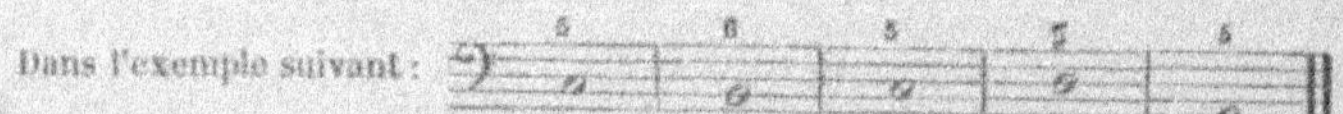

l'enchaînement du troisième au quatrième accord n'est pas une succession de seconde supérieure du 1ᵉʳ au 2ᵉ degré d'*Ut*, mais une succession du 1ᵉʳ *degré d'Ut* au 5 *de Sol*. — Les
conséquences de ces observations seront développées dans le courant de ce chapitre.

§ 122. Toute modulation est donc provoquée ou déterminée par un ou plusieurs *accidents* que
ne comporte pas le ton que l'on quitte. Les notes modifiées par ces accidents s'appellent
NOTES CARACTÉRISTIQUES.

§ 123. Les procédés par lesquels on peut moduler sont si nombreux et si variés qu'il est indispensable de se familiariser d'abord avec les plus simples pour arriver successivement aux
plus composés. L'élève doit donc s'exercer à moduler avec les accords consonnants seuls, et
rechercher et étudier toutes les ressources qu'ils peuvent offrir, avant de continuer la même
étude à l'égard des accords dissonants et à l'égard des notes mélodiques.

ARTICLE I.

RÈGLES SERVANT A RÉALISER PUREMENT LES MODULATIONS.

§ 124. *PREMIÈRE RÈGLE.* Tout changement chromatique doit s'effectuer mélodiquement, c'est-à-dire, dans une seule et même
partie : Exemple . . . . 

Toute infraction à cette règle produit, le plus souvent, un très-mauvais effet et s'appelle FAUSSE RELATION (*): Exemple. . . . .

§ 125. Quelquefois le mauvais effet de certaines fausses relations est atténué par la position des accords ainsi que par l'importance mélodique de l'une des parties, surtout lorsque la fausse relation a lieu entre une partie intermédiaire et la Basse, et que la Basse attaque la note caractéristique (§ 122); ainsi la réalisation de l'exemple suivant :

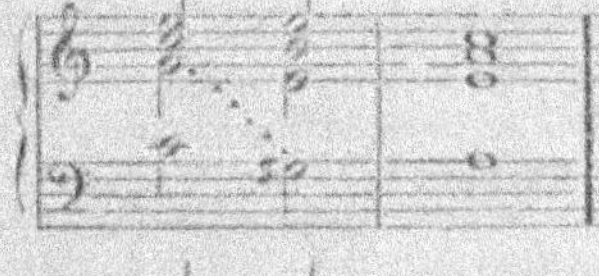

est consacrée et très-usitée dans le style libre ; mais, à l'école, elle doit être évitée, et le même exemple doit être réalisé ainsi : . . . .

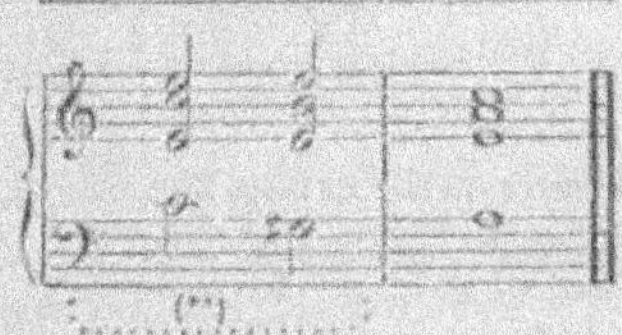

En résumé l'élève ne doit se permettre aucune fausse relation ; l'expérience et le goût peuvent seuls être juges du petit nombre de celles qui sont admissibles.

§ 126. Toutefois la version har-monique de l'exemple suivant :

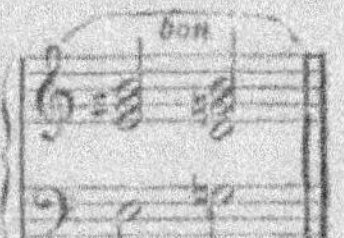

doit être permise comme étant d'un très-bon effet, quoiqu'elle contienne aussi une sorte de fausse relation, mais qui, de fait, n'est pas complète, puisque l'une des parties effectue régulièrement le changement chromatique.

§ 127. *DEUXIÈME RÈGLE*. Il faut, toutes les fois que cela est possible, éviter de doubler une note qui est destinée à subir un changement chromatique : Exemples :

(*) On se sert communément du terme de fausse relation d'octave; l'exemple suivant : suffit pour prouver que ce terme est illogique, puisqu'il n'y a pas ici d'intervalle d'octave du sol au sol dièse.

(**) Relativement à l'intervalle mélodique de quarte diminuée, voir § 43.

Cependant certaines successions harmoniques impliquent naturellement une réalisation non conforme à cette règle; tel est l'exemple suivant : . . . .

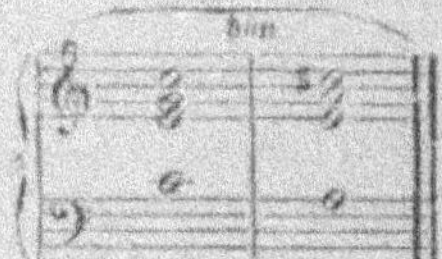

§ 128. *TROISIÈME RÈGLE.* Toute note sensible déterminant une modulation doit aller à la note tonique, que le mode soit majeur ou mineur.

§ 129. *QUATRIÈME RÈGLE.* Toute note provenant d'un changement chromatique doit, autant que possible, aller à la note conjointe supérieure si le changement chromatique est ascendant, et à la note conjointe inférieure si le changement chromatique est descendant :

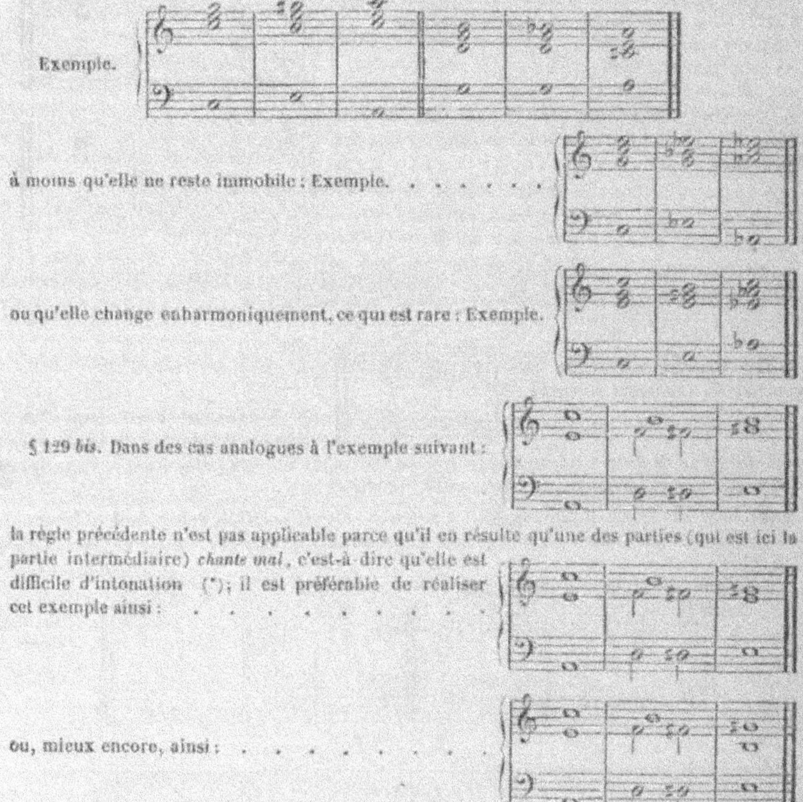

Exemple.

à moins qu'elle ne reste immobile : Exemple. . . . .

ou qu'elle change enharmoniquement, ce qui est rare : Exemple.

§ 129 *bis.* Dans des cas analogues à l'exemple suivant :

la règle précédente n'est pas applicable parce qu'il en résulte qu'une des parties (qui est ici la partie intermédiaire) *chante mal*, c'est-à-dire qu'elle est difficile d'intonation (*); il est préférable de réaliser cet exemple ainsi : . . . .

ou, mieux encore, ainsi : . . . .

N. B. La conduite mélodique des parties, si indispensable à la beauté de toute espèce de composition musicale, est importante surtout dans les modulations ; on peut établir, en principe général, que lorsqu'une ou plusieurs parties exécutent des intervalles mélodiques difficiles d'intonation et, par cela, défendus § 42 et 42 *bis*, la modulation est d'un mauvais effet.

____

(*) § 42 bis.

ARTICLE II.

DES TONS RELATIFS.

§ 130. Deux tons sont *relatifs* entre eux dans les conditions suivantes :

1° Lorsque l'armature de la clef est la même pour les deux tons.

2° Lorsque l'armature de la clef ne diffère, d'un ton à l'autre, que d'un seul accident soit en plus soit en moins, lors même que les deux tons diffèrent en réalité de plus d'un accident dans la constitution rigoureuse de leur gamme.

§ 131. On appelle TONS RELATIFS DE PREMIÈRE CLASSE ceux qui ne diffèrent entre eux réellement que d'un seul accident (soit à la clef soit dans la constitution de leur gamme), par. Ex. *Ut* majeur et *La* mineur ; *Ré* majeur et *Sol* majeur ; *Fa* majeur et *Ut* majeur ; les autres sont appelés TONS RELATIFS DE DEUXIÈME CLASSE ; tels sont, entre autres, *Ut* majeur et *Ré* mineur, ce dernier ton contenant si ♭ et ut ♯ ; *La* mineur et *Mi* mineur qui diffèrent de trois accidents, *La* mineur ayant un *sol* ♯ qui n'appartient pas à *Mi* mineur, et ce dernier ton ayant de plus *fa* ♯ et re ♯.

§ 132. Chaque ton majeur a *cinq* tons relatifs, dont trois sont relatifs de première classe, et les deux autres relatifs de deuxième classe. Ainsi, par Ex., *Ut* majeur a, pour tons relatifs de première classe, les tons de *La* mineur, du *Sol* majeur et de *Fa* majeur ; et, pour tons relatifs de deuxième classe, les tons de *Ré* mineur et de *Mi* mineur.

Chaque ton mineur a également *cinq* tons relatifs dont un seul est de première classe. Ainsi, par Ex., *La* mineur a, pour ton relatif de première classe, le ton d'*Ut* majeur, et, pour tons relatifs de deuxième classe, les tons de *Sol* majeur, de *Fa* majeur, de *Mi* mineur et de *Ré* mineur.

§ 132 *bis*. Le tableau suivant présente un moyen mnémonique prompt :

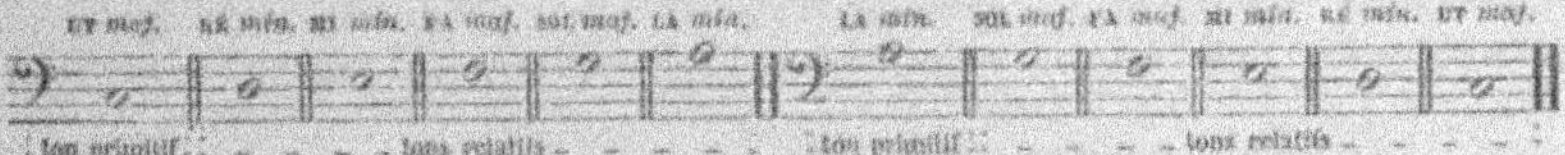

c'est-à-dire qu'on trouvera les tons relatifs d'un ton *majeur* quelconque en partant de la tonique de ce ton et en montant de degré en degré jusqu'au sixième ; et les tons relatifs d'un ton *mineur* quelconque en descendant depuis sa tonique jusqu'au troisième degré (en altérant toutefois le 7ᵉ degré) ; plus brièvement : montez de six degrés pour le mode majeur, descendez de six degrés pour le mode mineur.

ARTICLE III.

DES MODULATIONS AUX TONS RELATIFS DE PREMIÈRE CLASSE.

On s'occupera d'abord des procédés les plus simples et les plus directs pour moduler, abstraction faite, et de la place qu'occupent les accords dans les phrases, et de la disposition de leurs notes, et de leur durée, et de l'influence que peuvent exercer les cadences.

§ 133. Pour moduler d'un ton quelconque à l'un de ses tons *relatifs de première classe* il suffit de choisir, dans le ton où l'on veut passer, un degré dont l'accord contienne la *note caractéristique* (§ 122) ; dès que cet accord a été entendu, le nouveau ton est abordé :

Exemple.

§ 134. Ici il est indispensable d'établir les lois selon lesquelles deux accords, appartenant à des tons différents, peuvent s'enchaîner.

RÈGLE. A l'exception du 7ᵉ degré des deux modes (*), tout autre degré du ton primitif peut s'enchaîner à tous les degrés du nouveau ton qui contiennent la note caractéristique, pourvu que cet enchaînement puisse se réaliser d'une manière satisfaisante et qui ne présente aucune infraction aux diverses règles concernant la réalisation.

En d'autres termes : on peut quitter le ton primitif sur n'importe quel degré, sauf le 7ᵉ (**); et l'on peut entrer dans le nouveau ton par chacun des degrés contenant la note caractéristique, sauf le 7ᵉ.

§ 135. *N. B.* Quoique le rôle du 3ᵉ degré du mode majeur soit très-restreint, surtout dans les modulations, quoique son emploi offre peu d'exemples à cause des cas nombreux où son effet est mauvais, on ne l'a pas exclu ici du nombre des accords pouvant concourir aux modulations, parce que, dans plusieurs cas, il pourrait servir à produire des effets nouveaux.

EXERCICES.

§ 136. Moduler d'un ton primitif *majeur* à ses trois tons relatifs de *première classe*; puis d'un ton primitif *mineur* à son ton relatif de *première classe*. On peut se servir de formules très courtes dans chacune desquelles on supposera le ton primitif établi par une ou plusieurs phrases antécédentes; on aura soin d'ailleurs de placer, au nombre des premiers accords de chacun des exemples, un accord qui rétablisse le ton primitif en détruisant la note caractéristique qui a déterminé la modulation de l'exemple précédent. On formera ainsi une sorte de tableau dont il suffira de réaliser les exemples au piano, en général à quatre parties, quelquefois à trois, selon que l'exemple se prêtera mieux à l'une ou à l'autre réalisation. Ce tableau devra renfermer le plus grand nombre possible de combinaisons, sauf à rejeter ensuite celles dont l'effet est mauvais. — Les indications suivantes vont guider pour ce travail.

MODULATION D'UT MAJEUR A SOL MAJEUR.

(ou modulation d'un ton majeur quelconque au ton de sa quinte supérieure.)

La note caractéristique du ton de *Sol* majeur, relativement à celui d'*Ut* majeur, est *fa* ♯ qui fait partie de l'accord du 5ᵉ degré ainsi que de celui du 3ᵉ degré de *Sol* majeur; (quant au 7ᵉ degré, il est bien entendu que son emploi est nul).

EXEMPLES DE L'EMPLOI DU CINQUIÈME DEGRÉ DE SOL MAJEUR.

1° Quitter le ton d'*Ut* majeur sur le 1ᵉʳ degré et ses renversements; entrer dans le ton de *Sol* majeur par son 5ᵉ degré et ses renversements (***):

UT maj. — SOL maj. — UT maj. — SOL maj. — UT maj. — SOL maj.

(*) On se rappellera que le mot *degré* sous-entend l'accord dont ce degré est la fondamentale (§ 60).

(**) Il faut ici faire une exception en faveur des *marches harmoniques*, (Chap. XI) car, dans certains cas, on y peut quitter le ton primitif, même sur le 7ᵉ degré.

(***) On se rappellera que, dans tout second renversement, sauf celui du 1ᵉʳ degré, la quarte doit être préparée et résolue.

2° Quitter le ton d'*Ut* majeur sur le 2° degré et ses renversements; entrer dans le ton de *Sol* majeur par son 5° degré et ses renversements :

3° Quitter le ton d'*Ut* majeur sur le 3° degré et ses renversements; entrer dans le ton de *Sol* majeur par son 5° degré et ses renversements :

4° Quitter le ton d'*Ut* majeur sur le 4° degré et ses renversements; entrer dans le ton de *Sol* majeur par son 5° degré et ses renversements :

5° Quitter le ton d'*Ut* majeur sur le 5° degré et ses renversements; entrer dans le ton de *Sol* majeur par son 5° degré et ses renversements :

6° Quitter le ton d'*Ut* majeur sur le 6° degré et ses renversements; entrer dans le ton de *Sol* majeur par son 5° degré et ses renversements :

EMPLOI DU TROISIÈME DEGRÉ DE SOL MAJEUR (*).

Dans la Modulation d'*Ut* majeur à *Sol* majeur (ou dans toute modulation au ton de la quinte supérieure) le troisième degré, n'ayant qu'une faible influence tonale, offre très-peu de ressources comme accord caractéristique ; néanmoins, dans quelques cas très-rares, on pourrait s'en servir :

surtout en ayant soin d'affermir ensuite le nouveau ton par le moyen de son 5° degré :

____

(*) Voir § 135.

MODULATION D'UT MAJEUR À FA MAJEUR.

(ou modulation d'un ton majeur quelconque au ton de sa quinte inférieure).

La note caractéristique du ton de *Fa* majeur, relativement à celui d'*Ut* majeur, est si ♭ qui fait partie du 4ᵉ degré ainsi que de celui du 2ᵉ degré de *Fa* majeur.

Cette modulation donne fréquemment lieu à la relation de triton (si ♭ et mi), et certaines versions en sont dures et à rejeter.

EMPLOI DU QUATRIÈME DEGRÉ DE FA MAJEUR

1ᵉ Quitter le ton d'*Ut* majeur sur le 1ᵉʳ degré :

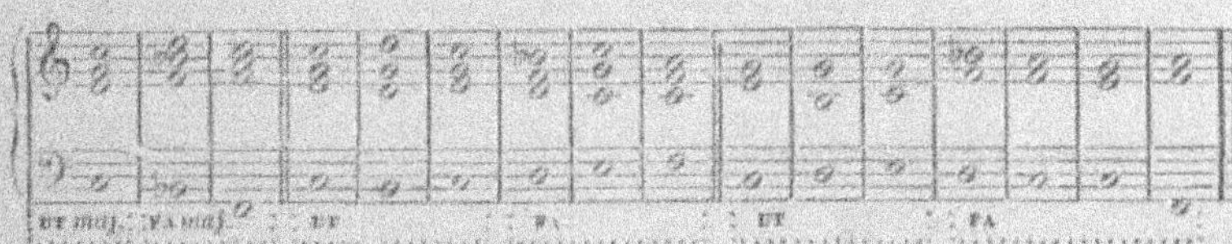

2ᵉ Quitter le ton d'*Ut* sur le 2ᵉ degré :

3ᵉ Quitter le ton d'*Ut* sur le 3ᵉ degré :

Le 3ᵉ degré d'*Ut* majeur, suivi du 4ᵉ degré de *Fa* majeur, produit des versions dont l'effet est extrêmement dur ; la suivante est une des plus admissibles :

4ᵉ Quitter le ton d'*Ut* sur le 4ᵉ degré :

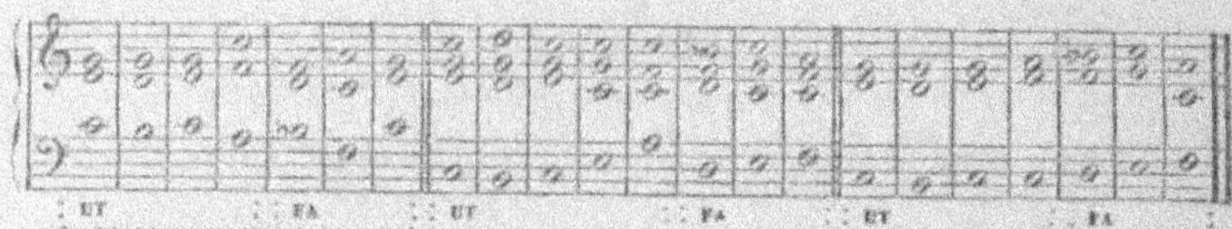

5° Quitter le ton d'*Ut* sur le 5° degré :

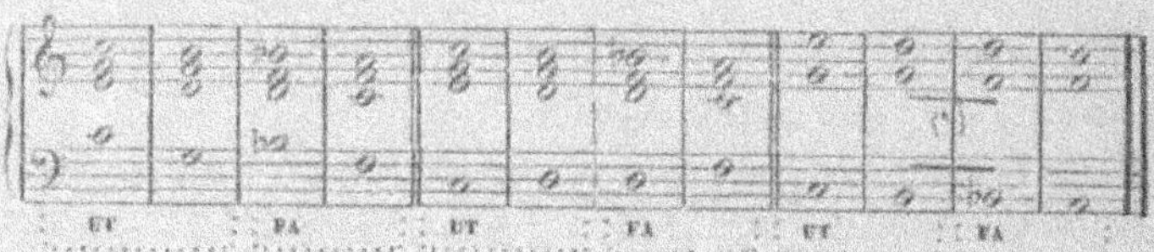

6° Quitter le ton d'*Ut* sur le 6° degré :

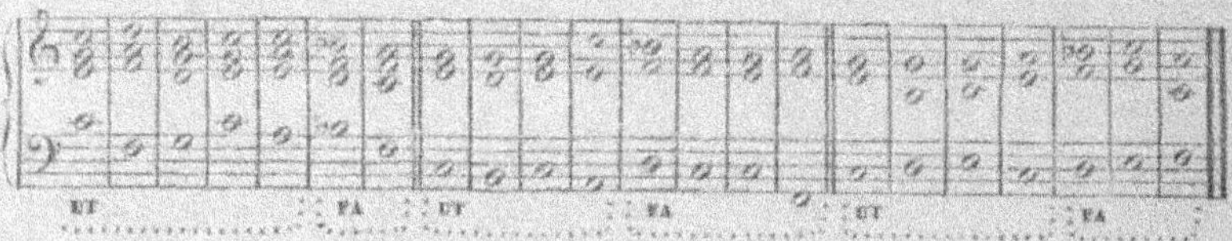

EMPLOI DU DEUXIÈME DEGRÉ DE FA MAJEUR.

(L'élève fera lui-même ce tableau.)

MODULATION D'UT MAJEUR A LA MINEUR.

La note caractéristique est *sol♯*, et la modulation ne peut être décidée que par l'accord du 5° degré de *La* mineur : Exemple, ...

(Faire le tableau complet de cette modulation.)

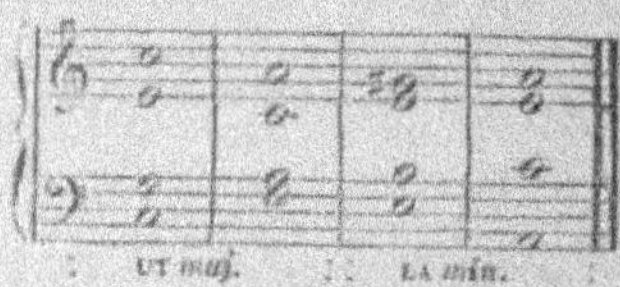

N. B. Quoique le *sol ♯* (note sensible) soit indispensable pour effectuer cette modulation, l'accord diminué du 2° degré, qui est une particularité distinctive du mode mineur, la fait pressentir et peut ainsi servir, sinon d'accord caractéristique, du moins *d'accord transitoire* :

Exemples.

Dans les deux exemples précédents il faut envisager l'accord *si, ré, fa*, comme 2° degré de *La* mineur et non comme 7° degré d'*Ut* majeur. — On doit se contenter, provisoirement, de

---

l'assertion de ce fait ; on n'appréciera le véritable effet du 7e degré que dans le chapitre qui traite des *marches harmoniques* en dehors desquelles ce degré ne peut jamais trouver d'application satisfaisante.

MODULATION DE LA MINEUR A UT MAJEUR.

La note caractéristique est *sol naturel* qui fait partie des accords du 1er, du 3e et du 5e degrés d'*Ut* majeur : ces degrés peuvent servir, tous trois, pour effectuer la modulation ; toutefois le 5e est le meilleur. (Faire les tableaux.)

§ 137. Dans le plan de travail qu'on vient de tracer il est important de se convaincre que l'effet d'une modulation est tout différent selon le degré où l'on quitte le ton primitif et selon le degré par lequel on attaque le nouveau ton ; c'est de ce principe surtout que naît la variété et l'inattendu dans l'art de moduler. En conseillant de faire des tableaux analogues à ceux qu'on vient de donner comme exemples, on ne prétend pas enseigner le secret de trouver de belles modulations par la méthode du calcul ; la formation de ces tableaux ne sert qu'à habituer l'esprit de l'élève à savoir embrasser rapidement toutes les ressources d'une des parties les plus importantes de l'art et à ne pas se contenter de quelques formules de prédilection ou d'habitude qui restreignent le talent et dont l'emploi trop fréquent finit par déflorer même des œuvres de mérite. Fertiliser l'esprit et la mémoire c'est aussi développer l'imagination.

Ces tableaux, en réalité, n'offriront que des matériaux bruts que l'élève appliquera plus tard à des phrases, à des rhythmes à des formules variées. La durée relative d'un accord, la place qu'il occupe dans la phrase ou dans la mesure, la manière de le réaliser, toutes ces conditions ont une influence considérable sur les modulations ; les accords dissonants ainsi que les notes mélodiques viendront ensuite les enrichir ; enfin certaines notes de passage contribueront souvent à rendre les parties plus chantantes et, par cela, les modulations plus naturelles et plus harmonieuses.

RÉSUMÉ. Quelle que soit la méthode que l'on enseigne ou que l'on suive pour les modulations, l'important est d'arriver aux conclusions suivantes : *les accords des bons degrés sont ceux qu'on choisit de préférence, soit pour quitter le ton primitif, soit pour attaquer le ton nouveau ; mais les degrés de second et même de troisième ordre ne doivent pas être exclus et peuvent jouer un rôle dans les modulations.*

ARTICLE IV.

DES MODULATIONS AUX TONS RELATIFS DE DEUXIÈME CLASSE.

§ 138. Quoique chacun des tons relatifs de deuxième classe contienne plus d'une note caractéristique (deux au moins, trois au plus,) l'une d'elles est toujours la *note caractéristique* PRINCIPALE et sans laquelle la modulation ne peut être déterminée ; les autres ne sont que de *notes caractéristiques* SECONDAIRES, et les accords dont elles font partie ne peuvent servir que D'ACCORDS TRANSITOIRES. Ainsi, d'*Ut* majeur à *Ré* mineur la note caractéristique principale est *ut* ♯, parce que le *si* ♭, employé seul, conduirait au ton de *Fa* majeur ; donc, pour effectuer le plus directement possible cette modulation, on se servira du 5e degré de *Ré* mineur.

Exemple.

§ 139. Mais toute note caractéristique secondaire peut, sinon déterminer la modulation, du moins y contribuer, souvent l'adoucir ou la consolider, et surtout en varier les effets :

Exemple.

dans cet exemple l'accord qui précède celui de la dominante de *Ré* mineur sert d'accord transitoire et constitue le 4ᵉ degré de *Ré* mineur.

(Faire le tableau complet de chacune des modulations suivantes :

d'*Ut* majeur à *Ré* mineur,
d'*Ut* majeur à *Mi* mineur,
de *La* mineur à *Sol* majeur,
de *La* mineur à *Fa* majeur,
de *La* mineur à *Mi* mineur,
de *La* mineur à *Ré* mineur.

On ne se servira d'abord, pour chacune de ces modulations, que de la note caractéristique *principale* laquelle, en général, est la note sensible, sauf dans la modulation de *La* mineur à *Fa* majeur.

On refera ensuite les mêmes tableaux en y introduisant toutes les notes caractéristiques ainsi que tous les accords transitoires dont elles font partie, dans chacun des tons relatifs de deuxième classe.)

Basses à réaliser.

Nᵒ 1.
(À 4 parties.)

Nᵒ 2.
(À 4 parties.)

RÉFLEXIONS SUR LE CARACTÈRE DES MODULATIONS AUX TONS RELATIFS.

§ 140. Au nombre des lois qui établissent l'unité et la clarté d'un morceau, une des plus importantes est celle qui prescrit une tonalité prédominante et générale. Ce qu'on appelle *le ton du morceau* ou *le ton primitif* ou *principal* est généralement imposé par la phrase de début; dès que la tonalité est affermie le sentiment musical s'y complaît et n'accepte pas volontiers des modulations trop prématurées qui pourraient effacer la première impression tonale; aussi, plus le morceau est court, moins y doit-on s'écarter du ton principal. Mais à mesure qu'un morceau prend des développements plus grands, la monotonie est la conséquence infaillible du maintien de la même tonalité; alors les modulations y deviennent nécessaires comme variété dans l'unité; elles doivent se présenter comme des épisodes se rattachant à un ensemble et, si le morceau est long, le ton principal doit y reparaître parfois et à propos, afin que l'impression n'en soit pas perdue; enfin, et en tout cas, les phrases qui servent de conclusion au morceau ne peuvent appartenir qu'au ton principal.

§ 141. Les modulations aux tons qui ont entre eux beaucoup de *notes communes*, *d'accords communs*, sont évidemment les plus naturelles, les plus douces, et jettent le moins de perturbation dans la tonalité générale; c'est pourquoi, dans toutes les œuvres dignes d'être citées, les modulations aux tons relatifs sont beaucoup plus fréquentes que celles aux tons éloignés. Les compositeurs antérieurs à la seconde moitié du XVIIIe siècle offrent très-peu d'exemples de modulations à des tons autres que les relatifs du ton général d'un morceau. De nos jours encore cette même relation des tons est exigée, dans les écoles, pour le travail du contrepoint et de la fugue; cette exigence est très-salutaire; les artistes dont le talent est mûri par l'expérience peuvent seuls apprécier à quel point une modulation peut avoir une influence bonne ou mauvaise sur l'ensemble d'un morceau, et combien il est important de tout subordonner à la tonalité principale.

ARTICLE V.

DES MODULATIONS PASSAGÈRES.

§ 142. Quelle que soit l'influence des notes caractéristiques dans les modulations, un nouveau ton n'est, en général, réellement affermi qu'à l'aide d'une cadence. Or, dans le courant d'une phrase on ne fait souvent qu'effleurer un ton, ou même plusieurs tons, avant de se fixer à celui qu'on s'est proposé pour but; l'ensemble de la phrase peut même conserver sa tonalité tout en contenant des *modulations passagères* :

Au surplus ce procédé, extrêmement usité dans tous les genres de composition, ne modifie nullement les conditions relatives à l'enchaînement des accords, et, à ce point de vue, il est indifférent d'envisager une modulation ou comme passagère ou comme définitive.

ARTICLE VI.

DE CERTAINES ALTÉRATIONS HARMONIQUES FORMANT DES ACCORDS D'EMPRUNT.

§ 143. Une phrase, ayant une tonalité prédominante et déterminée, peut contenir un accord ou même plusieurs accords étrangers et qui ne détruisent nullement l'unité tonale :

L'Ex. A est en *Ut* majeur, malgré le *fa* ♯ auquel, d'ailleurs, on peut substituer à volonté le *fa naturel*. — L'Ex. B est en *La* mineur, malgré le *si* ♭ auquel on peut substituer le *si naturel*.

§ 144. Ces sortes d'accords étrangers ou parasites peuvent être envisagés de deux manières : ou ils sont la conséquence de l'altération d'une ou de plusieurs de leurs notes, ou ils sont simplement empruntés à des tons étrangers, sans intention d'en profiter pour moduler, et seulement dans le but de jeter de la variété et de l'inattendu dans l'harmonie.

Il est préférable de les appeler ACCORDS D'EMPRUNT OU EMPRUNTÉS, parce que les termes *altération*, *altéré*, seront affectés plus tard à une classe spéciale d'accords (LIVRE I, 2ᵉ *partie*, Chapitre V). — Ainsi, dans l'Ex. A, l'accord contenant un *fa* ♯ est *emprunté* au ton de *Sol* majeur; dans l'Ex B, l'accord contenant un *si* ♭ est *emprunté* au ton de *Fa* majeur.

§ 145. *REMARQUE.* Les emprunts que peut faire le mode majeur à son mode mineur *direct* sont beaucoup plus nombreux et plus fréquents que ceux qui sont faits par le mode mineur à son majeur *direct*; ceux-ci, dans la plupart des cas, sont d'un mauvais effet :

Exemples.

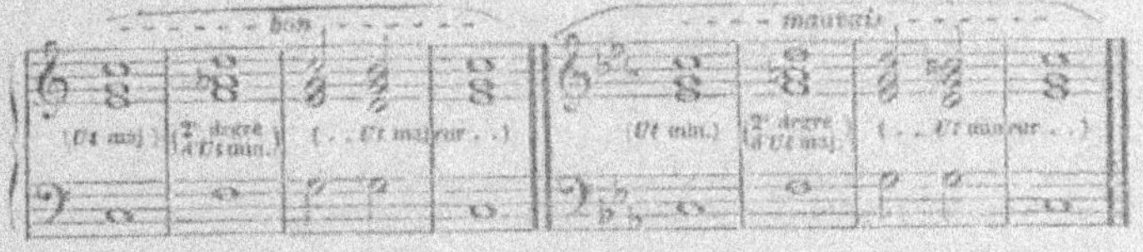

Cette particularité fournira beaucoup d'autres exemples dans les accords dissonants ; elle tient à ce que le mode mineur est moins parfait que le mode majeur (*) ; dès que, dans le mode mineur, on a fait entendre un accord emprunté à son majeur *direct* (principalement le 4ᵉ degré) la modulation à ce mode majeur devient impérieuse :

Exemple.

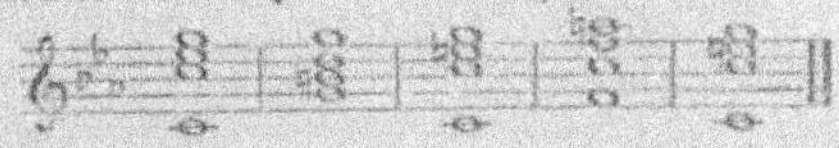

tandis que le mode majeur est beaucoup moins ébranlé par les accords empruntés à son mineur *direct* :

Exemples.

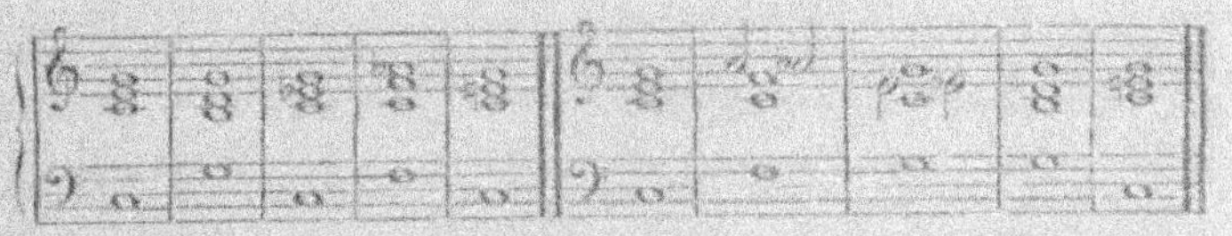

§ 146. En ce qui concerne le mode mineur, pour que les accords qui lui sont étrangers n'y impliquent pas de modulation, il faut que ces accords soient empruntés à l'un des tons *relatifs* du ton mineur établi. Ces emprunts sont fréquents lorsque, dans un ton mineur, on enchaîne une certaine quantité d'accords différents; alors on est conduit forcément à y introduire quelques accords étrangers, soit pour éviter l'intervalle mélodique de seconde augmentée du 6ᵉ au 7ᵉ ou du 7ᵉ au 6ᵉ degré de ce mode (Ex. C), soit à cause de l'accord du 3ᵉ degré qui est impraticable (Ex. D).

Ex.

ARTICLE VII.

MODULATIONS AUX TONS ÉLOIGNÉS.

§ 147. Deux tons sont d'autant plus *éloignés* l'un de l'autre qu'ils ont moins de *notes communes*. Il est généralement convenu d'appeler TONS ÉLOIGNÉS tous ceux qui sont en dehors des conditions des tons relatifs (§ 130). Cependant, parmi les tons appelés *éloignés*, il en est plusieurs dont la communauté de notes et d'accords avec le ton primitif est si grande qu'on pourrait les appeler *relatifs de troisième classe*; tels sont les deux modes ayant une même tonique, (**) p. Ex. *Ut* majeur et *Ut* mineur; il est évident que ces deux tons sont tellement

---

(*) Voyez l'Introduction.
(**) En d'autres termes: le majeur et le mineur *directs*.

parents, surtout à cause de leur *dominante* commune, qu'on peut, en beaucoup de circonstances, les substituer l'un à l'autre, ce qui ne constitue même pas une modulation, mais un simple *échange de mode*. De plus, les principaux tons relatifs d'*Ut* mineur (p. Ex. *Mi* ♭ majeur *La* ♭ majeur et *Fa* mineur) ont, chacun, plusieurs notes communes avec le ton d'*Ut* majeur, et les modulations à ces différents tons sont douces et se pratiquent fréquemment. Mais à mesure que le nombre de notes communes diminue, la modulation devient plus dure et plus difficile à effectuer directement; alors il est préférable de se servir d'accords transitoires formant des modulations passagères dont chacune a un certain degré de parenté avec celle qui la précède immédiatement, et servant ainsi successivement à détruire l'impression tonale primitive. p. ex.

(Modulation d'*Ut* majeur
à *Ré* ♭ majeur.)

Enfin les remarques du § 113, concernant le second renversement, fournissent un moyen puissant, et dont on a beaucoup abusé, pour imposer un ton nouveau soit relatif soit éloigné.

§ 148. La durée des accords a une influence considérable sur l'effet, bon ou mauvais, des modulations en général. Telle modulation formée d'excellents éléments peut être choquante par la seule raison que ses accords de transition n'ont pas une durée suffisante pour préparer le ton nouveau.

§ 149. On ne saurait assez recommander la sobriété à l'égard des modulations aux tons éloignés; abstraction faite des difficultés de réalisation et d'exécution qu'elles peuvent faire naître, elles contribuent souvent à énerver la puissance tonale du morceau; dans les œuvres des grands maîtres elles ne sont guère appliquées qu'aux morceaux de longue dimension, ou bien lorsqu'elles sont motivées par une intention dramatique, encore n'y voit-on guère d'exemples où ces tons éloignés soient maintenus longtemps.

Les modulations aux tons éloignés se font le plus généralement à l'aide des accords dissonants; cependant on peut aussi les faire par le moyen des accords consonnants seuls; les Basses à réaliser qui se trouvent à la fin de ce chapitre en donneront la preuve.

ARTICLE VIII.

MODULATIONS ENHARMONIQUES.

§ 150. Les MODULATIONS ENHARMONIQUES ne doivent s'employer qu'avec une extrême réserve, en ce que l'intervalle enharmonique provoque souvent l'hésitation et le défaut de justesse dans l'exécution vocale ou dans celle des instruments non tempérés. C'est pour obvier à ces inconvénients que, dans la notation de ce genre de modulation, on se permet quelquefois d'écrire un ou plusieurs accords de manière à présenter à l'œil des éléments qui paraissent hétérogènes tout en satisfaisant l'oreille :

Exemple.

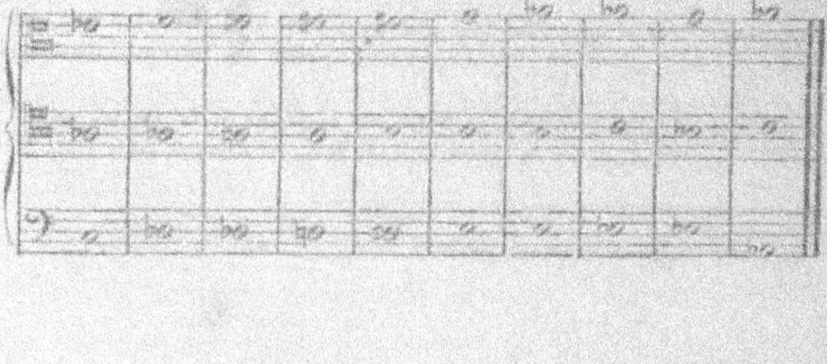

Cette manière d'écrire assure souvent la justesse et la facilité d'exécution des parties, mais elle gêne la lecture de la partition. Pour l'orgue ou pour le piano le même exemple doit être écrit correctement, ainsi qu'il suit :

L'élève, en tout cas, écrira régulièrement et correctement les accords à changements enharmoniques.

ARTICLE IX.

DES CHANGEMENTS DE TON.

§ 131. Attaquer une phrase dans un ton autre que celui de la phrase antécédente ne s'appelle pas moduler ; c'est simplement CHANGER DE TON. Ce procédé, qui tient seulement de la fantaisie ou de l'inspiration, peut aussi avoir lieu d'un membre de phrase à un autre membre. Les remarques du § 141 sont applicables aussi aux changements de ton.

Dans le *chapitre complémentaire* (§ 172) se trouvent des exemples contenant des licences de réalisation autorisées par les changements de ton.

Basses à réaliser.

CONCERNANT LES ARTICLES V, VI, VII, VIII ET IX DE CE CHAPITRE.

N° 1.
(A 4 parties.)

Chants donnés.

§ 152. On suivra ici les instructions du § 119 ; mais en outre, on s'appliquera désormais à se pénétrer du caractère et des exigences de la mélodie principale au point de vue des modulations (soit définitives soit passagères), ainsi que des accords d'emprunt que cette mélodie implique, ou qui, tout en étant facultatifs, peuvent contribuer à enrichir l'harmonie ; l'emploi de ces accords d'emprunt deviendra naturellement d'autant plus fréquent qu'on avancera davantage dans la connaissance des accords qu'il reste à étudier.

N. B. Dans la réalisation de l'harmonie des *Chants donnés* on pourra, quelquefois, se permettre de doubler une note à l'unisson, pourvu qu'il soit de courte durée.

CHAPITRE XI.

DES MARCHES HARMONIQUES.

§ 153. Une MARCHE HARMONIQUE (OU PROGRESSION HARMONIQUE) est le résultat d'une formule harmonique à laquelle, dans ce cas, on donne le nom de MODÈLE et qu'on reproduit successivement, dans un ordre symétrique et à des intervalles semblables, sur différents degrés de l'échelle :

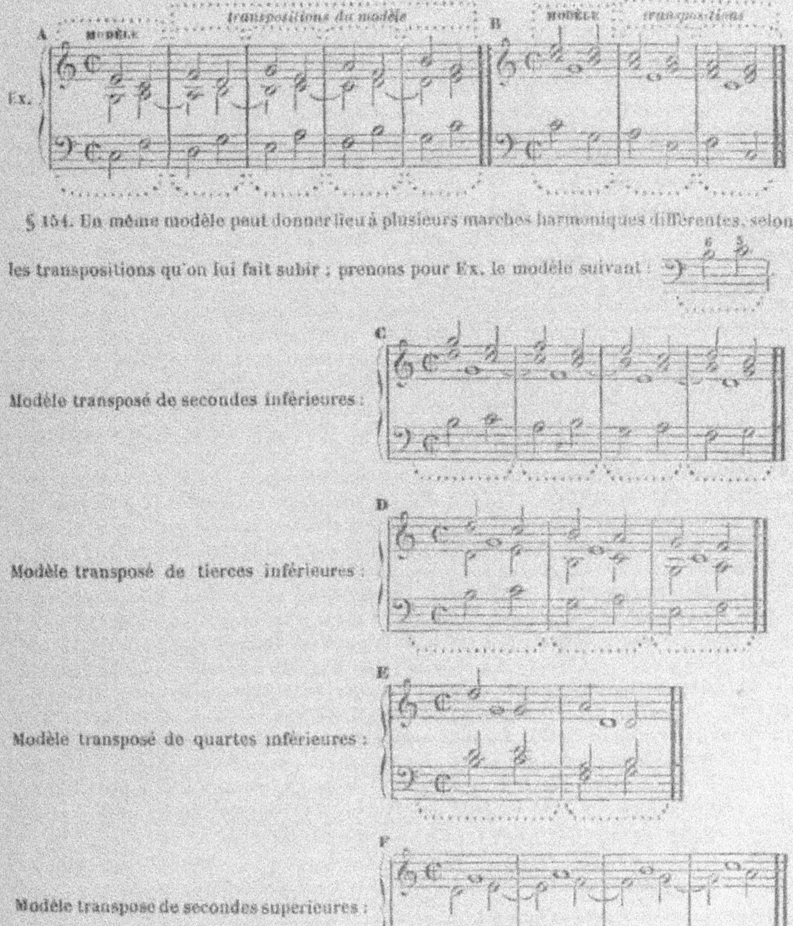

§ 154. Un même modèle peut donner lieu à plusieurs marches harmoniques différentes, selon les transpositions qu'on lui fait subir ; prenons pour Ex. le modèle suivant :

Modèle transposé de secondes inférieures :

Modèle transposé de tierces inférieures :

Modèle transposé de quartes inférieures :

Modèle transposé de secondes supérieures :

Une des transpositions peut être adjointe au modèle et former ainsi un modèle nouveau, p. ex.

Modèle transposé de quarte supérieure, formant un modèle nouveau transposé de tierces supérieures :

Les marches des Ex. A, F, G s'appellent *ascendantes*, celles des Ex. B, C, D, E s'appellent *descendantes*.

§ 155. On voit, par les exemples précédents, que chacune des parties concourant à une marche harmonique forme isolément une *progression mélodique* régulière, conséquence d'un *dessin* ou *groupe mélodique* transposé successivement et symétriquement. Une progression mélodique, qu'elle ait lieu dans la Basse ou dans toute autre partie donnée doit donc être traitée en marche harmonique (*).

§ 156. La constitution d'une marche harmonique exige les conditions générales suivantes :

1° Le modèle ne doit jamais former une phrase complète, mais seulement une parcelle, ou du moins un membre de phrase assez court pour que ses transpositions successives, ainsi que l'ensemble symétrique qui en résulte, puissent facilement être perçus par la sensation.

2° L'enchaînement du dernier accord du modèle avec le premier accord de la première transposition exclut toute succession du troisième ordre (§ 69) et ne peut se faire, tout au plus, que par les successions de second ordre, mais généralement et préférablement par celles de premier ordre ; dès que ce passage du modèle à sa première transposition présente une succession satisfaisante, la marche est trouvée et peut se continuer sans qu'il soit nécessaire de se préoccuper des successions faibles ou des mauvais degrés qui pourront résulter des transpositions subséquentes.

3° Une marche harmonique ne peut se terminer qu'avec l'accord de l'un des meilleurs degrés ; dans la dernière transposition du modèle on abandonne quelquefois la parfaite symétrie de la réalisation afin d'obtenir la terminaison la plus satisfaisante possible, mais cette irrégularité ne se pratique qu'après avoir disposé régulièrement le premier accord de la dernière transposition (voyez la plupart des exemples concernant les §§ 161 et 162).

4° La réalisation du modèle doit être conçue de manière à pouvoir être reproduite identiquement dans chaque transposition. A cette fin, et après avoir réalisé purement le modèle, il suffit donc de s'assurer si le premier accord de la première transposition peut être disposé d'une manière absolument identique à celle du premier accord du modèle, sans qu'il en résulte de fautes de réalisation ; après quoi tout le reste se transpose servilement, et il s'en suivra que chacune des parties concourant à la marche formera nécessairement une progression mélodique régulière (§ 155). Les intervalles mélodiques défendus (§ 42) n'ont aucun inconvénient dans le courant d'une marche, étant le résultat naturel et forcé de la transposition régulière et diatonique des différents degrés de la gamme (voyez Ex. A, 4° mesure de la Basse, ainsi que le passage de la 4° à la 5° mesure dans la partie supérieure) ; les dessins du modèle doivent seuls être exempts de ces sortes d'intervalles.

§ 157. En exécutant, sur un instrument à clavier, tous les exemples contenus dans ce chapitre, l'élève y observera attentivement le rôle du 7° degré, proscrit jusqu'ici, et dont l'effet

---

(*) Cependant il peut arriver, selon l'intention ou la fantaisie du compositeur, qu'une partie prédominante contienne une progression mélodique sans que la marche des autres parties soit régulière et sans que chaque transposition mélodique de la progression soit accompagnée de la même harmonie ; dès lors il n'y a point de marche harmonique.

tonal est si faible qu'il n'est admissible que par suite de l'impulsion régulière de la marche, on doit se pénétrer aussi de la différence radicale qui existe entre ce 7ᵉ degré et le 2ᵉ degré du mode mineur ; quoique ces deux degrés comportent la même espèce d'accord, leur destination ainsi que leur effet tonal sont très différents. Ces remarques au sujet du 7ᵉ degré sont d'autant plus importantes que l'on aura occasion d'y revenir plusieurs fois encore dans le courant de cet ouvrage.

§ 158. Toutes les marches harmoniques des exemples précédents sont UNITONIQUES ; mais une marche peut aussi être MODULANTE :

EXEMPLES DE MARCHES MODULANTES.

§ 159. Dans le mode mineur, toute marche harmonique d'une certaine étendue renferme forcément quelque accord d'emprunt (*) ou quelque modulation passagère, à cause du 2ᵉ degré et même du 7ᵉ de ce mode, lesquels sont, pour ainsi dire, impraticables, même dans les progressions harmoniques :

Exemple.

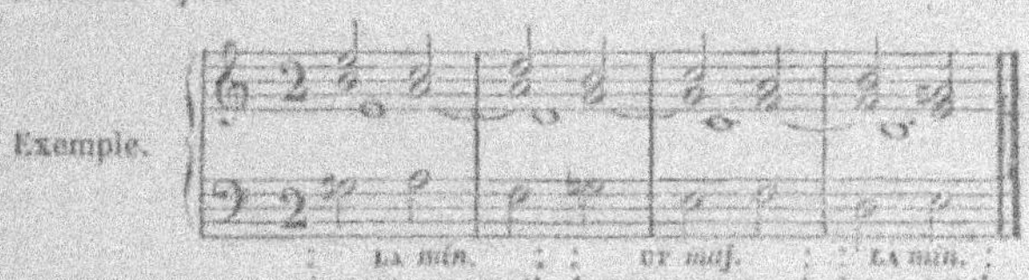

§ 160. Tout second renversement, pour qu'il puisse être pratiqué dans le modèle, doit se trouver dans les conditions des § 108 et 109 ; dès lors les degrés qui, en dehors des marches harmoniques, ne permettent pas le second renversement, peuvent s'employer sans inconvénient, à cet état, lorsqu'ils sont la conséquence des diverses transpositions unitoniques du modèle. La Basse suivante (Nᵒ 1) en offre un exemple.

Basses à réaliser.

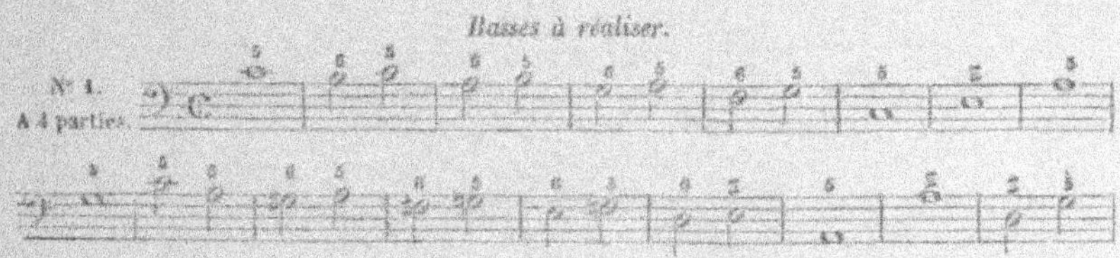

(*) § 145.

§ 161. On fait un très-grand usage des marches harmoniques dans le style sévère et principalement dans la fugue ; cependant elles peuvent aussi s'appliquer à tous les styles. Quoiqu'elles n'acquièrent d'intérêt que par les artifices mélodiques ainsi que par les dissonances, il était nécessaire d'en exposer ici la théorie afin d'en étudier la construction fondamentale et d'en apprendre le mécanisme dans toute sa simplicité. D'ailleurs on peut, dès à présent, commencer à se familiariser avec l'emploi de quelques *imitations* (*) très-simples que renferment les marches suivantes :

(*) Voir la définition de ce mot dans le SUPPLÉMENT (page 301).

Nº 2.

Nº 2 bis.

La même
à 4 parties.

Nº 3.

Nº 3 bis.

La même
à 4 parties.

5

§ 162. Les *notes de sixtes* (§ 105) soit ascendantes soit descendantes ne peuvent se réaliser à quatre parties que par l'artifice des imitations qui les convertissent en marches harmoniques. Les exemples suivants offrent les réalisations les plus simples de ces sortes de marches qui deviennent plus intéressantes par l'adjonction des suspensions et des notes mélodiques dont on traitera dans le second Livre où les mêmes marches ont été reproduites avec des réalisations diverses.

(*) Pour cette quinte juste directe voyez § 162.

N° 7.

N° 8.

CHAPITRE COMPLÉMENTAIRE DE LA PREMIÈRE PARTIE.

ARTICLE I.

REMARQUES SUR LA SUPPRESSION DE CERTAINES NOTES DANS LES ACCORDS ET SUR
L'EFFET TONAL QUI PEUT RÉSULTER DE CETTE SUPPRESSION.

§ 163. La formule harmonique suivante étant donnée :

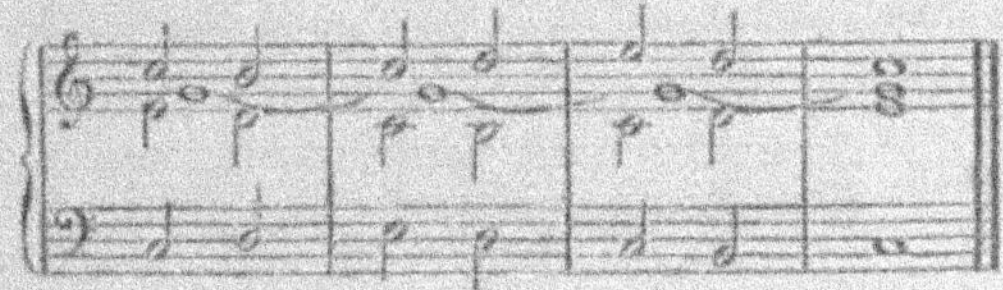

pour la réduire à trois parties, laquelle d'entre les parties faudra-t-il supprimer de préférence ?

Il est évident que la suppression de la partie intermédiaire, qui fait la tenue du *sol*, **nuira** moins que toute autre à l'effet satisfaisant de l'ensemble :

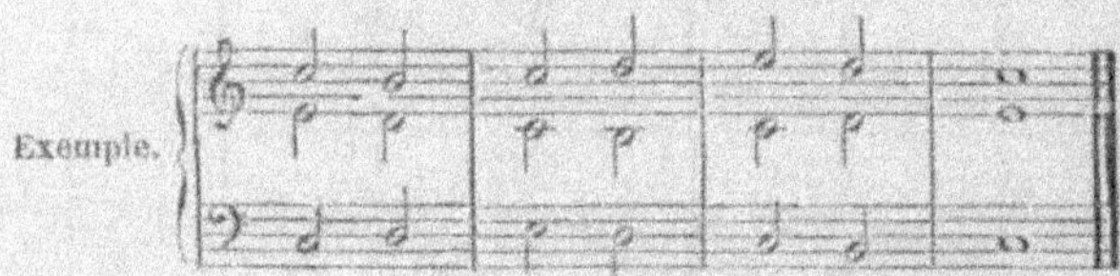

de cette manière la *fondamentale* est supprimée, à trois reprises différentes, dans l'accord du 5ᵉ degré, sans que l'effet tonal de ce degré soit détruit, et, dans le rapport harmonique des deux notes *si* et *ré*, aucune oreille ne prendra le change en faveur du 7ᵉ degré.

Dans l'Ex. suivant : les deux notes *mi* et *sol* ne produisent nullement l'effet du 3ᵉ degré (*mi, sol, si*), mais bien celui du 1ᵉʳ degré (*ut, mi, sol*), dont la fondamentale est supprimée.

§ 164. On doit déduire de là cette remarque très-importante et à laquelle on aura recours plusieurs fois dans cet ouvrage : tout accord incomplet et dont les notes pourraient appartenir à deux ou à plusieurs degrés différents est toujours classé, par l'oreille, comme appartenant au degré le meilleur possible ou le plus usité en pareil cas, l'instinct musical suppléant toujours à la note absente.

§ 165. La remarque précédente conduit aussi à ce principe : qu'il n'est pas nécessaire de compléter constamment tous les accords concourant à une harmonie, et que la suppression de certaines notes peut, au contraire, contribuer à varier les effets de sonorité. D'ailleurs l'intérêt musical consiste, avant tout, dans le chant facile et mélodieux de chaque partie ; la suppression des notes d'une harmonie doit donc être principalement motivée par l'intérêt mélodique des parties, lors même que le nombre de ces parties permettrait de compléter tous les accords.

ARTICLE II.

OBSERVATIONS PRATIQUES CONCERNANT CERTAINES LICENCES DE RÉALISATION.

§ 166. *OBSERVATION GÉNÉRALE.* Le mauvais effet des quintes et des octaves défendues est plus ou moins atténué lorsque ces intervalles sont formés par les parties intermédiaires, ou même par l'une des parties extrêmes et une partie intermédiaire ; mais on doit toujours éviter d'y faire concourir les deux parties extrêmes à la fois. Cette observation concerne **tous** les paragraphes contenus dans cet article, sauf le § 172.

§ 167. Le mouvement semblable peut aboutir à une quinte juste ou à une octave lorsque la partie inférieure procède par demi-ton tandis que la partie supérieure procède **par degré** disjoint :

Cette licence est tolérée dans la plupart des écoles, mais seulement dans l'harmonie à quatre ou à plus de quatre parties.

§ 168. Le mouvement semblable peut aboutir à une quinte juste lorsque l'une des parties procède par seconde majeure tandis que l'autre procède par demi-ton chromatique :

Exemples.

§ 169. Une quinte directe est d'autant moins défectueuse que le degré (*) dont elle est partie constitutive est meilleur :

Exemples.

(En *ut* maj.)

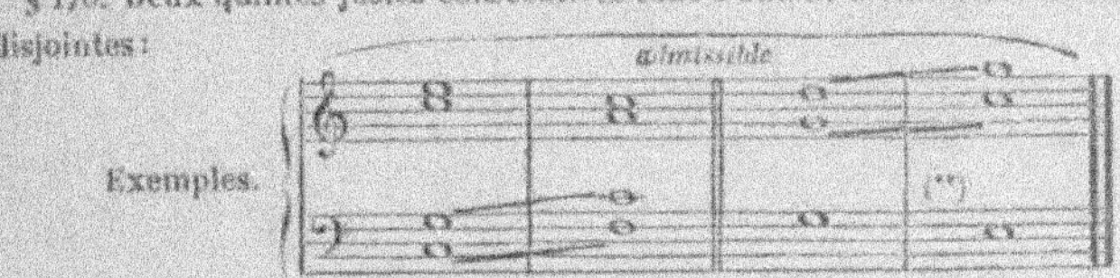

§ 170. Deux quintes justes consécutives sont d'autant moins défectueuses qu'elles sont plus disjointes :

Exemples.

§ 171. Deux quintes justes consécutives par mouvement contraire (défendues § 55) se pratiquent dans le style libre, surtout dans l'harmonie à plus de quatre parties.

§ 172. La plupart des auteurs n'ont pas toujours égard aux quintes et aux octaves défendues qui peuvent résulter du dernier accord d'une phrase au premier accord de la phrase suivante (***), ou même d'un membre de phrase à un autre membre. Ces licences sont quelquefois d'un effet saisissant, surtout lorsqu'on attaque, dans un ton différent, chaque phrase, ou même chaque membre de phrase, quelque court qu'il puisse être : Exemples.

(*) § 60. — (**) § 101 et 105. — (***) L'observation du § 166 n'est pas applicable ici.

N. B. Il est bien entendu que les licences du § 172 ne peuvent, en aucun cas, être tolérées à l'école.

DEUXIÈME PARTIE.

DES ACCORDS DISSONANTS.

§ 173. Tout accord formé de plus de trois notes constitutives est appelé DISSONANT.

Dans l'état direct de l'accord la quatrième note forme avec la note fondamentale un intervalle de *septième* ; Exemple : , la cinquième note un intervalle de *neuvième* : Ex. ; de là les dénominations d'ACCORDS DE SEPTIÈME et d'ACCORDS DE NEUVIÈME.

§ 174. Il est évident qu'un intervalle dissonant quelconque (§ 7), faisant partie intégrante d'un accord, rend cet accord lui-même dissonant (*). Toutefois l'intervalle de quinte diminuée, ainsi que plusieurs autres intervalles dissonants tels que ceux de quinte augmentée, de tierce diminuée ou de sixte augmentée, etc., ne sont pas la cause principale de l'effet dissonant ; c'est, surtout, la rencontre de la fondamentale avec les notes superposées aux accords consonnants qui produit l'effet dissonant ou la DISSONANCE ; voilà pourquoi la quatrième et la

(*) L'intervalle de quinte diminuée, cependant, fait aussi partie de l'harmonie appelée consonnante (voir à ce sujet § 74).

cinquième note, résultant de la superposition de tierces (voir les Ex. ci-dessus), sont préférablement et pour ainsi dire exclusivement qualifiées de NOTES DISSONANTES (*).

Ainsi, dans le langage des écoles, il est généralement convenu que le mot *dissonance* implique l'un des trois intervalles suivants : ou la *septième*, ou son renversement la *seconde*, ou la *neuvième*; abstraction faite des autres intervalles dissonants que l'accord peut renfermer.

§ 175. La propriété inhérente à la nature de tout accord dissonant est de provoquer à sa suite, et comme conséquence d'une sorte d'attraction, quelque autre accord auquel il s'enchaîne. Le résultat de cet enchaînement ou, en d'autres termes, le passage de l'accord dissonant à l'accord qui le suit, se nomme RÉSOLUTION DE L'ACCORD.

§ 176. En outre, dans tout accord dissonant, les notes dissonantes, et même souvent d'autres notes de l'accord, ont une marche mélodique *contrainte* ou *forcée* qu'on désigne par ces termes : RÉSOLUTION DE LA DISSONANCE (ou *de la note dissonante*), ou bien, RÉSOLUTION DE LA NOTE A MARCHE CONTRAINTE, selon la nature de la note qu'on veut désigner.

§ 177. Ainsi ce terme RÉSOLUTION s'applique également, et à l'ensemble de l'accord dissonant au point de vue de son enchaînement, et à chacune des notes ayant une marche contrainte.

§ 178. L'ACCORD DE RÉSOLUTION (c'est-à-dire l'accord sur lequel se résout l'accord dissonant) peut être, à volonté, consonnant ou dissonant; mais une succession d'accords dissonants ne peut donner une conclusion harmonique satisfaisante qu'en aboutissant finalement à un accord parfait.

Les lois qui régissent la résolution des accords dissonants sont développées au chapitre suivant.

CHAPITRE I.

(N. B. Ce chapitre, renfermant les lois générales qui concernent tous les accords dissonants, devra être consulté à mesure qu'on étudiera chaque espèce particulière de ces accords.)

ARTICLE I.

RÈGLES GÉNÉRALES ET OBSERVATIONS CONCERNANT L'EMPLOI ET LA RÉALISATION DES ACCORDS DISSONANTS.

§ 179. *PREMIÈRE RÈGLE.* PRÉPARATION DE LA DISSONANCE. Toute dissonance doit être *préparée*, c'est-à-dire que la note dissonante doit être la prolongation ou la répétition d'une même note faisant déjà partie intégrante de l'accord précédent :

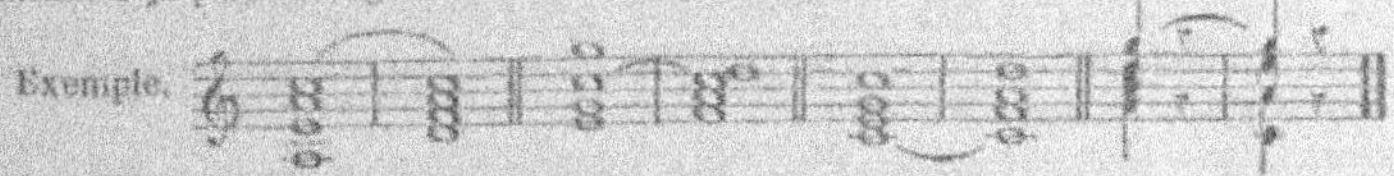

Exemple.

§ 180. *EXCEPTION.* Les accords ayant pour fondamentale la dominante, dans les deux modes, font, seuls, exception à cette règle (**).

§ 181. *N. B.* Il est important de ne pas confondre la préparation de la dissonance avec celle de la quarte (§ 100), en ce que, dans celle-ci, on peut préparer indifféremment l'une ou l'autre des deux notes, tandis que dans les accords dissonants c'est la note dissonante elle-même qui exige la préparation.

(*) Cette qualification exclusive est donc de pure convention : d'ailleurs on verra, au chapitre des *accords altérés*, que la note altérée est souvent la note la plus dissonante de l'accord, et même, dans beaucoup de cas, la seule note dissonante.

(**) Quelques théoriciens appellent *dissonances naturelles* celles qui sont formées par la vibration du corps sonore (voyez l'introduction), et qui, par cette raison, n'exigent point de préparation; et *dissonances artificielles* celles dont la préparation est nécessaire.

§ 182. *OBSERVATION.* 1° La préparation doit avoir une durée au moins égale à celle de la dissonance. Cette condition n'est, en général, strictement observée que dans le style rigoureux; en tout cas elle est plus essentielle dans le rhythme binaire que dans le rhythme ternaire :

Exemples.

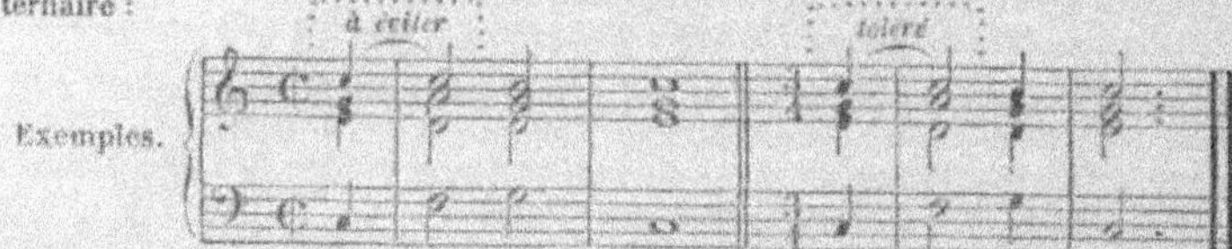

Cette manière de préparer une dissonance par une note d'une valeur moindre que celle de la note dissonante elle-même, produit ce qu'on appelle communément une LIAISON BOITEUSE (*).

§ 183. 2° Un accord dissonant se place de préférence sur un temps fort de la mesure. Cette observation devient une condition absolue dans le style rigoureux, à moins qu'on n'enchaîne une série d'accords dissonants occupant alternativement les temps forts et les temps faibles. — En général, le temps fort convient d'autant mieux à un accord dissonant que la dissonance est plus caractérisée, c'est-à-dire plus dure.

§ 184. *DEUXIÈME RÈGLE.* RÉSOLUTION DES NOTES DISSONANTES. Toute note dissonante doit se résoudre sur le degré conjoint inférieur, c'est-à-dire en descendant de seconde majeure ou mineure :

Exemple.

Le résultat de toute réalisation conforme à cette règle s'appelle *résolution* RÉGULIÈRE *de la note dissonante.*

§ 185. *EXCEPTIONS.* Une note dissonante, au lieu de se résoudre *régulièrement*, peut rester immobile; en d'autres termes, elle peut se maintenir en place pour faire partie constitutive de

de l'accord suivant : Exemple , ou bien elle peut se résoudre chromatique-

ment : Exemple , enfin (ce qui d'ailleurs est rare) elle

peut se résoudre en changeant enharmoniquement : Exemple

Tous les résultats qu'on obtient par l'un ou l'autre de ces trois procédés sont appelés *résolutions* EXCEPTIONNELLES *de la note dissonante.*

§ 186. *OBSERVATIONS.* 1° Toute note dissonante dont la préparation n'est pas nécessaire peut, pendant la durée de l'accord dont elle est note intégrante, être quittée pour une autre note de l'accord, soit momentanément :

Exemples.

(*) Il est évident que l'effet d'une liaison boiteuse est d'autant moins sensible que les notes ont une valeur plus longue ou que le mouvement est plus lent.

soit définitivement, en passant dans une autre partie, pourvu qu'elle y fasse alors sa résolution au moment du changement d'accord :

Exemples.

§ 187. 2° La note dissonante peut être séparée de sa note de résolution, soit par un silence (Ex. 1 et 3), soit par quelque autre note intégrante de l'accord dont cette note dissonante fait partie (Ex. 2, 4 et 5); toutefois cette séparation doit, en général, être courte et d'autant moins accusée que la dissonance dont elle représente la continuation est plus dure :

§ 188. *TROISIÈME RÈGLE.* Lorsqu'une dissonance de septième fait sa résolution *régulière*, la fondamentale de l'accord dissonant (quelle que soit d'ailleurs la partie où cette fondamentale se trouve placée) ne doit pas aller simultanément sur la note résolutive de la septième.

Exemples.

Les cas analogues à ceux des exemples précédents produisent un mauvais effet d'*octaves*, malgré le degré conjoint de la partie supérieure et le degré disjoint de la partie inférieure (Ex. 6 et 7), et même malgré le mouvement contraire de l'Ex. 8.

§ 189. *QUATRIÈME RÈGLE.* L'intervalle harmonique de *septième mineure* et surtout les intervalles harmoniques de *seconde majeure* et de *neuvième* soit *majeure* soit *mineure* ne doivent jamais provenir d'un mouvement direct (**) :

Exemples.

§ 190. *EXCEPTIONS.* 1° Toutefois le mouvement direct peut aboutir à une septième mineure lorsque la partie supérieure procède par degré conjoint tandis que la partie inférieure procède par degré disjoint :

Exemple.

(*) L'intervalle mélodique de quinte diminuée est ici permis (voyez § 76).

(**) Quoique cette règle soit moins rigoureuse dans la musique instrumentale, il est toujours préférable de s'y conformer.

§ 191. 2° Le mouvement direct est encore permis lorsque, pour aboutir à une septième mineure ou à une seconde majeure, l'une des parties effectue un changement chromatique tandis que l'autre partie procède par degré conjoint; mais, parmi les diverses réalisations auxquelles peut donner lieu ce cas particulier, la dissonance de septième (Ex. 9) est toujours meilleure que celle de seconde (Ex. 10, 12, et 13); en outre on doit éviter de placer à la fois dans les deux parties extrêmes les deux notes qui forment dissonance entre elles (Ex. 11 et 13); enfin, en ce qui concerne la dissonance de seconde (Ex. 12), il est préférable de la disposer de manière à former un intervalle de neuvième (Ex. 10). — Exemples :

Les Ex. 11, 12 et 13 ne sont guère usités que dans la musique instrumentale.

N. B. Il est bien entendu que la quatrième règle ainsi que ses exceptions ne concernent que les accords dont la dissonance n'exige point de préparation; c'est pourquoi il n'y est pas question des intervalles harmoniques de septième majeure et de seconde mineure lesquels, en tout cas, doivent être préparés.

§ 192. Quant aux intervalles harmoniques de *septième diminuée* et de *seconde augmentée*, les compositeurs modernes les abordent généralement par n'importe quel mouvement; néanmoins, principalement dans la musique vocale, on doit autant que possible appliquer à ces intervalles la quatrième règle ainsi que ses exceptions. Dans le contrepoint, dans la fugue et dans le style rigoureux en général, on exige la préparation des dissonances de septième diminuée et de seconde augmentée.

§ 193. La quatrième règle s'applique aussi, dans le style rigoureux, aux intervalles harmoniques de *quinte diminuée* et de *quarte augmentée*; mais, dans l'harmonie simple, cette règle n'est généralement pas observée relativement à ces intervalles, sauf dans le cas où la quinte diminuée est formée par les deux parties extrêmes (Ex. 15); par conséquent on peut se permettre, dans les parties intermédiaires, de faire succéder une quinte diminuée à une quinte juste conjointe (Ex. 14), quoique cette licence ne soit pas tolérée dans certaines écoles.

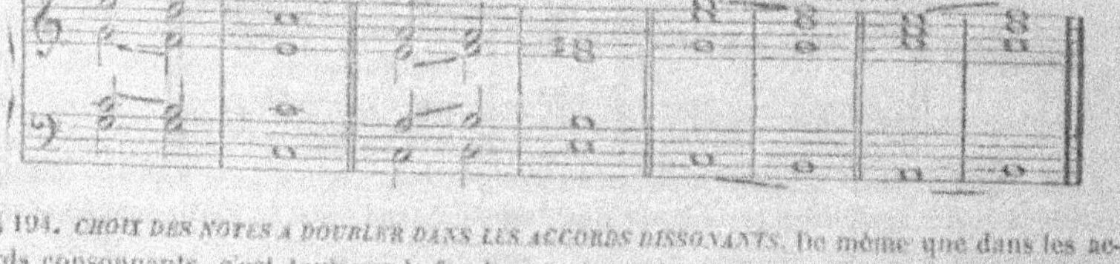

§ 194. *CHOIX DES NOTES A DOUBLER DANS LES ACCORDS DISSONANTS.* De même que dans les accords consonnants, c'est toujours la fondamentale qu'on double de préférence; quelquefois on double la quinte, rarement la tierce (§ 33).

§ 194 *bis.* Quant aux notes dissonantes, la règle générale est de ne pas les doubler à cause de leur résolution contrainte. Cependant, lorsqu'une note dissonante reste immobile (§ 185) pour faire partie intégrante de plusieurs accords consécutifs, elle peut être doublée et même triplée etc., etc. selon les convenances qui résultent du nombre des parties ; (*voyez* § 226, Ex. 13).

§ 195. *SUPPRESSION DE CERTAINES NOTES DANS LES ACCORDS DISSONANTS.* On supprime de préférence la quinte. La tierce ne se supprime presque jamais, si ce n'est quelquefois dans l'accord de septième ayant pour fondamentale la dominante dans les deux modes (§ 38).

La suppression de la fondamentale ne peut avoir lieu qu'avec les accords formés sur la dominante des deux modes; on en traitera aux articles qui concernent ces accords.

ARTICLE II.

DES LOIS QUI RÉGISSENT L'ENCHAINEMENT DES ACCORDS DISSONANTS.

§ 196. On a vu (§ 175) que tout accord dissonant impliquait un *accord de résolution*. En outre, certains accords dissonants ne pouvant être attaqués sans que l'accord qui les précède contienne la note de *préparation* (§ 179), il en résulte que le mot *enchaînement*, appliqué à ces accords, a souvent une double acception et comprend alors, à la fois, le rapport de l'accord dissonant avec son accord de préparation et avec son accord de résolution.

§ 197. Les lois qui régissent l'enchaînement des accords en général ont été exposées au chapitre IV de la première Partie. Ces lois s'appliquent de même aux accords dissonants, sauf les modifications causées par l'influence des notes à résolutions forcées. La principale de ces modifications est celle qu'entraîne la règle § 188 et qui, par conséquent, ne permet pas à un accord contenant une dissonance de septième de s'enchaîner à son accord de résolution par la succession de tierce inférieure:

Exemple. *(mauvais)*

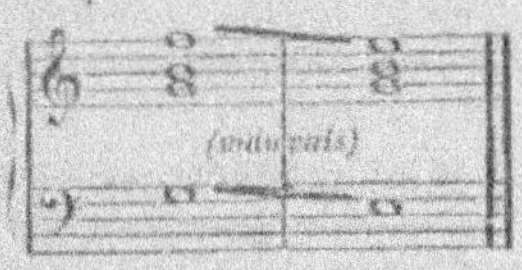

§ 198. Les accords dissonants ont donc une allure moins libre que les accords consonants, certaines successions étant entravées par le fait de la dissonance. Ainsi que nous l'avons dit plus haut, parmi les diverses résolutions (*) praticables des accords dissonants, il en est une que l'instinct musical choisit généralement de préférence et comme étant, pour ainsi dire, la conséquence naturelle de ces accords; c'est pourquoi on l'appelle RÉSOLUTION NATURELLE; le principe de cette résolution est contenu dans le paragraphe suivant; toutes les autres résolutions sont appelées EXCEPTIONNELLES (**).

§ 199. RÉSOLUTION NATURELLE DES ACCORDS DISSONANTS. Tout accord dissonant a une tendance naturelle à se résoudre de préférence sur un accord (soit consonnant, soit dissonant) dont la fondamentale se trouve à distance de quinte inférieure (ou quarte supérieure) de la fondamentale de cet accord dissonant; en d'autres termes: *la résolution naturelle d'un accord dissonant a lieu par la succession de quinte inférieure*, à condition toutefois que les notes à marche contraire fassent leur résolution régulière (§ 184).

Exemples.

Sons générateurs:

(*) § 175 — (**) Ces qualifications de *naturelle* et d'*exceptionnelle*, appliquées aux résolutions des accords dissonants, pourront, parfois, paraître impropres ou contestables, en ce que, dans certains cas, certaines résolutions exceptionnelles sont plus usitées que la résolution naturelle elle-même. On prévient donc ici que ces termes, tout en étant justifiés dans le plus grand nombre des cas, ne servent, de fait, que de classification.

§ 200. RÉSOLUTIONS EXCEPTIONNELLES DES ACCORDS DISSONANTS. La résolution d'un accord dissonant peut se faire par des successions autres que celle de quinte inférieure, pourvu que chacune des notes à marche contrainte fasse sa résolution, soit régulièrement (§ 184), soit conformément aux exceptions (§ 185).

Exemples:

Note dissonante se résolvant régulièrement: . . . .

Note dissonante se maintenant en place: . . . .

Note dissonante se résolvant chromatiquement : . . . . .

Note dissonante se résolvant enharmoniquement : . . . .

§ 201. *LICENCES*. A mesure qu'on traitera de chaque accord dissonant on indiquera quelques-unes des licences les plus admissibles soit dans la réalisation soit dans la résolution de ces accords. Ces licences consistent à ne pas préparer certaines dissonances ou bien à ne pas les résoudre régulièrement selon les principes précédents. L'élève ne pratiquera que celles qui sont signalées à dessein comme *très-usitées* et qui sont en très-petit nombre; il s'abstiendra complétement des autres.

§ 202. REMARQUES SUR L'EMPLOI DU SECOND RENVERSEMENT DES ACCORDS DISSONANTS. On se rappellera que, dans tout second renversement produisant une quarte juste, cette quarte doit être préparée et résolue (§ 109). En conséquence tous les accords dissonants dont la quinte constitutive est *juste* exigent, dans leur second renversement, une double préparation : celle de la dissonance (à moins que sa préparation ne soit facultative, § 180) et celle de la quarte ; ainsi qu'une double résolution concernant de même et la dissonance et la quarte.

§ 202 *bis*. Dans le style rigoureux le second renversement de tous les accords dissonants est proscrit, lors même que la quarte en est préparée ; dans le style libre même il est inusité dans la plupart de ces accords, son effet étant généralement mauvais.

CHAPITRE II.

DES ACCORDS DE SEPTIÈME.

§ 203. En examinant les divers accords de septième résultant de la superposition de tierces sur chaque degré des deux modes (voyez le tableau de la page suivante) on en trouve sept espèces différentes mais dont *quatre* seulement sont admissibles comme véritables accords de septième se traitant d'après les principes du chapitre précédent; ces mêmes principes ne sont pas tous applicables aux accords des trois autres espèces lesquels sont placés sur le 1er, le 3e et le 7e degré du mode mineur. De ces trois accords, biffés par une croix dans le tableau ci-après, celui qui est placé sur le 1er degré du mode mineur est, pour ainsi dire, impraticable comme accord réel et ne peut être classé que dans le second Livre traitant des notes accidentelles ; quant aux accords du 3e et du 7e degré du mode mineur, on sait qu'ils sont inusités(*).

(*) On ne doit pas conclure de là que les accords identiques à ceux du 3e et du 7e degré du mode mineur sont exclus de l'harmonie ; mais ni l'un ni l'autre de ces deux accords ne se présente jamais avec le caractère du degré que leur assigne le tableau : leur origine est autre ; l'accord du 3e degré du mode mineur trouvera sa véritable place dans les accords altérés; quant à celui du 7e degré, très-familier à l'oreille, il dérive de l'accord de neuvième mineure.

Tableau comparatif des diverses espèces d'accords de septième que comportent les différents degrés des deux modes.

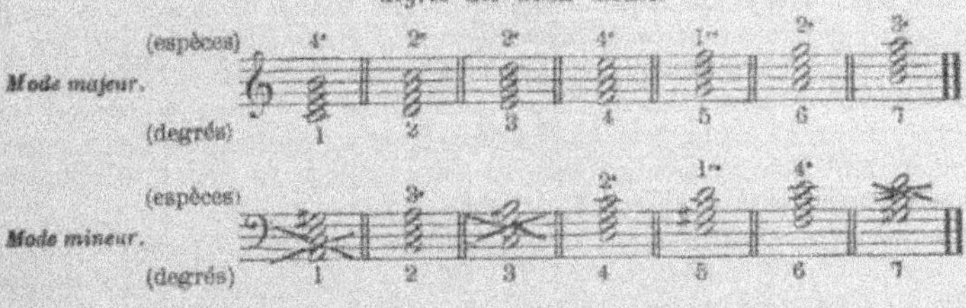

ARTICLE I.

ACCORD DE SEPTIÈME DE PREMIÈRE ESPÈCE

§ 204. L'accord de septième de première espèce se compose d'un *accord parfait majeur* avec addition de *septième mineure*; il est placé sur le 5e degré (la dominante) des deux modes, de là le nom d'ACCORD DE SEPTIÈME DOMINANTE, qui lui est affecté.

§ 205. La *septième* ou note dissonante de cet accord n'exige point de préparation (§ 180); toutefois, lorsqu'elle forme note commune avec l'accord précédent, il est préférable de la préparer :

Exemples.

§ 206. *L'accord de septième dominante*, outre sa note dissonante, contient une autre note ayant une tendance résolutive très-prononcée; cette note est la tierce de l'accord, en d'autres termes, la *note sensible* du ton; elle doit monter au degré conjoint supérieur qui est la note tonique; mais, de même que la note dissonante (§ 185), cette note sensible, au lieu de se résoudre régulièrement, peut, exceptionnellement, se maintenir en place, ou subir un changement chromatique ou enharmonique.

§ 207. Le tableau suivant contient l'accord de *septième dominante* avec ses renversements, sa résolution naturelle (§ 199), ainsi que la manière de le chiffrer :

Mode majeur.

Mode mineur.

N. B. La manière de chiffrer, indiquée ci-dessus, est généralement adoptée pour l'accord de septième dominante; elle dispense en toute circonstance et avec n'importe lequel de ses renversements, d'écrire les accidents que nécessitent les modulations. Le *six barré*, 6, qui désigne le second renversement, est tout-à-fait conventionnel. Quant à la *petite croix*, elle sert exclusivement à indiquer la note sensible dans tous les accords dissonants ayant pour fondamentale la dominante de l'un ou de l'autre mode; dans l'état direct de l'accord cette petite croix est placée au-dessus de la fondamentale dont elle représente la tierce, comme le ferait tout accident isolé, et comme si l'accord était chiffré ⨯3. Le second renversement, dans beaucoup d'écoles, se chiffre par ⧺ 6 au lieu du *six barré*.

§ 208. L'accord de la dominante, avec ou sans septième, permet quelquefois la suppression de la tierce (§ 38); cette suppression se fait selon la convenance mélodique ou selon l'insuffisance du nombre des parties :

Exemple.

Ce n'est que lorsque l'accord est à l'état de second renversement qu'on évite d'y supprimer la tierce.

Basses a réaliser.

§ 209. Les principales RÉSOLUTIONS EXCEPTIONNELLES (§ 185 et § 200) sont les suivantes:

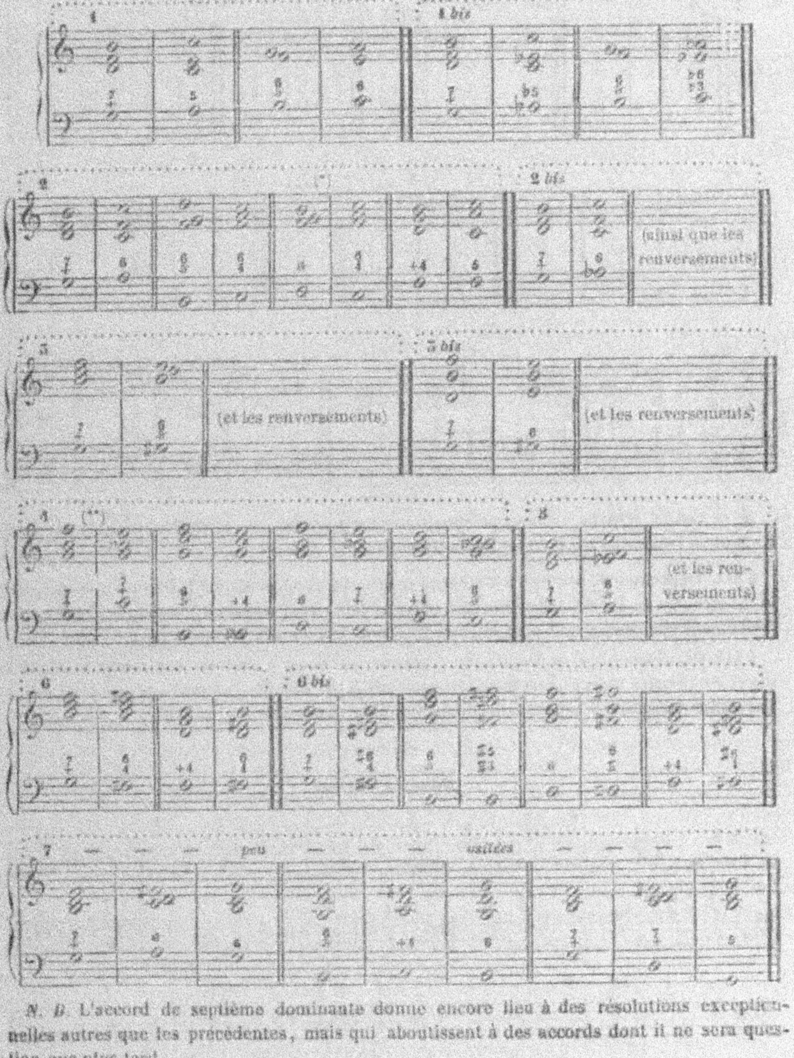

(ainsi que les renversements)

(et les renversements)

(et les renversements)

(et les renversements)

7 — — peu — usitées — — — —

N. B. L'accord de septième dominante donne encore lieu à des résolutions exceptionnelles autres que les précédentes, mais qui aboutissent à des accords dont il ne sera question que plus tard.

(*) Dans cet exemple la quarte du second renversement de la septième dominante n'est pas résolue, mais cette licence est ici d'un bon effet.

(**) La résolution exceptionnelle ne consiste ici que dans le changement chromatique de la note sensible (§ 200).

§ 210. Voici quelques-unes des LICENCES qui sont le plus pratiquées :

N. B. Les Ex. 9 et 10 contiennent des quintes conjointes qui, toutefois, ne sont pas dures à cause de l'influence du premier renversement (§ 101 et 105).

§ 211. OBSERVATION. Beaucoup d'auteurs modernes se sont souvent dispensés de préparer et de résoudre la quarte dans le second renversement de la septième dominante. L'élève ne se permettra cette licence que pour la résolution signalée dans la première note (*) du § 209.

§ 212. Relativement à la faculté de déplacer les notes à marche contrainte pendant la durée de l'accord de septième dominante, voyez § 186 et 187; il va sans dire que cette faculté s'applique aussi bien à la note sensible qu'à la note dissonante.

Basses à réaliser.

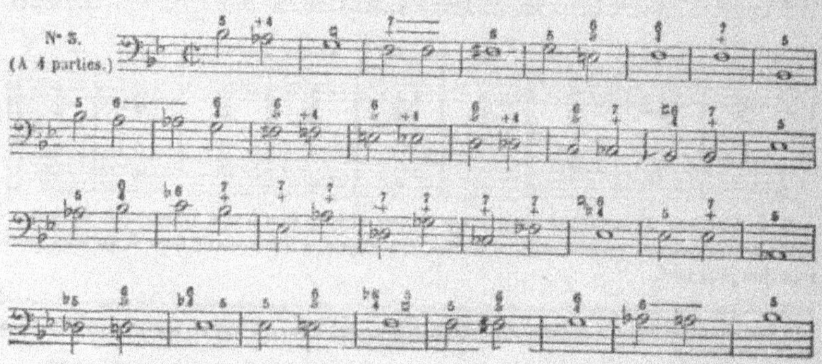

RÉFLEXIONS SUR LA SEPTIÈME DOMINANTE.

§ 213. L'accord de septième dominante est le plus doux de tous les accords dissonants, aussi l'abus qu'on en fait dans la musique moderne est-il tel, que la plupart des compositeurs paraissent envisager l'accord consonnant de la dominante comme incomplet, et, quelque soit d'ailleurs le caractère du morceau, la dissonance leur semble nécessaire dans l'accord de la dominante. De plus, une erreur assez générale est de croire qu'on ne peut moduler qu'à l'aide des accords dissonants et surtout de la septième dominante; il est évident que cet accord a une puissance tonale incontestable, puisqu'il ne se trouve que sur le 5ᵉ degré des deux modes, et que, même frappé isolément, il détermine irrécusablement le ton, sinon le mode; mais on a déjà pu se convaincre, au chapitre des modulations, qu'il existait bien d'autres moyens de moduler; se servir, à cet effet, exclusivement de l'accord de septième dominante c'est appauvrir l'art en se privant de ses nombreuses ressources.

COMPLÉMENT DE L'ARTICLE I.

SUPPRESSION DE LA FONDAMENTALE DANS L'ACCORD DE SEPTIÈME DOMINANTE.

§ 214. On a déjà expliqué (§ 163 à 165) comment, en raison d'un nombre insuffisant de parties, ou en vue de l'intérêt mélodique de ces parties, on était contraint, quelquefois, à supprimer la fondamentale de certains accords.

Cette suppression a lieu assez fréquemment dans l'accord de septième dominante, il en résulte un accord de quinte diminuée :  lequel, quoique identique à l'accord du 7e degré des deux modes ainsi qu'à celui du 2e degré du mode mineur, en diffère cependant par le caractère et par l'influence tonale (*). Pour s'en convaincre on comparera les formules harmoniques des Ex. 1 et 2 réalisés à quatre parties, aux mêmes formules réduites à trois parties dans les Ex. 1 *bis* et 2 *bis*; l'accord *si*, *ré*, *fa*, (Ex. 1 *bis*) ou *ré*, *fa*, *si*, (Ex. 2 *bis*) donne la sensation, non du 7e degré, mais bien réellement du 5e degré, c'est-à-dire de la septième dominante sans sa fondamentale; et cette fondamentale a été supprimée ici de préférence à toute autre note de l'accord, parce que, pour produire, à trois parties, un effet aussi analogue que possible à celui des Ex. 1 et 2, nulle autre disposition n'est aussi favorable que celle des Ex. 1 *bis* et 2 *bis*. Ainsi, dans ces exemples, le rôle de l'accord de quinte diminuée (ou de son renversement) est le même que celui de la septième dominante, et si son effet tonal est moins énergique, cela tient aux conditions inhérentes à tout accord incomplet.

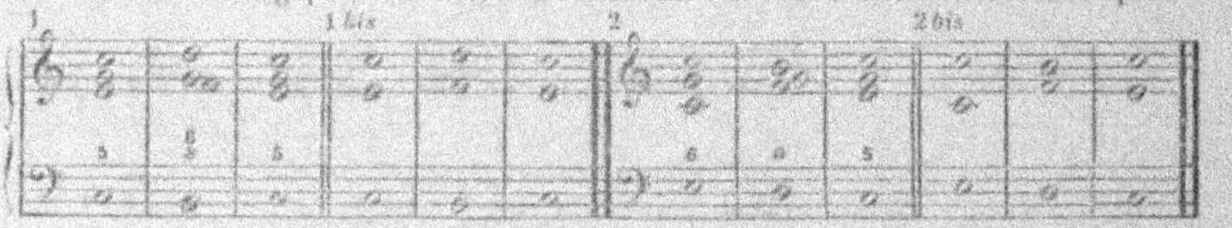

Pour se pénétrer davantage de la vérité de ce qui vient d'être dit, il suffit d'écouter attentivement, dans le courant d'une marche harmonique, l'effet du 7e degré si peu harmonieux par lui-même et dont l'impression tonale est si faible qu'il n'est accepté qu'en faveur de la régularité symétrique de la marche; de comparer ensuite cet effet avec celui de l'accord de quinte diminuée des Ex. 1 *bis* et 2 *bis*, accord dont l'importance tonale est suffisamment caractérisée pour pouvoir suppléer aux versions des Ex. 1 et 2.

En ce qui concerne l'accord du 2e degré du mode mineur, il est aisé de se convaincre, par tous les exemples contenus dans la première partie de ce Livre, que son caractère tonal et modal diffère essentiellement de l'accord dont il est ici question.

§ 215. La formule harmonique de l'Ex. 3, réduite à trois parties, exige, de même, la suppression de la fondamentale (Ex. 3 *bis*); mais, dans ce cas, afin de compléter le dernier accord (Ex. 3 *ter*), il est préférable de faire monter la note dissonante *Fa* dont la résolution est rendue plus libre par l'absence de la fondamentale; cette réalisation de l'Ex. 3 *ter*, est extrêmement usitée.

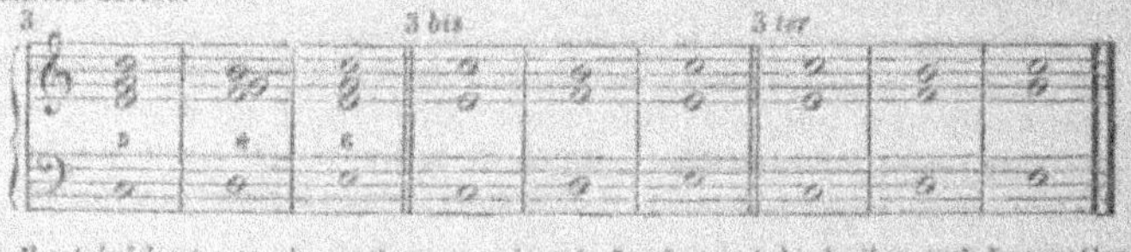

§ 216. Il est évident que, lorsqu'on supprime la fondamentale de l'accord de septième dominante, il n'y a plus d'*état direct* de l'accord; il ne reste plus que des renversements que l'on chiffre de la manière suivante :

N. B. Chacun de ces renversements est, ici, suivi de la résolution *régulière* des notes à marche contrainte.

(*) Consulter le § 157.

§ 217. Mais ce n'est pas seulement dans l'harmonie à trois parties qu'on supprime la fondamentale de l'accord de septième dominante; cette suppression peut avoir lieu aussi dans l'harmonie à quatre ou à plus de quatre parties; alors elle n'est guère pratiquée qu'avec le second renversement et dans les deux conditions suivantes:

1° Lorsque la quarte juste résultant du second renversement de l'accord de septième dominante, à défaut de note commune avec l'accord précédent, ne peut être préparée (Ex. 4). Dans cet exemple (4) on a doublé la quinte (*ré*) de l'accord de septième dominante; mais on en double aussi, très-souvent, la septième (Ex. 4 *bis*); dans ce cas, celle des deux septièmes qui est placée dans la partie supérieure se résout régulièrement, tandis que l'autre monte d'un degré comme dans l'Ex. 3 *ter* (*voyez* Ex. 4 *bis*).

2° Dans le style rigoureux, surtout dans le contrepoint, tout second renversement produisant une quarte juste avec la Basse est défendu; c'est pourquoi, afin d'éviter l'effet de la quarte, on supprime la fondamentale de l'accord lorsqu'il est à l'état de second renversement; aussi les deux réalisations des Ex. 4 et 4 *bis* sont-elles d'un usage très-fréquent.

§ 218. *RÉSUMÉ*. Il est donc bien entendu que, toutes les fois qu'en dehors d'une marche harmonique on rencontrera un accord ayant l'apparence du 7e degré, c'est au 5e degré qu'il faudra l'attribuer. La même loi s'appliquera aussi aux accords de neuvième; il est donc important de s'en pénétrer dès à présent et de se rappeler cette théorie: *le septième degré n'est admissible que dans les marches harmoniques* (§ 137).

§ 219. Quant à l'apparence d'analogie qui existe entre l'accord de septième dominante sans fondamentale et le 2e degré du mode mineur, elle peut fournir un moyen de moduler: par la suppression de sa fondamentale, l'accord de septième dominante se trouvant affaibli, l'oreille ne se refuse pas à prendre le change, et l'on peut profiter de cette suppression pour traiter cet accord comme 2e degré du mode mineur:

Exemples.

la résolution irrégulière de la note sensible *si* cause ici, il est vrai, une surprise à laquelle l'oreille ne s'attend pas; c'est une licence, mais une licence réparée ou effacée immédiatement par la force totale de l'accord suivant qui détermine la modulation de *La* mineur (consulter, pour l'Ex. 5, le § 113, et pour l'Ex. 5 *bis* le *N. B.* du § 136 p. 52).

Réciproquement, on peut traiter le 2e degré du mode mineur comme étant la septième dominante sans fondamentale du mode majeur relatif, et moduler par ce moyen:

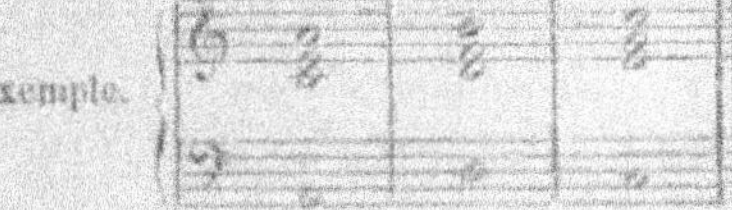

Exemple.

§ 220. Les particularités qui viennent d'être exposées dans le paragraphe précédent ont fait envisager, par beaucoup d'auteurs, l'accord de quinte diminuée comme un *accord mixte* ou un *accord neutre* (§ 23).

§ 221. Outre les licences des Ex. 5 et 5 *bis*, l'accord de septième dominante sans fondamentale donne lieu aux résolutions exceptionnelles suivantes:

Basse à réaliser

concernant l'accord de septième dominante sans fondamentale.

N° 5.
(À 4 parties.)

Chants donnés

auxquels on appliquera l'accord de septième dominante.

N° 1.

N° 2.

ARTICLE II.

ACCORDS DE SEPTIÈME DE SECONDE ESPÈCE ET DE TROISIÈME ESPÈCE.

§ 222. L'accord de septième de *seconde* espèce se compose d'un *accord parfait mineur* avec addition de *septième mineure*; il est placé sur le 2ᵉ degré ainsi que sur le 3ᵉ et sur le 6ᵉ du mode majeur, et sur le 4ᵉ degré du mode mineur (*voyez* le tableau § 203).

223. L'accord de septième de troisième espèce se compose d'un *accord de quinte diminuée* avec addition de *septième mineure*; il est placé sur le 7ᵉ degré du mode majeur et sur le 2ᵉ degré du mode mineur (*voyez* le tableau § 203).

§ 224. EMPLOI PRINCIPAL DE CES DEUX ACCORDS. L'accord de septième de *seconde espèce* s'emploie presque exclusivement sur le 2ᵉ degré du mode majeur, et l'accord de *troisième espèce* sur le 2ᵉ degré du mode mineur. Ces accords remplissant ainsi les mêmes fonctions, chacun dans son mode respectif, et ayant la même importance modale et tonale, on leur donne indistinctement, à tous deux, le nom d'ACCORD DE SEPTIÈME DE SECONDE (c'est-à-dire *de la seconde note du ton*); c'est pourquoi il convient de les étudier simultanément.

§ 225. La préparation de la dissonance doit être observée dans l'un et l'autre de ces deux accords, (voir § 179).

Voici la manière de chiffrer ces accords et leurs renversements :

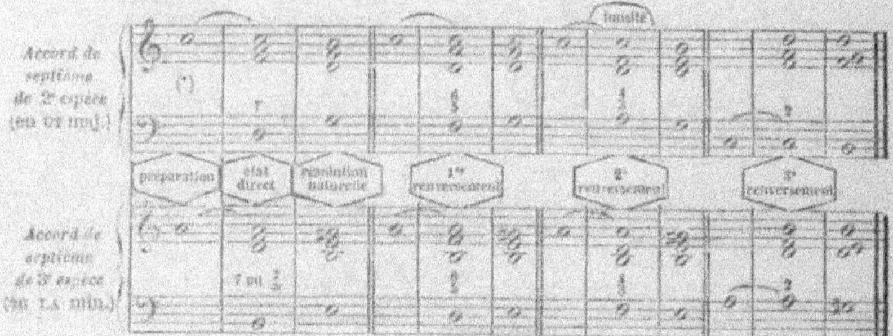

N. B. On voit que cette manière de chiffrer n'est pas explicite puisqu'elle est la même pour les deux espèces d'accords; donc, en cas de modulation, ces chiffres exigent l'adjonction de plus ou moins d'accidents et quelques fois de chiffres complémentaires affectés aussi d'accidents.

§ 226. Les principales résolutions exceptionnelles sont les suivantes :

(*) Faire chercher à l'élève les différents accords que peut comporter chacune des notes de préparation.
(**) § 193.

§ 227. Le mode majeur peut emprunter à son mineur *direct* l'accord de septième du second degré; le cas contraire n'a jamais lieu *(voyez § 145)*: — Exemples.

§ 228. De l'habitude que l'oreille a contractée en entendant presque constamment ces deux accords, l'un sur le 2ᵉ degré du mode majeur, l'autre sur le 2ᵉ degré du mode mineur, il résulte qu'ils ont tous deux une importance à la fois tonale et modale très-grande, aussi peuvent-ils servir à moduler, même sans contenir de note caractéristique; ce n'est pas qu'ils déterminent absolument la modulation, mais, en général, ils la provoquent :

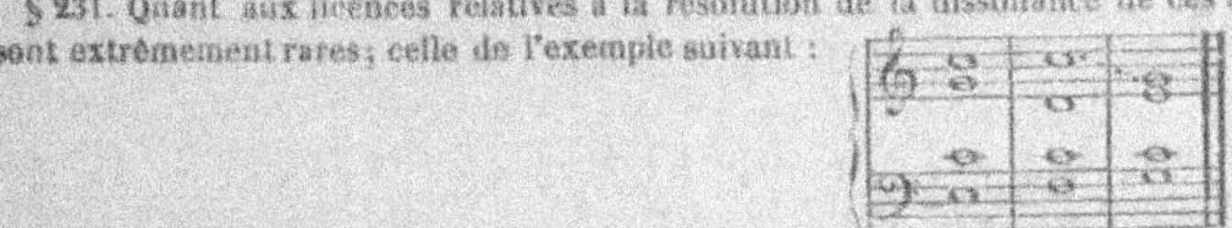

Exemples.

§ 229. Quant aux accords de septième de seconde et de troisième espèce placés sur des degrés autres que le 2ᵉ (voyez le tableau § 203), ils ne se pratiquent généralement que dans les marches harmoniques; cependant l'accord de septième de seconde espèce placé sur le 6ᵉ degré du mode majeur ainsi que sur le 4ᵉ du mode mineur, peut, en dehors des marches harmoniques, être d'un très-bon effet :

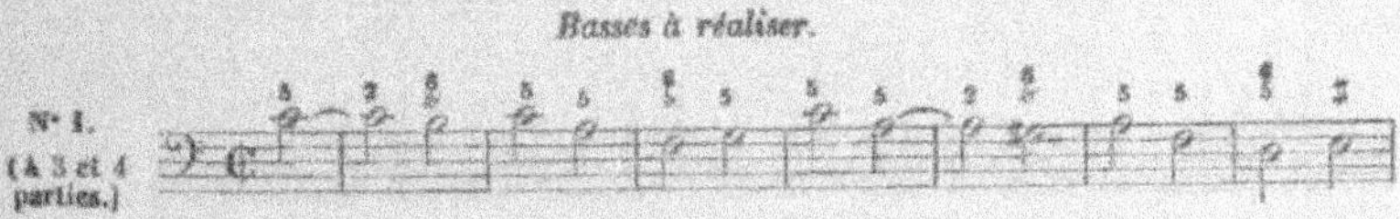

Exemples.

§ 230. Quelques auteurs se sont parfois dispensés de préparer la dissonance des accords de septième placés sur le second degré des deux modes; cette licence devra être défendue à l'élève.

§ 231. Quant aux licences relatives à la résolution de la dissonance de ces accords, elles sont extrêmement rares; celle de l'exemple suivant :

est la plus

fréquente, surtout lorsqu'elle se trouve dans une partie prédominante et qu'ainsi elle est motivée par la mélodie.

Basses à réaliser.

Nº 1.
(A 3 et 4 parties.)

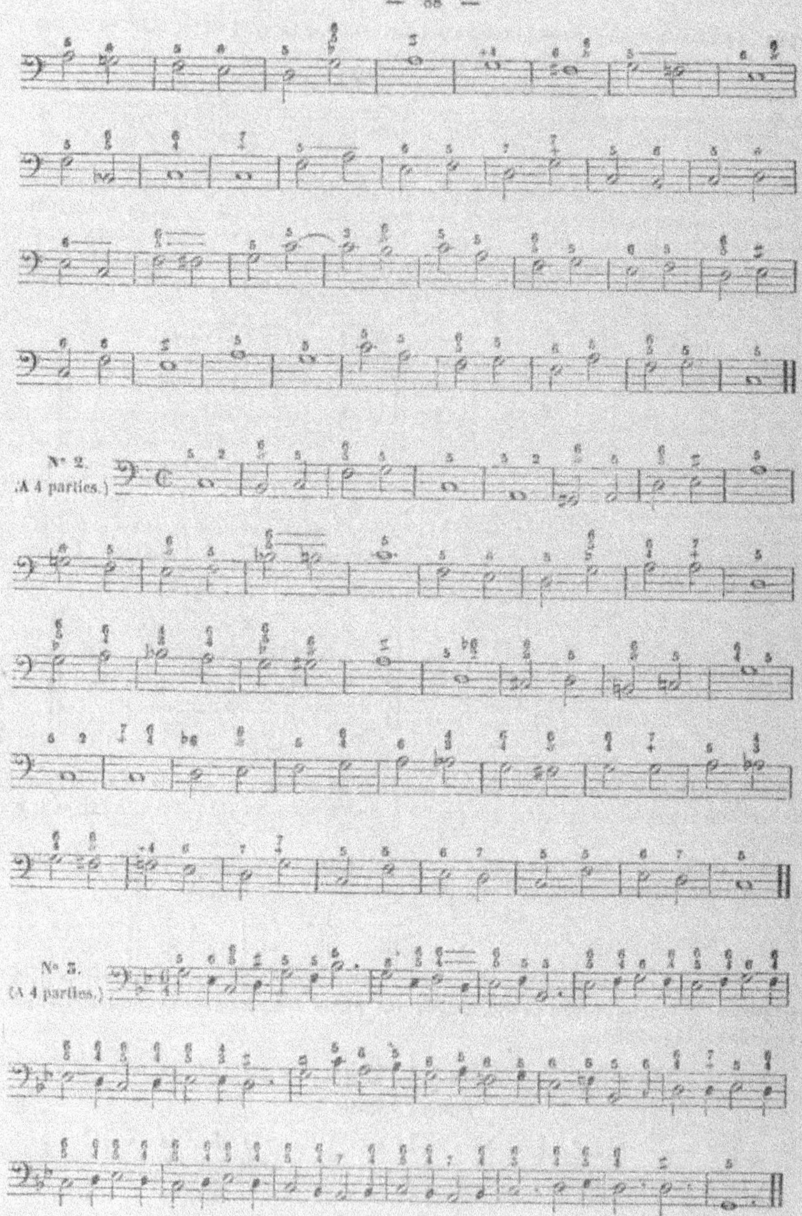

Nº 2.
(A 4 parties.)
Nº 3.
(A 4 parties.)

ARTICLE III.

ACCORD DE SEPTIÈME DE QUATRIÈME ESPÈCE.

§ 232. L'accord de septième de quatrième espèce se compose d'un *accord parfait majeur* avec addition de *septième majeure*; on l'appelle *accord de septième majeure*; il est le plus dissonant de tous les accords de septième, aussi la préparation de sa dissonance est-elle absolument rigoureuse. Il est placé sur le 1er degré ainsi que sur le 4e du mode majeur, et sur le 6e du mode mineur (*Voyez* le Tableau, § 203). Il se chiffre de la même manière que les accords de l'article précédent.

§ 233. De même que les accords de septième de deuxième et de troisième espèce placés ailleurs que sur le second degré (*), l'accord de septième de quatrième espèce s'emploie principalement dans les marches harmoniques. Ainsi une progression unitonique, formant ce qu'on appelle une MARCHE DE SEPTIÈMES, contient naturellement les quatre espèces d'accords de septième dès que le développement de la marche est d'une certaine longeur (*Voyez* A et C)

(*) § 229.

N. B. Le second renversement est tout à fait inusité (§ 202 *bis*).

§ 234. Quoique cet accord soit principalement affecté aux marches harmoniques, son effet peut être excellent en dehors des progressions, entre autres dans les formules produites par les résolutions exceptionnelles suivantes :

Tableau des principales résolutions exceptionnelles de l'accord de septième majeure.

§ 234 *bis*. On verra, dans le chapitre des *suspensions*, que plusieurs des résolutions exceptionnelles du tableau précédent, principalement celles des Ex. 6 et 7, s'analysent préférablement comme suspensions

Basses à réaliser.

N° 1.
(À 4 parties.)

Chant donné.

CHAPITRE III.

DES ACCORDS DE NEUVIÈME.

§ 235. Les accords de neuvième ne se placent que sur le 5ᵉ degré des deux modes (*); il en résulte deux espèces d'accords de neuvième qui sont :

1° L'ACCORD DE NEUVIÈME MAJEURE, composé d'un *accord de septième dominante* avec addition de *neuvième majeure* : il est placé sur le 5ᵉ degré de la gamme majeure.

2° L'ACCORD DE NEUVIÈME MINEURE, composé d'un *accord de septième dominante* avec addition de *neuvième mineure* : il est placé sur le 5ᵉ degré de la gamme mineure.

§ 236. Dans la réalisation à quatre parties chacun de ces deux accords subit nécessairement toujours la suppression d'une de ses notes; de même que dans tous les autres accords, c'est la suppression de la quinte qui affaiblit le moins possible l'effet des accords de neuvième, néanmoins, par des raisons que la pratique fera apprécier, on y supprime le plus fréquemment la fondamentale, surtout dans l'accord de neuvième mineure.

§ 237. Les notes dissonantes, qui sont la *septième* et la *neuvième*, n'exigent point de préparation; mais il est bon d'observer à leur égard, autant que possible, la réserve énoncée § 205.

§ 238. Les accords de neuvième contiennent trois notes à résolution contrainte, ce sont : *les deux notes dissonantes* à l'égard desquelles on se conformera aux instructions des § 184, § 185 et § 186; et *la tierce de l'accord* ou note sensible du ton, *voyez* § 206.

§ 239. La résolution des accords de neuvième est conforme aux lois établies § 199 et § 200.

§ 240. La disposition de certaines notes de ces accords est soumise à des conditions particulières exposées dans les deux articles spéciaux qui traitent de chacun d'eux.

§ 241. Les accords de neuvième sont les seuls accords qui, entendus isolément, déterminent irrécusablement et le mode et la tonalité; ce sont donc les deux accords les plus complets de notre système harmonique (**).

ARTICLE I.

ACCORD DE NEUVIÈME MAJEURE.

§ 242. La disposition des notes de cet accord est soumise aux conditions suivantes :

1° La *neuvième* doit toujours être placée au-dessus de la fondamentale, et séparée d'elle par la distance d'un intervalle de neuvième au moins; en d'autres termes : la fondamentale ne peut jamais être placée au-dessus de la neuvième; ces deux notes ne peuvent même jamais se toucher à distance de seconde :

Exemples.

2° La *tierce* de l'accord ne peut jamais être placée au-dessus de la neuvième; ainsi la neuvième doit toujours former, à l'égard de la tierce, un intervalle de septième au moins :

Exemples.

Ces deux conditions, absolument indispensables au bon effet de cet accord, ne permettent par conséquent jamais le quatrième renversement, même en cas de suppression de la fondamentale

---

§ 243. L'*accord de neuvième majeure*, dans son état direct, est l'accord naturel et complet par excellence, car il est produit par la résonnance du corps sonore (*voyez* l'Introduction); aussi cet accord, tout en n'étant point consonnant selon le sens que nous attachons à ce mot, est-il extrêmement harmonieux; mais ses notes constitutives ayant une liberté très-restreinte de mouvements à cause des trois notes à résolution forcée, et, d'ailleurs, la disposition de l'accord étant soumise aux conditions énoncées § 242, il en résulte que cet accord est, si l'on peut s'exprimer ainsi, difficile à manier, et que les cas où on peut l'employer avantageusement sont assez rares; il ne se prête guère aux valeurs brèves, et son charme principal consiste dans une durée suffisamment longue pour que sa résonnance devienne pénétrante.

§ 244. La suppression de la fondamentale est très-fréquente dans l'accord de neuvième majeure; il prend alors vulgairement le nom d'ACCORD DE SEPTIÈME DE SENSIBLE, dénomination impropre, car cet accord ne peut être confondu avec celui du 7e degré (§ 218) dont la fondamentale, quoique note sensible, n'a pas une marche contrainte, dont la dissonance exige une préparation, dont les notes constitutives se prêtent à tous les renversements, et dont l'emploi se borne aux marches harmoniques (§ 233). Il est important surtout de ne pas confondre la neuvième majeure sans fondamentale avec l'accord du 2e degré de la gamme mineure; celui-ci, outre la préparation obligée de sa dissonance et la disposition arbitraire de ses notes, présente un caractère modal et tonal différant essentiellement de celui de l'accord de neuvième majeure sans fondamentale lequel, au lieu d'une seule note dissonante, en contient deux dont la préparation est facultative, et dans lequel, de plus, est contenue la note sensible dont la marche est contrainte.

§ 245. Cependant on peut appliquer, à l'accord de neuvième majeure sans fondamentale, les réflexions du § 219, ce qui donne lieu à la résolution exceptionnelle, Ex. 3 du Tableau § 249, ainsi qu'à la licence Ex. 7, § 250.

§ 246. Voici la manière de chiffrer l'accord de neuvième majeure et ses renversements :

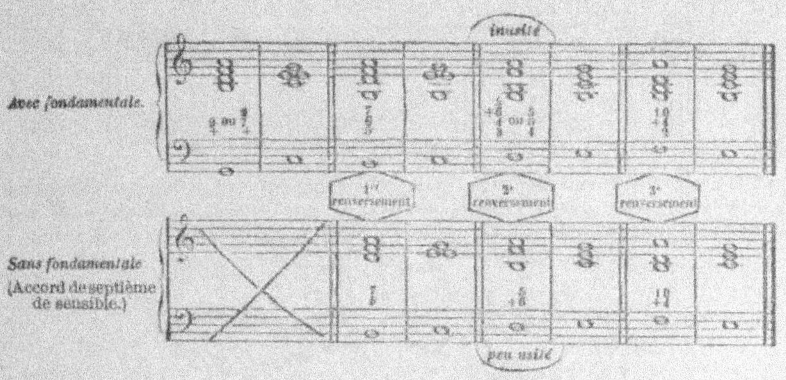

§ 247. On fait souvent la résolution de la neuvième avant celle des autres notes :

Exemples.  dans ce cas c'est une simple

transformation de cet accord en accord de septième dominante.

§ 248. *OBSERVATION.* La neuvième, quoique toujours placée de préférence dans la partie supérieure extrême, peut aussi se placer dans une partie intermédiaire pourvu que la disposition de l'accord se trouve, quant au reste, conforme aux conditions du § 242 :

Exemples.

§ 249. Les *RÉSOLUTIONS EXCEPTIONNELLES* de l'accord de neuvième majeure ne sont pas nombreuses ; les suivantes sont les plus usitées :

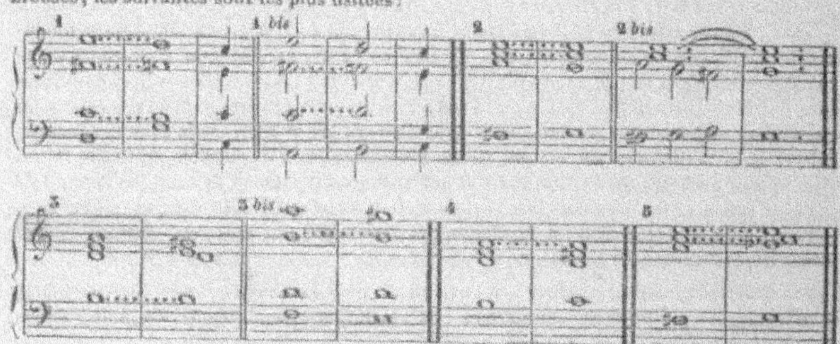

§ 250. Les LICENCES suivantes sont d'un bon effet :

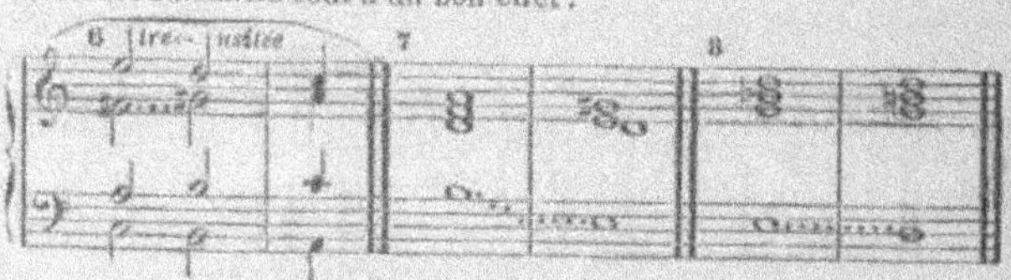

§ 251. Quelques auteurs modernes, à l'exemple de Beethoven, ont parfois placé la neuvième au-dessous de la tierce (de telle façon que ces deux notes se trouvent conjointes), mais non toutefois sans avoir préalablement fait entendre l'accord dans sa position normale :

Exemple.

ARTICLE II.

ACCORD DE NEUVIÈME MINEURE.

§ 252. Dans cet accord, de même que dans celui de neuvième majeure, la *neuvième* doit toujours être placée au-dessus de la fondamentale et à distance d'un intervalle de neuvième au moins; mais la position de la *tierce* y est arbitraire en ce qu'elle peut se placer indifféremment, soit au-dessus, soit au-dessous de la neuvième; cette latitude permet le quatrième renversement lorsque la fondamentale de l'accord est supprimée.

§ 253. *Manière de chiffrer cet accord et ses renversements.*

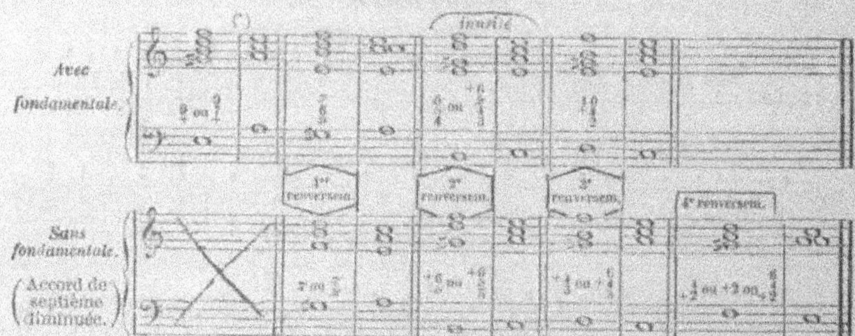

N. B. En ce qui concerne la réalisation et la résolution de cet accord, se conformer aux instructions des § 236, § 237, § 238 et § 239.

Voir aussi le § 247 qui s'applique de même à l'accord de neuvième mineure.

§ 254. *L'accord de neuvième mineure* s'emploie peu avec sa fondamentale, surtout en cas de renversements; sa sonorité, loin d'être aussi douce que celle de la neuvième majeure, est

plaintive et déchirante. — La résolution exceptionnelle suivante: 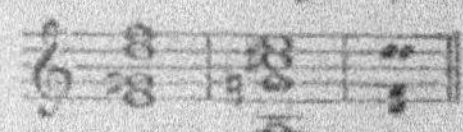 est, pour ainsi dire, la seule qu'on puisse signaler.

§ 255. Mais dégagé de sa fondamentale, cet accord, qui prend alors le nom d'ACCORD DE SEPTIÈME DIMINUÉE, est extrêmement usité et ses résolutions exceptionnelles deviennent nombreuses par le fait des changements chromatiques ascendants ou descendants que l'on peut faire subir à toutes ses notes (soit simultanément soit partiellement), ainsi que par la faculté qu'ont les notes à marche contrainte de rester immobiles (voyez § 185 et § 206); les résultats divers de la plupart de ces résolutions exceptionnelles fournissent des procédés faciles pour moduler aux tons éloignés; c'est là, sans doute, une des causes qui ont provoqué l'abus excessif de l'accord de septième diminuée dans un grand nombre d'œuvres modernes. On se prémunira en partie contre cet abus en ayant toujours égard aux relations de la tonalité principale avec les tons où l'on module (§ 141).

Cet accord, selon la modulation qu'on a pour but, peut s'écrire enharmoniquement de diverses manières:

Exemples. 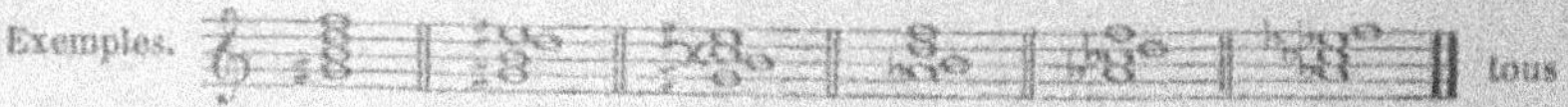 tous

ces accords exécutés sur un instrument à tempérament produisent un effet identique; cependant chacun d'eux appartient à un ton différent (**). Pour les écrire correctement il faut se rendre compte de la tonalité du moment, et, lorsque l'accord n'est qu'emprunté, s'écarter le moins possible des notes appartenant aux tons relatifs; mais lorsqu'on voudra moduler, on écrira l'accord de la manière la plus favorable à la modulation, en évitant les changements

---

(*) La résolution peut aussi avoir lieu sur l'accord de la tonique du mode majeur direct qui est ici La majeur.

(**) Faire nommer à l'élève, le ton auquel appartient chacun de ces accords.

enharmoniques qui gênent toujours la lecture et entraînent à des défauts de justesse dans l'exécution (*) :

Exemples.

§ 256. En résumé, quelque soit l'usage que l'on fasse de l'accord de septième diminuée, il ne faut jamais oublier que cet accord n'est pas un accord de septième, mais bien réellement un accord de neuvième dont trois notes ont une marche contraire (*voyez* § 238).

§ 257. Les exercices proposés à la fin de cet article contiennent la plupart des RÉSOLUTIONS EXCEPTIONNELLES de l'accord de septième diminuée.

§ 258. Quant aux LICENCES, les suivantes sont les plus usitées, mais elles ne se pratiquent en général, que dans une partie prédominante :

§ 259. REMARQUE. Le mode majeur emprunte très fréquemment au mode mineur direct son accord de neuvième, surtout en cas de suppression de la fondamentale (septième diminuée); dans le mode mineur, au contraire, on ne peut introduire un accord de neuvième majeure sans que celui-ci impose le mode majeur (§ 145).

———

Basses à réaliser.

N° 1.
(A 4 parties.)

———

(*) § 150.

N° 2.
(A 4 parties.)
N° 3.
(A 4 parties.)
Chants donnés.
N° 1.

Allegretto.
N° 2.
N° 3. Allegro.
A 3 des
part.

CHAPITRE IV.

DES ALTÉRATIONS EN GÉNÉRAL.

§ 260. Si l'on admet le terme ALTÉRATION dans le sens général qu'on lui a prêté jusqu'à présent dans la musique, il s'applique à tout changement chromatique qu'on fait subir à une note. Mais c'est là une des pauvretés de notre langue musicale, assez souvent dénuée de termes précis et explicites; car ce n'est pas l'accident, quel qu'il soit, qu'on doit envisager comme signe irrécusable de l'altération, mais bien certains rapports des notes entre elles.

§ 261. Le mot *altération* ne devrait donc apporter à l'esprit que l'idée de certaines modifications, de certaines combinaisons, soit mélodiques, soit harmoniques, que ne fournit pas la constitution naturelle de nos deux modes, et c'est dans ce sens seulement que nous l'appliquerons désormais.

§ 262. L'altération est ou *ascendante*, ou *descendante*, selon que le changement chromatique se fait en montant, ou en descendant.

§ 263. L'altération peut être ou *mélodique*, ou *harmonique*: dans le premier cas elle porte rarement sur des valeurs longues, elle peut d'ailleurs se pratiquer à l'égard de toutes sortes de notes soit réelles, soit accidentelles, et avoir lieu dans plusieurs parties à la fois (il en sera question au chapitre des notes mélodiques); dans le second cas elle n'affecte jamais qu'une seule note de l'accord et produit les *accords altérés* dont la durée est arbitraire et quelquefois fort longue. Il arrive cependant que l'analyse peut envisager indifféremment certaines altérations comme mélodiques (*) ou comme harmoniques; toutefois l'altération n'est généralement considérée comme harmonique que lorsqu'elle porte sur des valeurs qui ont quelque importance par leur durée, et qu'elle accuse un temps fort; on s'en rendra compte en comparant les deux versions de chacun des deux exemples suivants :

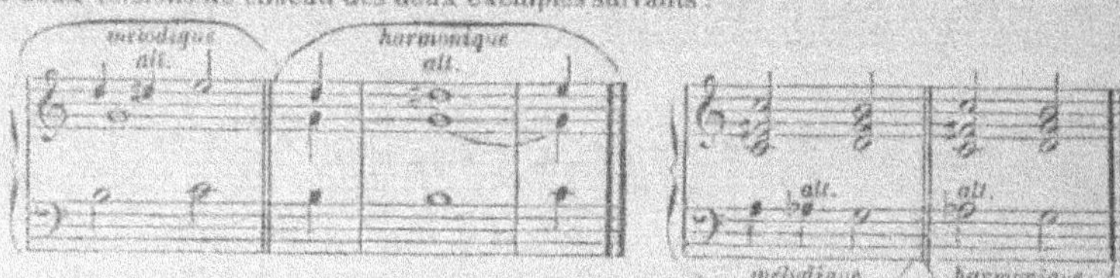

Néanmoins certaines altérations mélodiques peuvent aussi accuser le temps fort comme on le verra dans l'article *appoggiature*. En résumé, l'altération est surtout qualifiée de mélodique lorsqu'elle affecte des notes essentiellement mélodiques elles-mêmes, telles que l'appoggiature, les notes de passage, etc., quelle que soit alors leur durée ou la place qu'elles occupent dans la mesure.

§ 264. Les notes essentiellement mélodiques sont considérées comme *altérées* toutes les fois qu'elles enfreignent l'ordre diatonique, c'est-à-dire lorsqu'elles n'appartiennent pas au ton établi par l'harmonie. Ces notes mélodiques altérées sont de deux sortes: ou elles servent à moduler, et, dans ce cas, elles déterminent l'ordre diatonique d'un ton différent de celui qui a précédé; ou bien elles appartiennent au genre chromatique et n'ébranlent pas le ton établi, car le chromatique est en-dehors de toute tonalité, ou, pour mieux dire, il appartient indistinctement à tous les tons; c'est pourquoi une mélodie chromatique peut, quelquefois, être accompagnée par une harmonie purement diatonique, c'est-à-dire unitonique.

____

(*) C'est-à-dire, dans ces cas, comme notes de passage.

CHAPITRE V.

DES ACCORDS ALTÉRÉS.

§ 265. L'inconvénient du manque de précision des termes *altérer*, *altération*, dont nous avons parlé dans le chapitre précédent, se fait surtout sentir dans la théorie des *accords altérés*. Ainsi, il est évident que, dans l'exemple suivant : le second accord

(*mi*, *sol* ♯, *si*) n'est pas un accord altéré; c'est un accord parfait majeur; or, si l'accord n'est pas altéré en lui-même, il ne peut contenir aucun élément altéré; donc le *sol* ♯, quoique précédé d'un *sol* *naturel*, n'est pas une note altérée, mais simplement, si l'on peut ainsi dire, une note *accidentée*, nécessaire à la constitution de l'accord de la dominante qui doit déterminer la modulation de *La* mineur.

§ 266. Il est donc bien entendu qu'il ne suffit pas de faire subir un changement chromatique, à l'une des notes d'un accord quelconque, pour qu'il en résulte un accord altéré, et qu'on n'appelle pas *accords altérés* ceux des exemples suivants:

chacun de ces exemples ne présente que la transformation d'un accord en un autre accord déjà connu et classé (*), sauf le dernier exemple, lequel, rigoureusement parlant pourrait être qualifié d'accord altéré; mais, de fait, son effet est identique à celui du premier renversement de l'accord parfait majeur (*fa*) dont il n'est que l'équivoque partiellement enharmonique.

§ 267. *DÉFINITION DES ACCORDS ALTÉRÉS*. On entend, par ACCORDS ALTÉRÉS, tous ceux dont la *tierce* est majeure et dont la *quinte*, de juste qu'elle devrait être selon la constitution tonale et diatonique de ces accords, a été altérée par le fait d'un changement chromatique soit ascendant soit descendant.

§ 268. Cette altération de la *quinte*, dans les accords à *tierce majeure*, fait naître une nouvelle catégorie d'accords différant de tous ceux qui sont constitués par les notes naturelles de la gamme, et dont l'effet, quoique dissonant, est accepté par l'oreille lorsque ces accords sont présentés dans de certaines conditions exposées dans les divers articles de ce chapitre. Ces sortes d'accords, qui enrichissent considérablement l'harmonie, forment, à eux seuls, les véritables accords altérés; quelques-uns d'entre eux peuvent, à la vérité, s'obtenir en altérant, dans certains accords, une note autre que la quinte; mais comme, en résumé, ces accords obtenus ainsi, ne sont que les équivoques de ceux qui se rapportent à la définition du § 267 ci-dessus, il est préférable de ne pas s'arrêter ici à ces équivoques qui ne font que jeter de la confusion dans la théorie et dont il sera d'ailleurs parlé d'une manière suffisamment détaillée dans les § 294 à 296.

§ 269. En-dehors des combinaisons harmoniques dont on vient de parler sommairement, toute *altération* dissonante ne produit qu'une agrégation de notes dont l'effet, comme *accord*, est intolérable et inadmissible, et qui ne peut exister que dans des conditions passagères d'*altération* simplement *mélodique* dont il sera question dans les chapitres concernant les notes essentiellement mélodiques.

(*) On peut faire subir les mêmes transformations à certains accords dissonants.

On ne prétend pas dire ici que telle combinaison qui, à l'état actuel de l'art, nous paraît inadmissible, ne puisse être acceptée, dans l'avenir, lorsqu'un génie nouveau l'aura sanctionnée par une heureuse application; tout ce qu'on peut affirmer c'est que les œuvres des maîtres ne contiennent pas d'exemple qui ne fasse partie des tableaux que renferment les articles 2 et 3 de ce chapitre (*); ces tableaux contiennent non seulement les accords altérés le plus généralement usités, mais aussi certains accords et particulièrement certains renversements qui sont d'un usage excessivement rare et dont même quelques-uns sont à peu près inusités à cause de leur dureté.

§ 270. Tout accord à *altération* conserve sa dénomination primitive à laquelle on ajoute seulement la qualification qu'exige la quinte par suite de son altération, par exemple: *accord de septième majeure avec quinte augmentée; accord de septième dominante avec quinte diminuée.*

§ 271. *REMARQUE IMPORTANTE.* Il est nécessaire de faire remarquer, dès à présent, que les accords altérés peuvent quelquefois, au premier abord, susciter des difficultés d'analyse, en ce que, selon l'armature de la clef, ou selon la modulation, ou selon que l'altération porte sur un accord *emprunté* à un autre ton (§ 144), plusieurs notes d'un accord peuvent paraître altérées en ce qu'elles sont ACCIDENTÉES, c'est-à-dire affectées d'accidents (**). Ainsi l'Ex. 1 (voir ci-dessous) contient, en apparence, deux notes altérées, (le *la* ♭ et le *fa* ♯); mais c'est le *la* ♭ seul (quinte de l'accord) qui est la note altérée, tandis que le *fa* ♯ appartient à l'accord de septième dominante du ton de *sol* et n'est que note *accidentée* relativement à l'armature de la clef. — Il se peut même que la note altérée ne soit affectée d'aucun accident; ainsi, dans l'Ex. 2, c'est le *ré* ♯ qui est la note accidentée; le *fa*, quoiqu'il ne soit affecté d'aucun accident, est la vraie note altérée puisqu'elle est la quinte de l'accord; (on comparera les Ex. 1 et 2 aux exemples correspondants, 1 *bis* et 2 *bis*, placés au-dessous, et dont l'harmonie n'est pas altérée). C'est donc toujours en remontant à la loi de formation de l'accord (§ 12), afin de se rendre compte de sa fondamentale, qu'on trouvera l'origine de tout accord *altéré*, qu'on ne s'exposera jamais à confondre la note *altérée* avec les notes *accidentées* (***), et que la définition du § 267 se trouvera constamment justifiée.

Exemples, dont chacun contient un accord altéré.

(Même harmonie non altérée.)

(*) Quelquefois on en rencontre d'autres, il est vrai, mais ce sont des accords écrits, à dessein, d'une façon incorrecte, soit en vue d'un changement enharmonique (§ 150), soit pour faciliter l'exécution ou la lecture.

(**) § 265.

(***) Cette distinction est très-importante, car on verra, § 224, que la note altérée ne doit jamais être doublée, tandis qu'une note simplement accidentée peut se doubler, à moins, toute fois, qu'elle ne soit note sensible (§ 35).

ARTICLE I.

RÈGLES GÉNÉRALES CONCERNANT LES ACCORDS ALTÉRÉS.

272. *RÉSOLUTION DE LA NOTE ALTÉRÉE.* Toute note altérée a une tendance naturelle à se résoudre sur le degré conjoint supérieur lorsque l'altération est ascendante, et sur le degré conjoint inférieur lorsque l'altération est descendante. — Exceptionnellement, et dans des cas très-rares, la note altérée reste immobile, ou change enharmoniquement, pour faire partie intégrante de l'accord suivant.

ENCHAÎNEMENT OU RÉSOLUTION DE L'ACCORD ALTÉRÉ.

§ 273. De même que tous les accords dissonants (§ 199), tout accord altéré fait sa RÉSOLUTION NATURELLE sur un accord dont la fondamentale se trouve à distance de quinte inférieure de la fondamentale de l'accord altéré.

§ 273 *bis.* Cependant tout accord autre que celui de la quinte inférieure peut servir de résolution à l'accord altéré, pourvu que la note altérée fasse elle-même sa résolution conformément au § 272 (*); mais alors les différentes versions qui peuvent en résulter se nomment RÉSOLUTIONS EXCEPTIONNELLES.

RÉALISATION DES ACCORDS ALTÉRÉS.

§ 274. De même que toute note dissonante, la note altérée ne se double jamais puisqu'elle a une résolution contrainte (§ 272).

§ 274 *bis.* Il faut même éviter de doubler une note destinée à être altérée :

Exemples.

§ 275. Un accord altéré ne peut jamais contenir, à la fois, et la note altérée, et la même note sans altération (**); si des particularités qui semblent en contradiction avec cette loi se rencontrent quelquefois, elles ne peuvent jamais être envisagées comme formant des accords altérés ; elles sont toujours le fait de notes étrangères à l'accord ; on en trouvera des exemples dans différents chapitres du second Livre.

§ 276. L'intervalle harmonique de TIERCE DIMINUÉE qui résulte de la manière de disposer les notes de certains accords altérés (Ex. 1) ou qui est la conséquence inévitable de certains renversements (Ex. 2 et 3), est proscrit dans le style rigoureux et dans les écoles, cet intervalle étant généralement peu harmonieux et quelquefois très-dur; mais son renversement, la SIXTE AUGMENTÉE (Ex. 1 *bis* et 4) est d'un très-bon effet.

(*) Il va sans dire que si l'accord altéré contient d'autres notes dissonantes elles doivent être soumises aux règles du Chap. I, page 71.

(**) C'est-à-dire la note du même nom, fût-elle distante de l'autre d'une ou de plusieurs octaves.

N. B. Cette règle admet quelques restrictions dans le style libre, comme on le verra § 290. En ce cas les renversements qui produisent forcément la tierce diminuée doivent être disposés de manière à présenter l'intervalle de *dixième* (Ex. 2) préférablement à celui de la *tierce* (Ex. 2 bis).

ARTICLE II.

ACCORDS PRODUITS PAR L'ALTÉRATION ASCENDANTE DE LA QUINTE.

§ 277. L'ALTÉRATION ASCENDANTE DE LA QUINTE s'applique le plus souvent, si ce n'est presque toujours, aux accords (soit consonnants soit dissonants) du 1er et du 5e degré du mode majeur.

§ 278. Il est assez rare de rencontrer un accord à altération ascendante de la quinte sans qu'il soit précédé du même accord non altéré; c'est pourquoi, dans un grand nombre de cas, cette altération peut être envisagée indifféremment ou comme mélodique ou comme harmonique, c'est-à-dire, que la note altérée peut, alors, être considérée comme note de passage. (*Voir*, à ce sujet, les réflexions du § 263).

§ 279. Les tableaux synoptiques suivants renferment les accords auxquels on applique le plus fréquemment l'altération ascendante; chacun des accords altérés y est suivi de sa résolution *naturelle* (§ 273.)

Accords du premier degré.

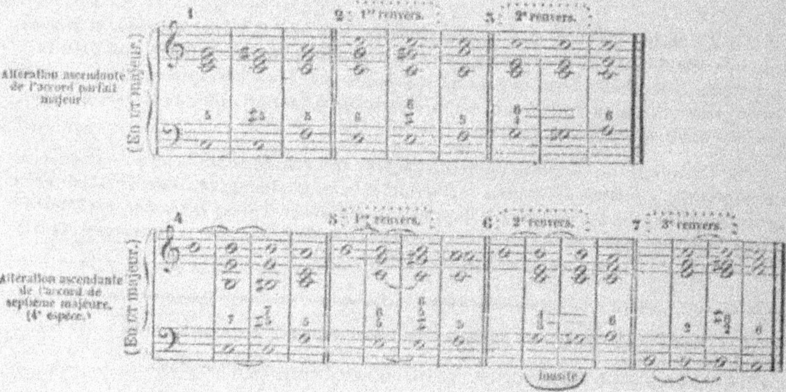

Accords du cinquième degré (*).

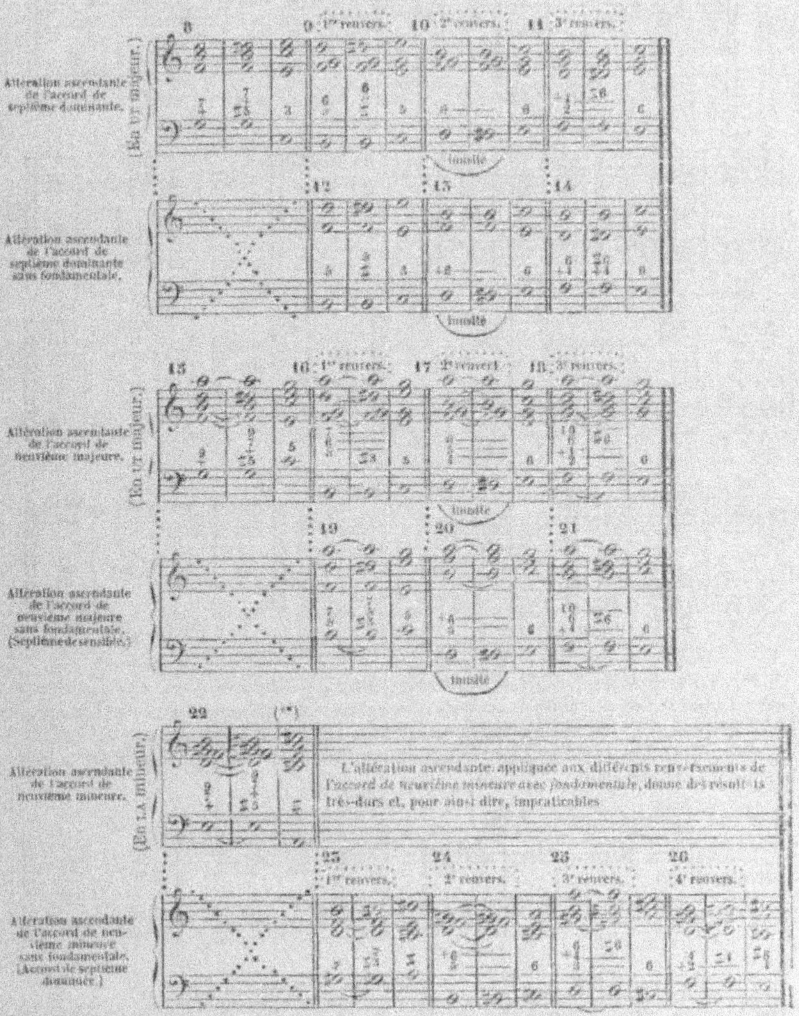

(*) L'altération ascendante de l'accord parfait du 5e degré est, en tout, semblable à celle de l'accord parfait du 1er degré. (Voir page 101, *altération ascendante de l'accord parfait majeur.*)

(**) La résolution naturelle de l'accord de neuvième mineure à altération ascendante aboutit forcément au mode majeur; il en est de même de tous les accords de la dominante du mode mineur affectés de l'altération ascendante.

§ 280. Les principales RÉSOLUTIONS EXCEPTIONNELLES sont les suivantes :

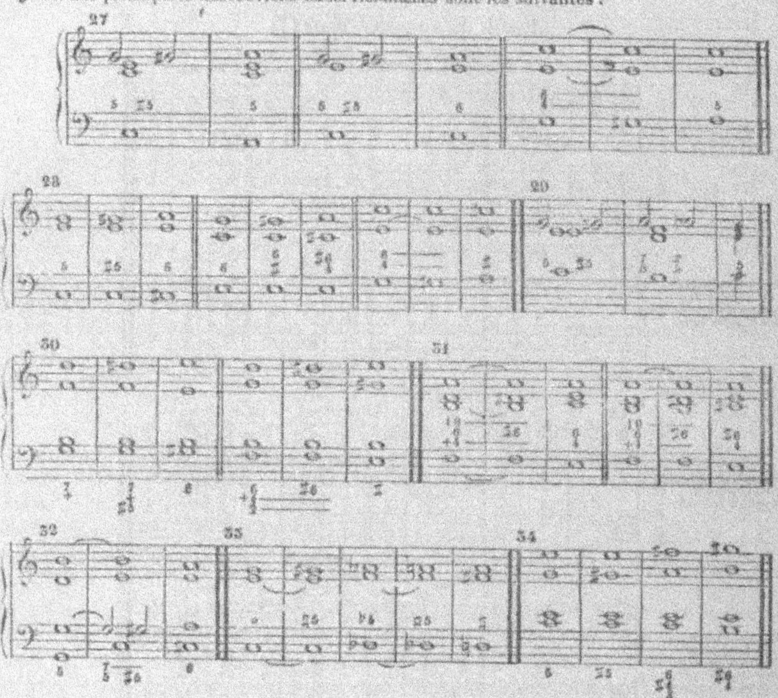

§ 281. Les accords du 4ᵉ degré du mode majeur ainsi que ceux du 6ᵉ degré du mode mineur peuvent aussi subir l'altération ascendante de la quinte ; mais les exemples en sont très-rares, et, en tout cas, la *résolution naturelle* de ces accords, ainsi altérés, entraîne une modulation ; ou, pour mieux dire, le fait seul de l'altération suffit pour leur communiquer le rôle soit de tonique, soit de dominante :

Pour que l'altération de ces mêmes accords n'implique pas de modulation, il faut que leur résolution soit *exceptionnelle*:

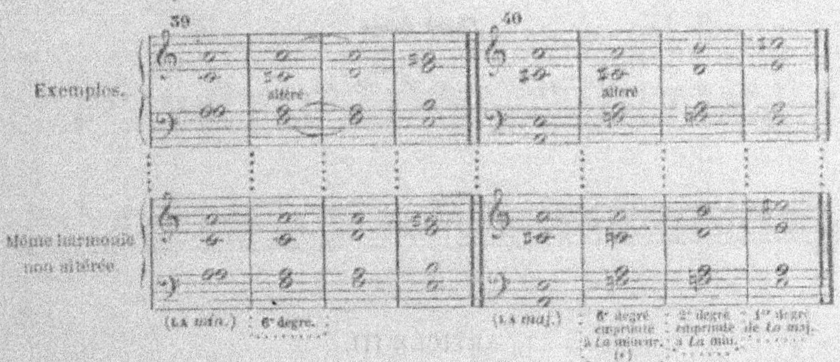

§ 182. N° 14309. L'accord parfait majeur, par le fait de l'altération ascendante de sa quinte, se trouve converti en un accord identique à celui du 3e degré de la gamme mineure (§ 22); mais il suffit d'en écouter attentivement l'effet tonal et modal dans tous les exemples que renferme cet article, pour se convaincre qu'il ne donne jamais la sensation du mode mineur.

Basse à réaliser.

(*) Cet accord, cependant, peut aussi être considéré comme 1er degré de *Fa* majeur ou comme 4e degré d'*Ut* majeur.

Chant donné.

ARTICLE III.

ACCORDS PRODUITS PAR L'ALTÉRATION DESCENDANTE DE LA QUINTE.

§ 283. L'ALTÉRATION DESCENDANTE DE LA QUINTE s'applique le plus souvent aux accords de la *dominante* des deux modes, surtout à l'accord de septième dominante et à l'accord de neuvième mineure sans fondamentale *(accord de septième diminuée)*; mais elle peut aussi, comme l'altération ascendante, affecter les accords placés sur la *tonique* du mode majeur.

§ 284. A peu d'exceptions près, tout accord qui résulte de *l'altération descendante* peut s'attaquer sans être précédé du même accord non altéré.

§ 285. Les tableaux synoptiques suivants renferment les principaux accords à altération descendante, ainsi que la résolution *naturelle* de ces accords (§ 273).

Accords du premier degré.

Accords du cinquième degré (*).

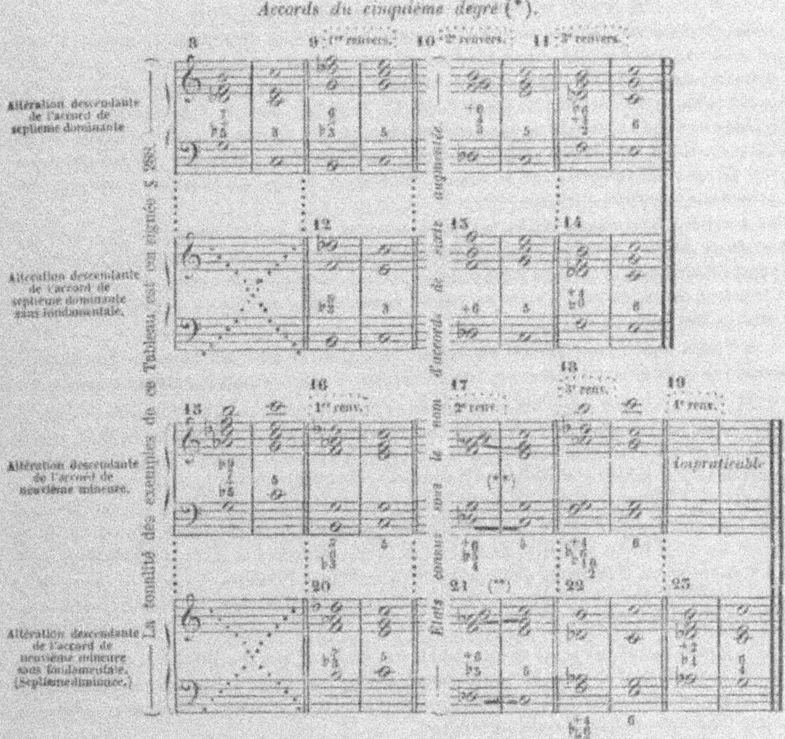

L'altération de l'*accord de neuvième majeure*, même en cas de suppression de la fondamentale de cet accord, produit, le plus souvent, un effet extrêmement dur ; on peut s'en convaincre par les exemples suivants :

On peut toutefois adoucir la dureté de l'accord de neuvième majeure à altération descendante en le faisant précéder du même accord non altéré, ou bien (ce qui dans certaines versions est encore préférable) en préparant sa neuvième ; c'est dans cette dernière condition que le second renversement, en particulier, peut produire un très bon effet. (*Voyez* Ex. 35).

(*) La petite croix qui affecte certains chiffres de ce Tableau peut être remplacée par le signe altératif nécessité par un changement de ton.

(**) L'effet des deux quintes consécutives par demi-ton, d'ailleurs inévitables, n'est pas dur ; mais il est préférable d'employer cet accord, à l'état de second renversement, que dans certains cas de résolutions exceptionnelles qui ne produisent pas ces quintes. (*Voyez* Ex. 32.)

§ 286. Quelque soit l'accord auquel on fasse subir l'altération *descendante* de la quinte, cette altération s'applique le plus souvent *au second renversement;* la quinte altérée, placée alors à la Basse, forme, avec la tierce de l'accord placée dans une des parties supérieures, un intervalle de *sixte augmentée* (voir les Ex. 3, 6, 10, 13, 17 et 21); mais la dénomination collective d'ACCORDS DE SIXTE AUGMENTÉE ne comprend habituellement, dans le langage des écoles, que les seuls accords où l'altération affecte le *second renversement de l'accord de septième dominante* (avec ou sans fondamentale) et le *second renversement de l'accord de neuvième mineure sans fondamentale* (septième diminuée) (*).

Le second renversement de la neuvième mineure avec fondamentale (Ex. 17), ainsi que celui de la neuvième majeure sans fondamentale (Ex. 26), et surtout celui de l'accord de septième majeure (Ex. 6), sont omis dans la plupart des traités; beaucoup de compositeurs les rejettent ou les ignorent. Quant au second renversement de l'accord de trois sons (Ex. 3), il est très peu usité.

§ 287. Dans tout *accord de sixte augmentée* l'altération se trouvant toujours à la Basse, la quarte, par suite de cette altération, n'est plus juste, et n'a pas besoin d'être préparée.

§ 288. En se rendant attentivement compte de l'effet produit par l'altération *descendante* de la quinte sur les accords de septième et de neuvième placés sur la dominante des deux modes (principalement quand l'altération porte sur le second renversement), on sent que cette altération ébranle la tonalité, et influe sur l'impression tonale de l'accord de résolution, à ce point, que celui-ci n'est plus perçu comme accord de tonique, mais bien comme accord de dominante, et que l'accord altéré devient alors la *dominante de la dominante effective.* Ainsi les Ex. 10, 13, 17 et 21 du tableau précédent ne se terminent pas sur la tonique d'*Ut* majeur, mais ils s'arrêtent sur la dominante de *Fa* (majeur ou mineur); l'altération, dans ces exemples, a donc, pour ainsi dire, provoqué une modulation sans le secours de la note caractéristique véritable qui devrait être si b.

§ 288 *bis.* En conséquence de ce qui vient d'être dit, pour que ces sortes d'accords n'ébranlent pas la tonalité, il faut qu'ils soient empruntés *au ton de la quinte supérieure,* ainsi que le témoignent les exemples 28 et 29 où les tons d'*Ut* majeur et de *La* mineur sont maintenus, malgré les accidents qui leur sont étrangers:

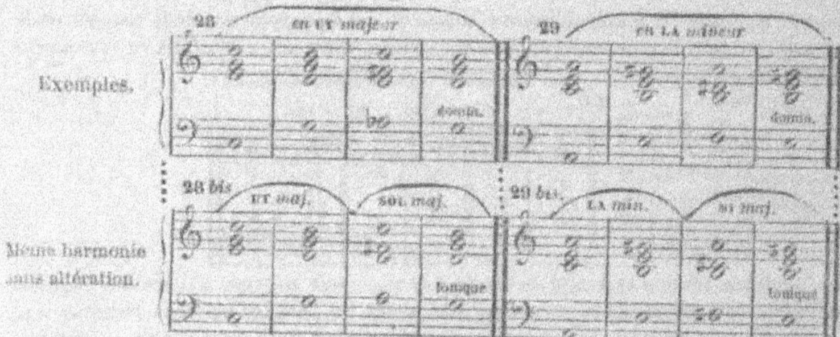

(*) Par la simple dénomination d'ACCORD DE SIXTE AUGMENTÉE on n'entend d'ordinaire que le second renversement de la septième dominante sans fondamentale avec altération de la quinte (Ex. 13); lorsque la fondamentale de l'accord est conservée on le nomme ACCORD DE SIXTE AUGMENTÉE AVEC QUARTE AUGMENTÉE (Ex. 10); enfin, lorsqu'on y ajoute la neuvième mineure en retranchant la fondamentale, il prend le nom d'ACCORD DE SIXTE AUGMENTÉE AVEC QUINTE (Ex. 21). La version de l'Ex. 13 était la seule acceptée par les anciens compositeurs; les deux autres qu'on vient de citer sont, aujourd'hui encore, défendues dans le style rigoureux.

En examinant d'abord les Ex. 28 *bis* et 29 *bis* qui ne contiennent pas d'accord altéré, on voit que chacun de ces exemples module par le moyen d'une *septième dominante* à l'état de second renversement, et aboutit à la *tonique* d'un ton nouveau. Dans les deux exemples supérieurs correspondants (28 et 29) qui sont *altérés*, la modulation, au contraire, est annulée par le simple effet de l'altération, et chacun de ces deux exemples s'arrête sur la *dominante* du ton primitif, quoique l'accord qui précède cette dominante soit, indépendamment de son altération, *étranger* à ce ton; cet accord, ainsi altéré, n'est, de fait, qu'*emprunté* (*) au ton qui se trouve à la quinte supérieure du ton établi, et ne se présente plus, dans ces exemples, que comme DOMINANTE DE LA VÉRITABLE DOMINANTE.

§ 289. *RÉSUMÉ.* Les accords auxquels on applique l'altération *descendante* de la quinte, sont, le plus souvent, employés à l'état de second renversement, et prennent alors le nom d'*accords de sixte augmentée*. Ainsi, dans tout accord de sixte augmentée il faut toujours considérer l'altération comme étant à la Basse, et jamais dans les autres parties, que celles-ci soient accidentées ou non, relativement à l'armature de la clef.

DES DIVERS ÉTATS AUTRES QUE L'ÉTAT DE SECOND RENVERSEMENT DES ACCORDS À ALTÉRATION DESCENDANTE.

§ 290. Parmi les accords à altération descendante de la quinte, quoique l'accord de sixte augmentée soit le seul usité à l'école, divers exemples contenus dans les œuvres des compositeurs les plus éminents attestent l'excellent effet produit par cette altération appliquée à des états de l'accord autres que l'état de sixte augmentée; tel est surtout le troisième renversement (Ex. 11, 13 et 22); l'effet de ce troisième renversement est principalement bon dans le cas de la résolution exceptionnelle de l'Ex. 33, § 291, et il est particulièrement remarquable dans l'Ex. 33 *bis* où la disposition de *tierce diminuée*, si généralement proscrite (§ 276), est très harmonieuse. La tierce diminuée, qui résulte forcément du premier renversement, a aussi quelquefois été employée avec succès, surtout dans les conditions de l'Ex. 20.

RÉSOLUTIONS EXCEPTIONNELLES DES ACCORDS À ALTÉRATION DESCENDANTE.

§ 291. Quelques-uns des accords à altération descendante permettent certaines RÉSOLUTIONS EXCEPTIONNELLES (**) d'un très bon effet. La plus importante et la plus connue de ces résolutions est celle des accords de sixte augmentée, se résolvant sur le second renversement de l'accord de la tonique (voir les Ex. 30, 30 *bis*, 31, 31 *bis*, 32, 32 *bis*, 34, 34 *bis* et 34 *ter*), la version la plus usitée est celle des Ex. 32 et 32 *bis*.

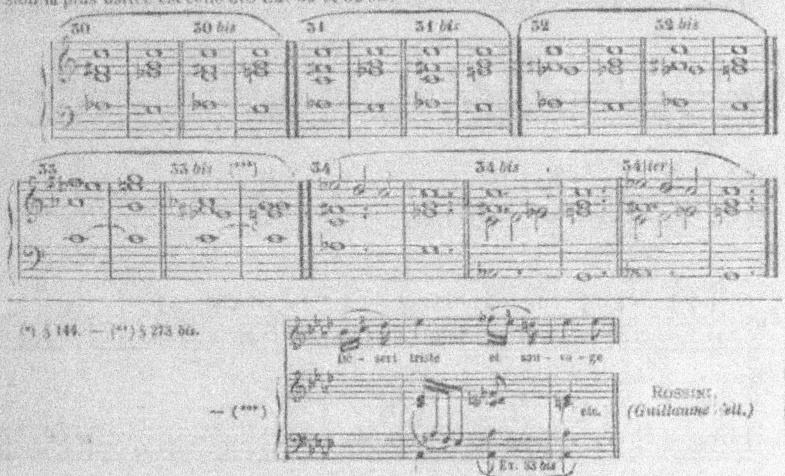

(*) § 144. — (**) § 273 bis.

§ 292 On rencontre quelquefois les LICENCES suivantes :

Basses à réaliser.

Chant donné, alternant entre les quatre parties.

8

ARTICLE IV.

ALTÉRATION DE NOTES AUTRES QUE LA QUINTE, DANS CERTAINS ACCORDS, D'OÙ
RÉSULTENT LES ÉQUIVOQUES DES ACCORDS ALTÉRÉS.

§ 293. Dans les articles précédents on a établi l'altération de la quinte, dans les accords à tierce majeure, comme principe des accords altérés. Ce principe n'est pas arbitraire comme on pourrait le croire: il repose sur l'influence tonale exercée par tout accord altéré, influence dont témoigne sa résolution naturelle (§ 273) et, de plus, il est consacré par l'application qu'en ont fait tous les compositeurs (*). Toutefois on ne peut se dispenser de parler ici de quelques autres manières d'altération qui paraissent contredire la définition du § 267, ainsi l'altération, ou de la fondamentale ou de la tierce de certains accords, produit des agrégations harmoniques parfaitement admissibles; mais toutes ces agrégations se trouvent être les équivoques de quelques-uns des accords contenus dans les tableaux des § 279 et § 283. Tout le monde étant à même d'essayer l'effet de ces altérations sur les accords qui s'y prêtent, il est facile de découvrir toutes les équivoques; on se bornera ici à en citer les plus importantes:

§ 294. L'altération *descendante* de la fondamentale d'un accord parfait mineur; donne un résultat identique à celui de l'altération *ascendante* de la quinte d'un accord parfait majeur: , c'est-à-dire que l'une ou l'autre de ces deux altérations produit également l'accord de quinte augmentée (voir § 279, Ex. 1). La même altération *descendante* de la fondamentale, dans l'accord de septième de seconde espèce, produit un accord de septième majeure avec quinte augmentée, accord identique à celui de l'Ex. 4, § 279.

§ 295. Cette altération de la fondamentale dans les accords à tierce *mineure* et à quinte juste est assez usitée; mais il est à remarquer qu'elle se présente toujours avec le caractère de l'altération mélodique. (On sera convaincu de cette vérité, après l'étude des notes mélodiques) (**).

§ 296. L'accord de *sixte augmentée* était autrefois considéré comme un accord fondamental dont les renversements passaient pour impraticables; cette raison explique la circonspection et la timidité qui ont présidé à l'emploi tardif et de date, pour ainsi dire, récente, des accords dont celui de sixte augmentée n'est, lui-même, qu'un renversement. La plupart des théoriciens modernes considèrent encore aujourd'hui cet accord comme ayant des origines diverses selon son emploi et selon le mode où on l'applique. Ainsi, l'accord suivant:

qui a pour origine la *dominante* de la *dominante* de *La* mineur (et qui correspond à l'Ex. 2

(*) Il est toujours bien entendu qu'il n'est ici question que des altérations qui sont susceptibles de prendre un caractère irrécusable d'accord, et non des altérations mélodiques, lesquelles, vu leur peu de durée et leur caractère tout spécial, peuvent quelquefois donner lieu aux agrégations les plus discordantes en apparence, comme on le verra dans les chapitres des notes mélodiques.

(**) Ainsi, dans l'Ex. *A* (ci-dessous) le *la* ♯ est simplement note de passage; dans l'Ex. *B* on même *la* ♭ est appoggiature

du § 285) est parfois envisagé, ou comme 2ᵉ degré d'*Ut* majeur avec altération ascendante de la fondamentale (*ré*), ou comme 4ᵉ degré de *La* mineur avec altération ascendante de la fondamentale (*ré*), ou comme 6ᵉ degré de *Fa* majeur avec la même altération de la fondamentale ; enfin, en changeant enharmoniquement le *ré* ♯ en *mi* ♭ on obtient l'accord de septième dominante du ton de *Si* ♭ (*).

Dans l'Ex. suivant : le second accord, qui, de même que l'accord cité plus haut, a, pour origine la *dominante* de la *dominante* de *La* mineur, se présente fréquemment sous l'apparence du second renversement de l'accord du septième du second degré de *La* mineur avec altération ascendante de la tierce ; de plus, il est complètement identique (**) à l'Ex. 21 de l'altération ascendante (§ 279). Au surplus, quant à la pratique, il est indifférent d'envisager, sous tel ou tel aspect, certains accords altérés, et même, quelquefois, de les écrire d'une façon irrégulière comme, par exemple : , au lieu de : ; cette manière anomale d'écrire est bonne toutes les fois qu'elle peut faciliter la lecture ou l'exécution.

§ 297. En résumé, quelle que soit l'origine qu'on prête aux divers accords altérés, l'important est de connaître toutes les combinaisons auxquelles ils peuvent donner lieu, ainsi que leur effet et leur application. La pratique peut, sans doute, conduire à ce résultat ; mais, théoriquement, il est préférable de les ramener tous à un même principe qui leur donne, à tous, une identité d'origine et les soumet tous aux mêmes lois de résolution que celles qui régissent les autres accords dissonants (§ 199 et 200). En suivant ce principe, l'élève pourra toujours, au besoin, reconstruire lui-même les tableaux des § 279 et § 285, et trouvera, sans hésitation, toutes les résolutions, soit naturelles soit exceptionnelles, des accords altérés ; il sera en mesure d'appliquer ces accords, sous toutes leurs formes, à la pratique et, surtout, il ne sera jamais conduit, par ignorance, à doubler telle note qui, tout en n'étant pas *accidentée* peut se trouver être la note *altérée*.

(*) Et *vice versa*, en faisant subir le changement enharmonique à la *septième* de ce dernier accord, il en résulte l'accord de *sixte augmentée*. C'est ainsi que l'accord de *septième dominante*, dans certains cas de résolutions exceptionnelles, devient l'équivoque d'un *accord altéré* ; (comparez les Ex. 6 et 6 *bis* du § 200 avec les Ex. 32, 32 *bis*, 33 et 33 *bis* du § 291).

(**) Il va sans dire, que, pour bien voir l'identité des différents accords que l'on compare entre eux dans cet article, il faut les transposer dans un même ton et les placer dans une même position.

COMPLÉMENTS DU PREMIER LIVRE.

ARTICLE I.

DU CROISEMENT DES PARTIES (*).

§ 298. Jusqu'ici on a dû défendre à l'élève de *croiser* les parties entre elles. Le *croisement des parties*, est, en tout cas, un procédé exceptionnel dont il ne faut user qu'avec une grande sobriété ; cependant, lorsqu'il est motivé par l'intérêt mélodique des parties, son effet est excellent, pourvu que ces parties soient replacées le plus tôt possible dans leur ordre naturel.

§ 299. Quelquefois on se sert du croisement pour éviter ou pour atténuer le mauvais effet de deux quintes ou de deux octaves :

mais pour user de ce moyen il faut une expérience consommée, car dans beaucoup de cas il est ou insuffisant ou mauvais ; ainsi l'exemple précédent n'est bon qu'exécuté par des voix ou des instruments de timbres différents et qui permettent de distinguer la succession mélodique de chaque partie ; sur un instrument à clavier cet exemple produit deux quintes et deux octaves consécutives.

§ 300. Le croisement se pratique le plus souvent entre parties intermédiaires; on croise rarement avec une des parties extrêmes, voici pourquoi : la partie supérieure contient d'ordinaire la mélodie principale, et cette mélodie pourrait être étouffée plus ou moins par la partie qui s'élèverait au-dessus d'elle; quant à la Basse, si une autre partie descend au-dessous d'elle, cette partie devient Basse à son tour; mais comme, en général, le registre grave d'une partie supérieure quelconque est beaucoup plus faible que le registre correspondant de la Basse naturelle, que d'autre part cette Basse, dans son registre élevé, a une force de timbre et un caractère qui la rend prédominante, il en résulte un conflit qui nécessite la règle suivante :

§ 301. *RÈGLE.* Lorsqu'une partie croise avec la Basse, chacune de ces deux parties (et la Basse et la partie qui la croise) doit être traitée en *bonne Basse* ; or, l'une des principales conditions d'une bonne Basse est dans la préparation et dans la résolution de la quarte juste (§ 109).

N. B. Il est bien entendu que cette règle se trouverait annulée si les deux parties croisant entre elles étaient de même nature comme diapason et comme force de timbre.

ARTICLE II.

DE L'HARMONIE A DEUX PARTIES.

§ 302. L'HARMONIE A DEUX PARTIES est principalement du ressort de ce qu'on nomme *contrepoint*; cependant on peut écrire à deux parties sans y appliquer les règles rigoureuses du contrepoint; c'est pourquoi on a jugé indispensable d'exposer ici quelques principes généraux qui puissent guider dans ce genre de travail.

§ 303. La pureté de la réalisation y est plus nécessaire encore que dans l'harmonie à trois ou à quatre parties.

§ 304. Le mouvement semblable ne doit aboutir ni à une *quinte juste*, ni à une *octave*, ni à un *unisson*, même dans le cas où la partie supérieure procède par degrés conjoints et la partie inférieure par degrés disjoints. La quinte représentant l'*accord de la dominante* est presque

seule exemple de cette règle :   Exemple  En général, le mouvement semblable ne se pratique guère qu'à l'égard des tierces (majeure et mineure) et des sixtes *(ibid.)*; tous les autres intervalles s'abordent, autant que possible, par mouvement contraire ou par mouvement oblique.

§ 305. Les quintes et les octaves *retardées* (§ 89 et 90) sous quelque forme qu'elles se présentent et quelque soit le temps qu'elles occupent dans la mesure, sont d'un mauvais effet dans l'harmonie à deux parties.

§ 306. La *fausse relation de triton* (§ 66) est absolument défendue.

§ 307. On évite généralement l'intervalle harmonique de *quarte juste*; si toutefois on emploie cet intervalle il doit être préparé et résolu; cependant la formule de cadence suivante

est tolérée : 

§ 308. Quant à l'analyse de l'harmonie à deux parties, elle peut souvent donner lieu à des interprétations diverses, car les consonnances d'octave, de tierce, de sixte, ne sont pas toujours formées par les notes importantes de l'accord sous-entendu; cependant tout accord incomplet est classé par l'oreille comme appartenant au degré qu'elle est habituée à entendre dans les formules les plus usitées, en d'autres termes, l'oreille penche toujours vers le meilleur degré possible (§ 164).

Exemples : 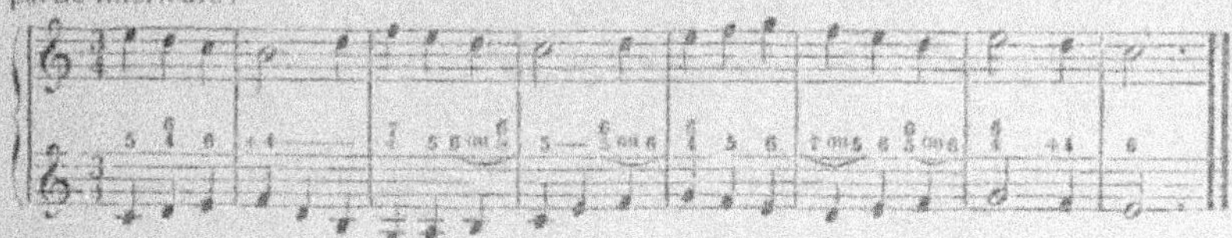

Ainsi, l'exemple suivant peut comporter les chiffres qu'on y voit placés au-dessus de la partie inférieure :

ARTICLE III.

DES SUCCESSIONS MÉLODIQUES DOUBLÉES EN OCTAVES OU EN UNISSONS.

§ 304. Lorsque toutes les parties destinées à un ensemble s'unissent pour exécuter simultanément la même mélodie, il n'en résulte nécessairement que des consonnances d'unissons ou d'octaves (*), en d'autres termes, il y a absence d'harmonie. Ce procédé, très usité dans la composition libre, est d'un grand effet quand le caractère du motif s'y prête; des passages mélodiques ainsi conçus se nomment généralement PASSAGES A L'UNISSON, car les octaves n'y

____

(*) La consonnance de l'octave s'appelle ainsi *antiphonie*, par opposition à l'*homophonie* qui veut dire consonnance de l'unisson; ces dénominations viennent du grec.

soit d'ordinaire que la conséquence forcée des limites qui circonscrivent le registre naturel ou l'étendue de chacune des diverses parties.

§ 310. Mais ce procédé peut se modifier en recevant diverses applications qui n'impliquent pas la suppression de l'harmonie. C'est ainsi que, selon le nombre de parties disponibles, on peut quelquefois doubler, tripler, quadrupler, soit à l'unisson, soit à différentes octaves, une ou plusieurs parties d'un ensemble harmonique. Cette manière d'écrire n'a pas de rapport avec les octaves défendues (§ 48) qui se font par mégarde ou par ignorance, et dont l'effet creux décèle la pauvreté. Lorsqu'on double en octaves ou en unissons une phrase ou un passage, c'est avec l'intention de le renforcer ou de le faire prédominer, et l'on ne considère que comme *une seule et même* PARTIE RÉELLE l'ensemble de toutes les parties qui exécutent la même mélodie soit à diverses octaves soit à l'unisson.

§ 311. Lorsqu'on écrit pour des masses (par exemple pour chœur et orchestre) et qu'on ne veut faire prédominer particulièrement aucune des parties, on double chaque partie *réelle* de manière à fournir une intensité de son à peu près équivalente à celle des autres parties doublées, en renforçant toutefois la Basse de préférence aux parties supérieures ou intermédiaires.

Exemple à quatre parties réelles.

Exemple à trois parties réelles.

Exemple à deux parties réelles.

§ 312. Mais on ne peut doubler une partie en octaves que lorsqu'il n'en résulte aucune faute l'harmonie. Ainsi dans l'exemple suivant :

la partie intermédiaire ne peut pas être reproduite simultanément à l'octave supérieure parce qu'il en résulterait une suite de quintes :

Exemples. 

etc. etc.   etc. etc.,

Il est également défectueux de doubler une partie en octaves lorsqu'il en résulte des *neuvièmes* au-dessous ou à côté de leur fondamentale (§ 242), des *tierces* au-dessus de la neuvième majeure (§ 242), des *tierces diminuées* (§ 276), des *quartes non préparées* ou *non résolues* dans le cas où la partie doublée croiserait avec la Basse (§ 301).

ARTICLE IV.

DE L'HARMONIE A PLUS DE QUATRE PARTIES RÉELLES.

§ 313. Les règles concernant la réalisation deviennent d'autant moins rigoureuses que le nombre de parties réelles est plus considérable; les deux parties extrêmes seules doivent toujours conserver entre elles des rapports harmoniques qui satisfassent le plus possible à la pureté de la réalisation ; mais les rapports des parties intermédiaires entre elles, ainsi que ceux d'une partie extrême avec une partie intermédiaire, sont beaucoup plus libres que dans l'harmonie à trois et à quatre parties. Le mouvement direct peut aboutir à une quinte juste ou à une octave, même à une seconde ou à une septième. Deux quintes justes consécutives ainsi que deux unissons ou deux octaves sont toujours défendus lorsqu'ils ont lieu par mouvement semblable; mais deux quintes justes ou deux octaves sont permises par mouvement contraire.

§ 314. Le croisement des parties intermédiaires peut être fréquent.

§ 315. Les règles concernant les notes à doubler restent relativement les mêmes que dans l'harmonie à quatre parties ; la tierce de l'accord est toujours la note qui se double le moins; ainsi une tierce unique peut suffire à la fondamentale triplée et à la quinte doublée ; toutefois ces règles deviennent moins absolues en raison du nombre des parties et en raison, soit des exigences mélodiques de ces parties, soit de l'espace que laissent entre elles les deux parties extrêmes ; ces mêmes causes nécessitent souvent l'unisson. — Il faut toujours éviter de doubler les notes à résolution contrainte ; cependant quelques auteurs offrent des exemples dans lesquels une note dissonante ou une note sensible se trouve doublée ; mais, dans ces cas, l'une des parties qui double effectue une résolution irrégulière.

§ 316. Quant à la suppression de certaines notes dans les accords, il est évident que plus il y a de parties, moins cette suppression est motivée, et qu'elle n'est applicable que dans des circonstances exceptionnelles.

Divers exemples de marches harmoniques réalisées à plus de quatre parties.

A CINQ PARTIES.

A CINQ PARTIES.

A CINQ PARTIES (*).

(*) Voyez le même, à quatre parties, § 101, ex. n° 3 bis.

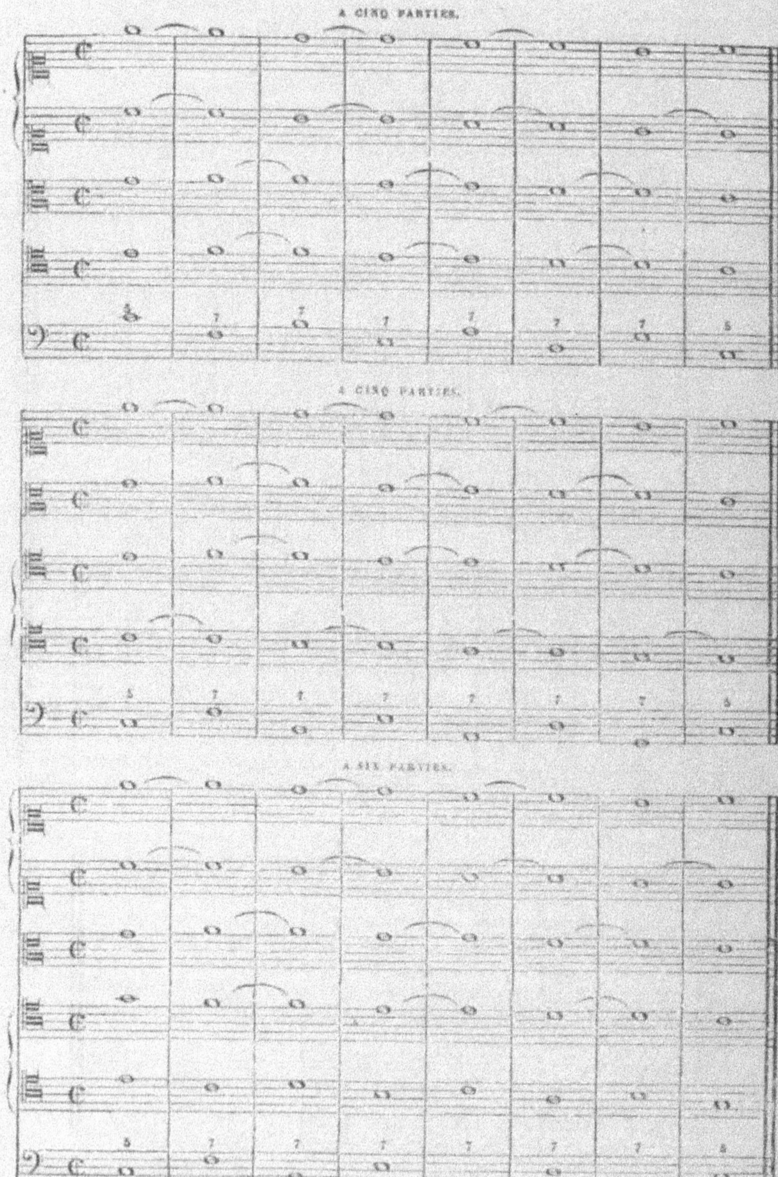
A CINQ PARTIES.
A CINQ PARTIES.
A SIX PARTIES.

A SEPT PARTIES.

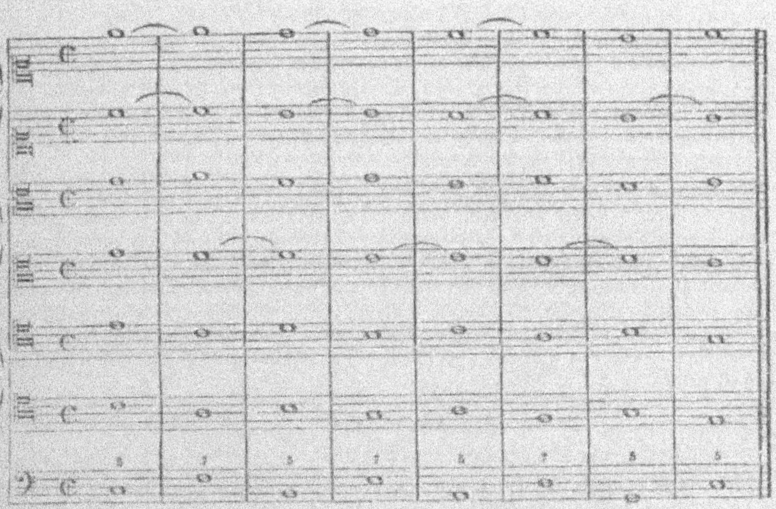

A HUIT PARTIES.

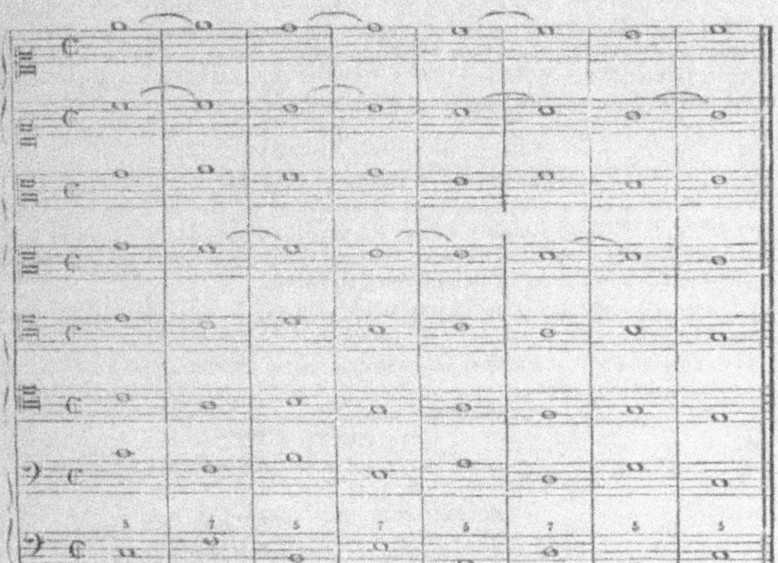

§ 317. Il n'est pas rare de trouver, dans les maîtres antérieurs au XVIII° siècle, des compositions à *cinq* et jusqu'à *huit* parties réelles. La musique moderne contient peu de morceaux complets écrits intégralement à plus de quatre ou cinq parties réelles. L'harmonie à quatre parties est la plus usitée de toutes; elle est aussi la plus parfaite en ce que, tout en offrant assez de ressources pour donner à la plupart des accords une plénitude suffisante, elle n'est pas assez complexe pour gêner le compositeur relativement à l'intérêt qu'il voudra donner à chacune des parties, ni pour empêcher l'auditeur d'en saisir les différents dessins mélodiques. Mais plus on emploie de parties, moins libre et moins distincte devient leur allure mélodique; davantage aussi en naît la confusion.

En raison de ces considérations on n'écrit, le plus souvent, qu'à quatre ou cinq parties réelles, se bornant, lorsqu'on dispose d'un grand nombre de voix ou d'instruments, tantôt à compléter certains accords qui resteraient incomplets sans la division des parties, tantôt à renforcer quelques passages en en doublant les parties principales soit en octaves soit en unissons, et l'on n'a recours à un plus grand nombre de parties réelles que dans les passages qui se prêtent à ce genre de réalisation. Toutefois, lorsque l'élève connaîtra les artifices de composition qui vont être développés successivement à partir du second Livre, il sera indispensable qu'il s'exerce à écrire à un grand nombre de parties réelles, principalement à cinq et à six parties.

ARTICLE V.

DE LA DURÉE DES ACCORDS RELATIVEMENT AU NOMBRE DES PARTIES.

§ 318. Il faut admettre en principe général que l'oreille saisit difficilement une grande quantité d'accords différents se succédant avec rapidité. Ce principe est d'autant plus vrai, et ses conséquences sont d'autant plus à considérer, que le nombre de parties réelles est plus grand. Ainsi, l'harmonie à deux parties permet le changement fréquent et le peu de durée des accords; mais dans l'harmonie à plus de quatre parties les accords exigent une durée suffisamment longue pour donner à ses notes intégrantes le temps de concorder entre elles avec précision et d'établir librement leurs vibrations acoustiques; car le tissu harmonique, en devenant plus compliqué et plus serré, est d'autant plus sujet à la confusion, et, par conséquent, exclut les changements fréquents et précipités des accords.

ARTICLE VI.

DES ACCORDS BRISÉS OU ARPÉGÉS.

§ 319. Un enchaînement mélodique, formé exclusivement des diverses notes constitutives d'un accord, donne la sensation complète de cet accord, surtout quand ses notes se succèdent avec une certaine rapidité et qu'elles sont d'égale valeur comme durée. Les accords ainsi formulés se nomment ACCORDS BRISÉS, ou ARPÉGES, ou FIGURÉS.

§ 320. Par opposition, on appelle ACCORDS PLAQUÉS ceux dont les notes sont frappées simultanément.

§ 321. Un accord peut être *brisé* de beaucoup de manières différentes, et donner ainsi lieu à des *figures* ou *dessins mélodiques* variés :

Exemple.

§ 322. L'usage des *accords brisés* est très fréquent dans la musique instrumentale; outre l'intérêt mélodique qu'ils peuvent avoir, ils servent à donner du mouvement aux parties, à varier les dessins, etc. etc., et surtout à produire, par le moyen d'un instrument seul et qui ne possède que de simples ressources mélodiques, l'effet d'une harmonie qui ne pourrait être rendue que par plusieurs parties simultanées si cette même harmonie était plaquée.

§ 323. Une suite d'*accords brisés* doit pouvoir être constituée à l'état *plaqué*, de telle manière que, en y conservant aux diverses notes leur même position respective, elles ne donnent lieu à aucune faute de réalisation; cette épreuve suffit pour témoigner qu'une harmonie brisée est correcte; ainsi les incorrections apparentes, signalées par des petites lignes dans les Ex. 2 et 3, n'ont aucun inconvénient, et ne pourraient tout au plus devenir sensibles que si le mouvement était très lent.

§ 324. En ce qui concerne les accords brisés qui ont de l'analogie avec les *changements de position* ou les *changements d'état* dont il a été parlé dans le *Chap. V de la première partie*, ou bien qui forment des traits mélodiques connus sous le nom d'ARPÈGES, on leur applique les règles et observations contenues § 79 à § 88. Toutefois, dans ces sortes de formules mélodiques, il faut, avant tout, prendre en considération les notes les plus prépondérantes et que l'oreille saisit plus particulièrement; ces notes, généralement, sont: non-seulement la note de début et la note qui précède immédiatement le changement d'accord, mais aussi, presque toujours, la note la plus élevée du trait (comparez l'Ex. 4 à l'Ex. 4 *bis*), quelquefois la note la plus grave (comparez l'Ex. 5 à l'Ex. 5 *bis*). Quant aux notes intermédiaires on ne s'en préoccupe pas (Ex. 6), sauf dans le cas où l'une de ces notes intermédiaires prend de l'importance comme valeur ou comme accent (Ex. 7).

§ 325. *CONCLUSION*. De quelque forme qu'on revête une harmonie *brisée*, il est toujours préférable de la traiter, autant que possible, comme si elle devait être réalisée à l'état *plaqué*.

APPENDICE.

DE LA RÈGLE D'OCTAVE.

§ 326. On ne peut se dispenser dans un traité d'harmonie, de consigner ce qu'on est convenu d'appeler la RÈGLE D'OCTAVE (*), parce que, au siècle dernier, dans certaines écoles, cette prétendue règle était considérée comme une sorte de loi harmonique, et que, de nos jours encore, beaucoup de musiciens paraissent y attacher une grande importance.

La RÈGLE D'OCTAVE (appelée aussi GAMME HARMONIQUE) est le nom qu'on donne à deux formules harmoniques conventionnelles et invariables dont la Basse, dans l'une de ces formules, contient la gamme *majeure* ascendante et descendante; dans l'autre, la gamme *mineure* ascendante et descendante; chaque note, de chacune de ces deux gammes, comportant un accord qui lui est immuablement affecté.

______

(*) Cette dénomination n'a, de fait, aucun sens.

Voici ces deux formules:

Gamme majeure.

Gamme mineure.

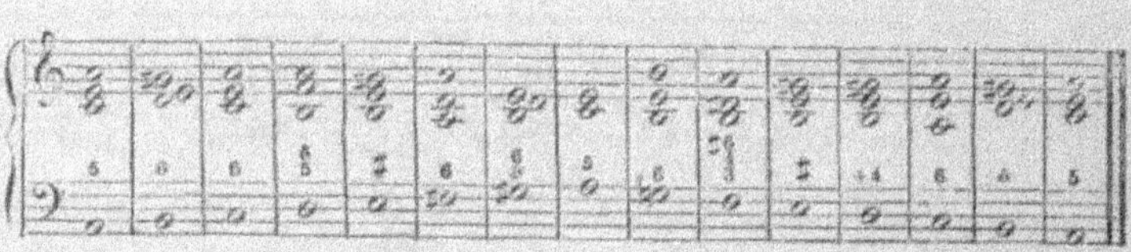

Ces deux formules étaient considérées comme la règle des enchaînements harmoniques dont la Basse représente, soit une gamme entière, soit quelque fraction de gamme. Or, quoique cette manière d'enchaîner les accords, dans ce cas, soit incontestablement bonne, il est évident qu'il y a beaucoup d'autres manières de chiffrer les deux gammes, et que rien ne justifie ni l'adoption exclusive de deux formules uniques, ni surtout le nom *inexplicable de règle d'octave* qu'on leur a donné.

LIVRE DEUXIÈME.

DES NOTES ÉTRANGÈRES A LA CONSTITUTION

DES ACCORDS

ou

DES NOTES ACCIDENTELLES.

§ 327. Dans une agrégation de notes diverses, celles d'entre ces notes qui ne peuvent pas faire partie constitutive de l'accord (§ 14) sont appelées *notes étrangères à l'accord* ou NOTES ACCIDENTELLES.

§ 328. La nature de l'accord n'est pas changée par l'adjonction des *notes accidentelles*, et l'harmonie doit toujours être correcte, abstraction faite de toutes les notes accidentelles qu'elle peut renfermer.

Les *notes accidentelles* se divisent en deux classes, c'est pourquoi ce DEUXIÈME LIVRE se trouve aussi divisé en DEUX PARTIES : la PREMIÈRE PARTIE traite des notes qui sont la conséquence d'une *prolongation*, ainsi que de celles qui sont le fait d'une *anticipation*; la DEUXIÈME PARTIE traite des notes *essentiellement mélodiques*.

PREMIÈRE PARTIE

NOTES ACCIDENTELLES DE PREMIÈRE CLASSE.

Cette classe comprend : 1° les *Retardements*, 2° l'*Anticipation*, 3° la *Pédale*.

CHAPITRE I.

DES RETARDEMENTS.

§ 329. Un *Retardement* est un artifice de réalisation qui implique toujours l'enchaînement de deux accords (*), et qui consiste à prolonger une des notes intégrantes du premier accord dans l'accord suivant, de manière à ce qu'elle y devienne note accidentelle en y occupant momentanément la place d'une note intégrante sur laquelle cette note accidentelle tend à se *résoudre*. Ainsi, pour que l'une des notes d'un accord puisse *être retardée*, il faut forcément que la note qui occasionne son retardement ait été *préparée*.

Exemples

§ 330. Les retardements se divisent en deux espèces qui sont : 1° les *suspensions*, 2° les *retards irréguliers* qu'on appellera simplement *retards*.

ARTICLE I.

DES SUSPENSIONS EN GÉNÉRAL.

Les paragraphes suivants déterminent les propriétés ainsi que le caractère général des suspensions.

§ 331. La *préparation* doit avoir une durée au moins aussi longue que la *suspension*; en d'autres termes : il faut éviter la liaison boiteuse (**) de la préparation à la suspension.

§ 332. La *suspension* ou *note qui suspend* doit accuser un temps fort : Ex. 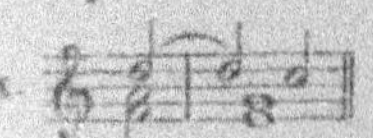

Cependant, surtout dans un mouvement lent ou modéré, chacun des temps de la mesure peut comporter une suspension occupant toujours la partie forte de chaque temps :

Exemple.

(*) Car si au premier de ces deux accords on substitue une note isolée, l'instinct harmonique la rattachera à un accord quelconque.

(**) § 18²

§ 333. La *suspension* doit déterminer une dissonance, soit de *septième*, soit de *seconde*, avec une des notes intégrantes de l'accord : Exemples.

Abstraction faite des autres dissonances que peut contenir l'accord, toute suspension qui ne détermine pas, par elle-même, une dissonance de *seconde* ou de *septième*, est généralement évitée comme étant d'un effet non-caractérisé ou vague :

Exemples.

§ 334. On peut établir, en principe général, qu'une suspension peut avoir lieu dans n'importe quelle partie et avec n'importe quel renversement; les restrictions auxquelles cette faculté est soumise sont consignées dans les §§ 348, 357, 362 et 368.

§ 335. La *durée* d'une suspension est pour ainsi dire, arbitraire ; elle est soumise à l'instinct et au goût ; généralement on n'en rencontre guère qui prenne plus d'une mesure entière d'un mouvement *adagio*.

§ 336. La *suspension* occupe momentanément la place de la *note retardée* qui est celle du degré inférieur conjoint; en d'autres termes : *la suspension représente la note inférieure conjointe* :

Exemple.

par extension et par analogie, un retardement occupant un temps fort et représentant la note *supérieure conjointe*, est de même appelé *suspension* :

Exemple.

Dans le premier cas la suspension est SUPÉRIEURE; dans le second cas elle est INFÉRIEURE.

§ 337. On voit, d'après tous les exemples précédents, que toute *suspension* fait sa *résolution* naturelle sur la *note retardée* qu'elle remplace. Ainsi la SUSPENSION SUPÉRIEURE se résout en descendant d'un degré, c'est pourquoi on l'appelle aussi *suspension descendante*; la SUSPENSION INFÉRIEURE se résout en *montant* d'un degré, c'est pourquoi on l'appelle aussi *suspension ascendante*.

§ 338. La *résolution* a lieu, généralement, sur un temps faible, ou sur un temps moins fort que celui qu'occupe la suspension, à moins que celle-ci n'ait la durée d'une mesure entière.

§ 339. L'accord peut changer au moment où la suspension se résout, pourvu que la note de résolution devienne *note intégrante* du nouvel accord :

Ex. 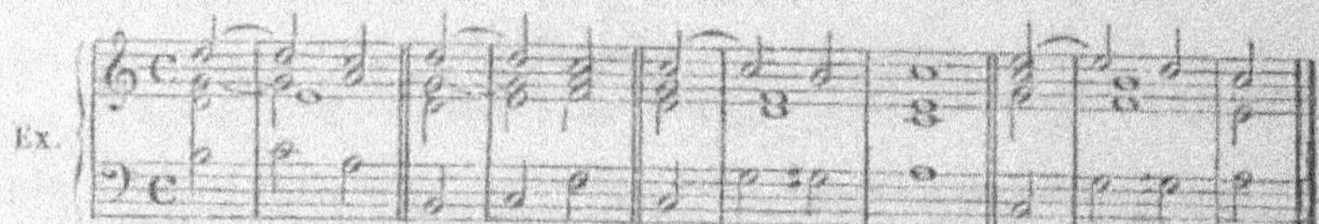

§ 340 Au moment où la suspension se résout, aucune autre partie ne doit se porter, par mouvement direct, sur la note de résolution ou sur l'octave de cette note (*): Ex.

§ 341, CONDITIONS DE L'EMPLOI DE LA SUSPENSION. Le moyen de s'assurer qu'une suspension est praticable, est de lui faire subir les deux épreuves suivantes :

1° En substituant à la suspension la note réelle qu'elle représente, l'harmonie ne doit rien contenir d'incorrect (§ 328). Ainsi les deux exemples suivants :

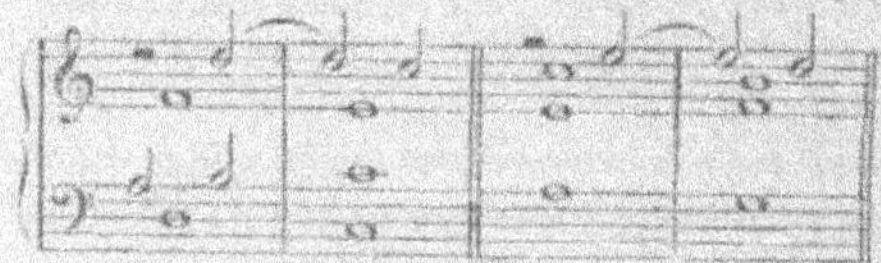

sont mauvais, parce qu'en les réduisant à leurs notes intégrantes,

on obtient : 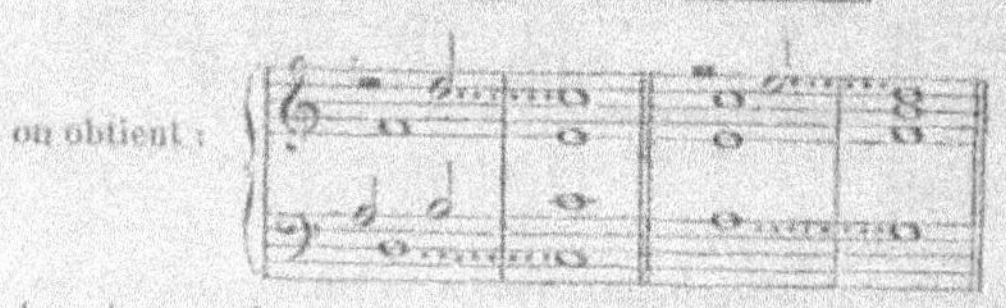

c'est-à-dire, deux octaves consécutives dans le premier exemple, et deux quintes consécutives

dans le second exemple. Ce sont là les *quintes* et les *octaves* qu'on pourrait appeler *cachées* (voyez la note du § 51); on les nomme *sous-entendues*, ou, plus généralement encore, *retardées*; mais cette dernière qualification peut les faire confondre avec celles dont il a été question § 89 et § 90, et qui n'ont pas le même caractère que celles des exemples ci-dessus.

N. B. Cependant les *quintes sous-entendues* sont tolérées lorsqu'elles sont formées par une partie intermédiaire et par la partie supérieure, et que la *suspension* est placée dans la partie intermédiaire :

Ex. 

ou bien encore, lorsqu'elles sont formées par deux parties intermédiaires, et que la Basse en atténue la dureté (§ 105) :

Ex. 

2° La *note de résolution* ne doit produire aucune faute d'harmonie à l'égard des notes

---

(*) Cette règle correspond à celle du § 188 concernant la résolution des notes dissonantes

frappées simultanément avec elle ; ainsi l'harmonie de l'Ex. A qui est correcte, devient fautive en y introduisant les suspensions de l'Ex. B.

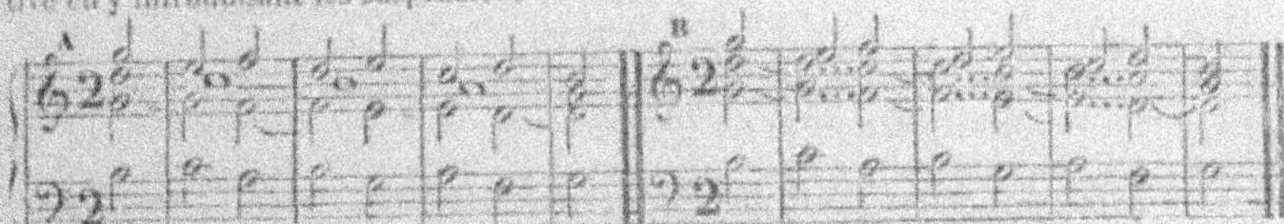

§ 342. RÉSOLUTIONS EXCEPTIONNELLES DE LA SUSPENSION.

1° De même que toute dissonance, *la suspension*, au lieu de se résoudre, *peut se maintenir en place* pour faire partie intégrante de l'accord suivant :

2° La *suspension* peut se résoudre en *changeant chromatiquement* ; ce cas est très rare :

§ 343. NOTES SUSCEPTIBLES D'ÊTRE RETARDÉES PAR LA SUSPENSION. Il est évident qu'on ne peut suspendre (*), dans toute espèce d'accord, que celles de ses notes qui n'exigent point de *préparation*.

La sixième et la septième note du mode mineur ne peuvent pas se prêter entre elles à des suspensions réciproques, ces deux notes formant toujours une *seconde augmentée*.

§ 344. CLASSIFICATION DES SUSPENSIONS. La suspension est *simple* lorsqu'une seule des notes de l'accord est suspendue ; la suspension est *simultanée*, c'est-à-dire *double*, *triple*, *quadruple*, selon que deux, trois ou quatre notes de l'accord sont suspendues à la fois. Les suspensions simples sont infiniment plus nombreuses et plus usitées que les autres, c'est pourquoi on traitera d'abord exclusivement des suspensions simples dans les articles II et III.

§ 345. MANIÈRE DE CHIFFRER LES SUSPENSIONS. On se sert du même principe que pour les accords à notes intégrantes, c'est-à-dire qu'on exprime en chiffres les intervalles que forme la Basse avec les notes supérieures les plus essentielles ; mais il en résulte souvent des combinaisons ambiguës et confuses de chiffres qui ne permettent pas de deviner la nature de l'accord et la position respective des notes ; il existe un assez grand nombre d'accords à suspensions qui demandent à être écrits en toutes notes, parce qu'il est impossible de les chiffrer clairement ; de ce nombre sont tous les accords qui, dans les articles suivants, ne sont pas chiffrés.

(*) Le terme *suspendre* sera dorénavant pris dans le sens de *retarder*.

ARTICLE II.

DE LA SUSPENSION SUPÉRIEURE (*).

§ 346. La *suspension supérieure*, généralement d'un excellent effet, est extrêmement pratiquée, surtout dans le style rigoureux; elle enrichit considérablement l'harmonie en y introduisant des dissonances dont le caractère ainsi que les effets sont différents de celles qui
résultent de la superposition par tierces dans la constitution des accords; cependant il est
des suspensions qui ont une analogie évidente avec certains accords dissonants; on en parlera dans le § 382; en attendant, l'élève cherchera à les découvrir lui-même, à mesure qu'elles
se présenteront dans les tableaux analytiques des paragraphes et des articles divers qui vont
suivre.

§ 347. SUSPENSION SUPÉRIEURE DE LA FONDAMENTALE :

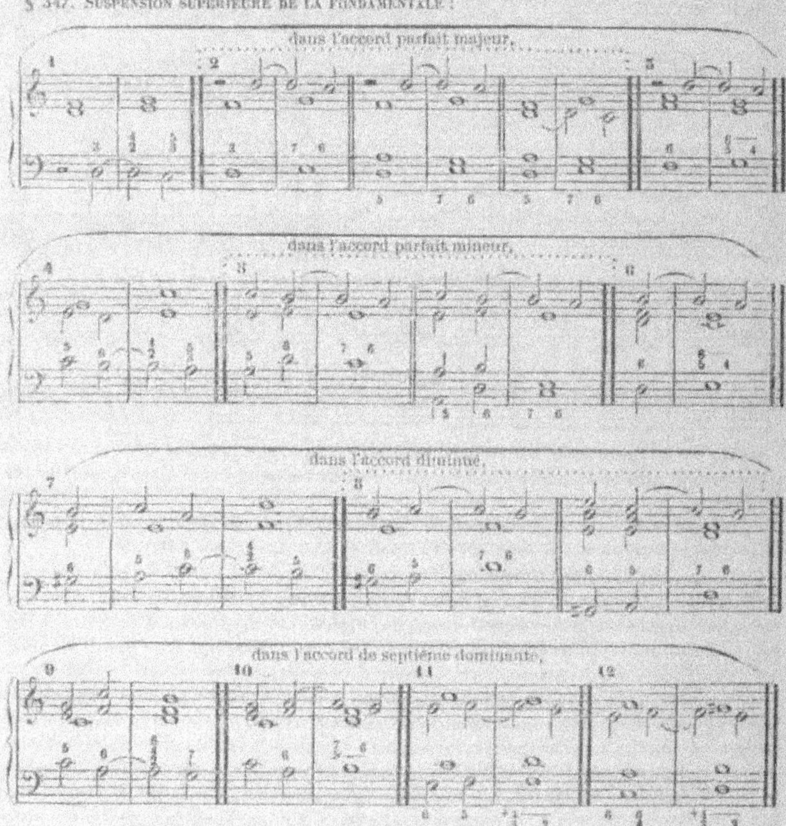

---

* Le sens de cette dénomination a été expliqué § 336.

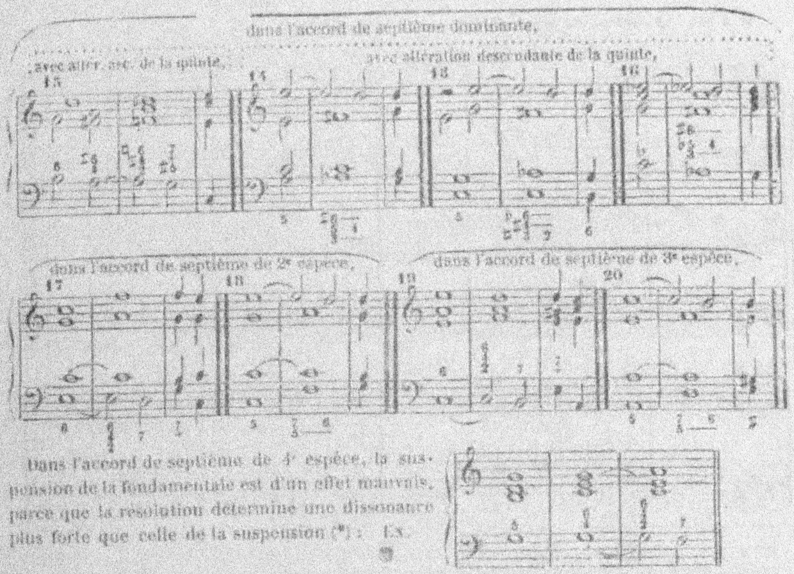

Dans l'accord de septième de 4ᵉ espèce, la suspension de la fondamentale est d'un effet mauvais, parce que la résolution détermine une dissonance plus forte que celle de la suspension (*) : Ex.

Dans les accords de neuvième dominante, des deux modes, la suspension de la fondamentale n'est pas praticable.

§ 347 bis. Les Ex. 2, 5, 8 du § 347 sont très usités et connus sous le nom de *suspensions sept-six*; on les applique fréquemment à des marches harmoniques : Exemples.

Nᵒ 1. (A 3 parties.)

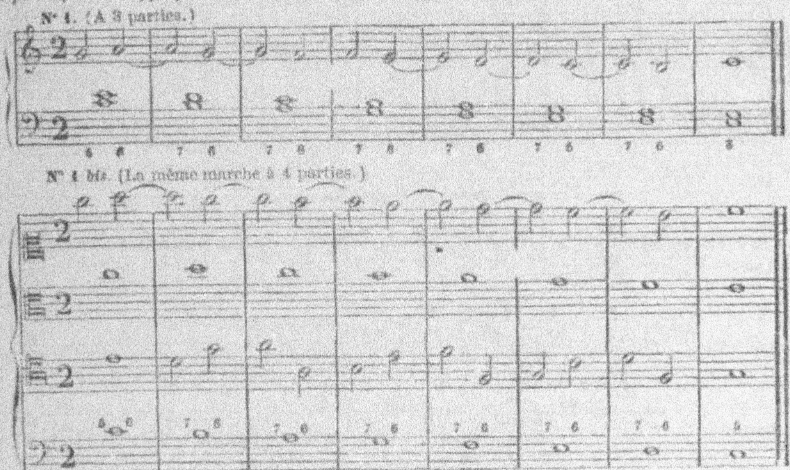

___

(*) Cette suspension ne peut s'employer, dans cet accord, que dans les conditions du § 318 appliquées, dans le § 352 aux Ex. 41 et 41 bis.

Nº 1 *ter*. (*La même*, avec une réalisation autre et préférable.)

Marches à réaliser.

§ 348. La fondamentale d'un accord peut aussi être suspendue pendant que cette même fondamentale, non-suspendue, est attaquée dans une partie inférieure, et à distance de *neuvième* de la suspension (Ex. 21, 22, 23, 24, 25 et 26); ainsi cette *neuvième*, de même que celle de l'accord de neuvième dominante (§ 242), ne peut être renversée sans produire mauvais effet (Ex. 29), ni rapprochée de manière à former un intervalle de *seconde* (Ex. 30).

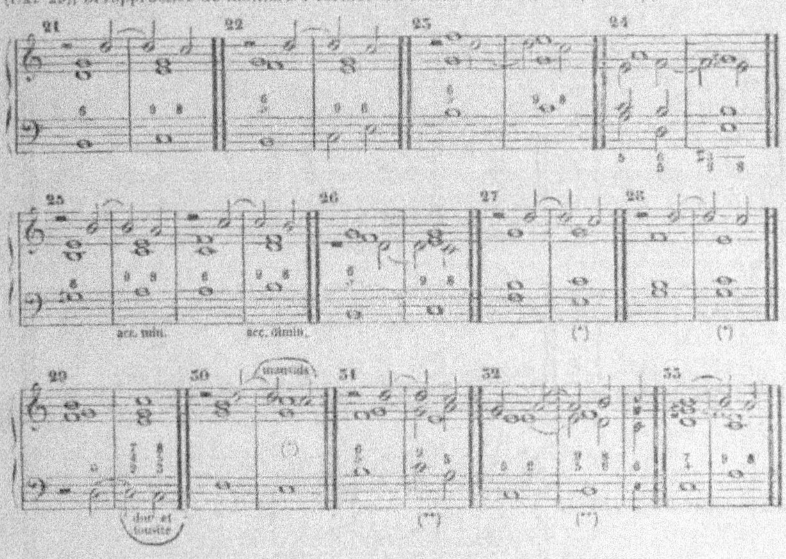

§ 349. Quoique l'Ex. 29 se rencontre dans quelques compositions libres, il n'est pas harmonieux et il ne permet, en tout cas, que des valeurs de courte durée.

§ 349 *bis*. Quant à l'Ex. 30, il est extrêmement dur et ne pourrait, tout au plus, être toléré que si l'intervalle de *seconde* était produit par deux instruments de timbres très différents. Par conséquent, lorsque cette réalisation de l'Ex. 30 est, en quelque sorte, provoquée par la position de l'accord de préparation, il faut faire résoudre la tierce de cet accord sur un degré inférieur, lors même que cette tierce serait note sensible (Ex. 33).

§ 350. Les Ex. 27 et 28, quoique d'un assez bon effet, ne sont pas admis dans toutes les écoles, et l'on préfère, en général, que l'intervalle de *neuvième* soit déterminé par la Basse, mais on évite alors de placer la suspension dans la partie la plus rapprochée de la Basse, comme dans l'Ex. 26, dont la disposition n'est guère admise dans le style rigoureux, si ce n'est dans les imitations (voyez § 355, nos 1 et 2).

§ 351. Les Ex. 21, 22, 23, 24, 25 et 31, sont les meilleurs et les plus usités : on les appelle d'ordinaire suspensions *neuf-huit*, *neuf-six*, *neuf-cinq*, selon leurs chiffres ; ou bien, pour généraliser, on dit : SUSPENSION DE L'OCTAVE DE LA FONDAMENTALE, ou simplement SUSPENSION DE NEUVIÈME.

§ 352. La *suspension de neuvième* peut aussi s'appliquer à la plupart des accords dissonants : Exemples.

§ 353. La *suspension de neuvième* est d'une grande ressource dans les marches harmoniques; on en trouvera désormais de fréquentes applications dans les leçons concernant les notes accidentelles.

§ 354. Remarque. Il est important de faire observer que, dans la *suspension de l'octave de la fondamentale*, la dissonance de *neuvième* n'est, pour ainsi dire, qu'une superfétation, et qu'elle ne dispense pas de la dissonance de *septième* ou de *seconde* prescrite dans le § 344, et déterminant le véritable caractère de la suspension.

Marches harmoniques à réaliser.

§ 355. Lorsque la Basse forme une gamme ascendante, soit complète, soit partielle, chacune des notes de cette gamme peut comporter une *suspension de neuvième*; il en résulte des marches harmoniques très usitées, quoique celles des nᵒˢ 3 et 4, dont les accords s'enchaînent par *secondes* et à l'état direct, soient assez dures : Exemples.

N° 2.

N° 2 bis. (*La même*, à 5 parties).

N° 3.

N° 4.

§ 356. SUSPENSION SUPÉRIEURE DE LA TIERCE.

Cette suspension peut se pratiquer dans toute espèce d'accord et se placer dans n'importe quelle partie ; elle est d'un excellent effet et s'emploie très fréquemment, surtout dans les accords de trois sons.

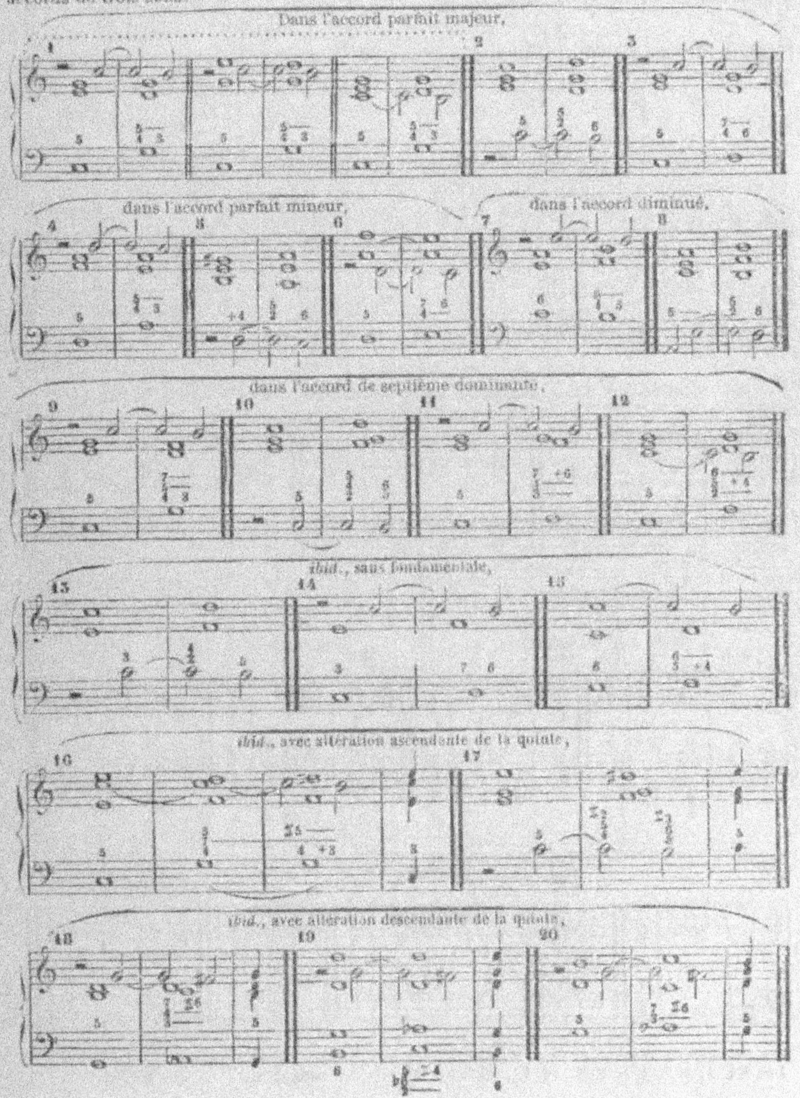

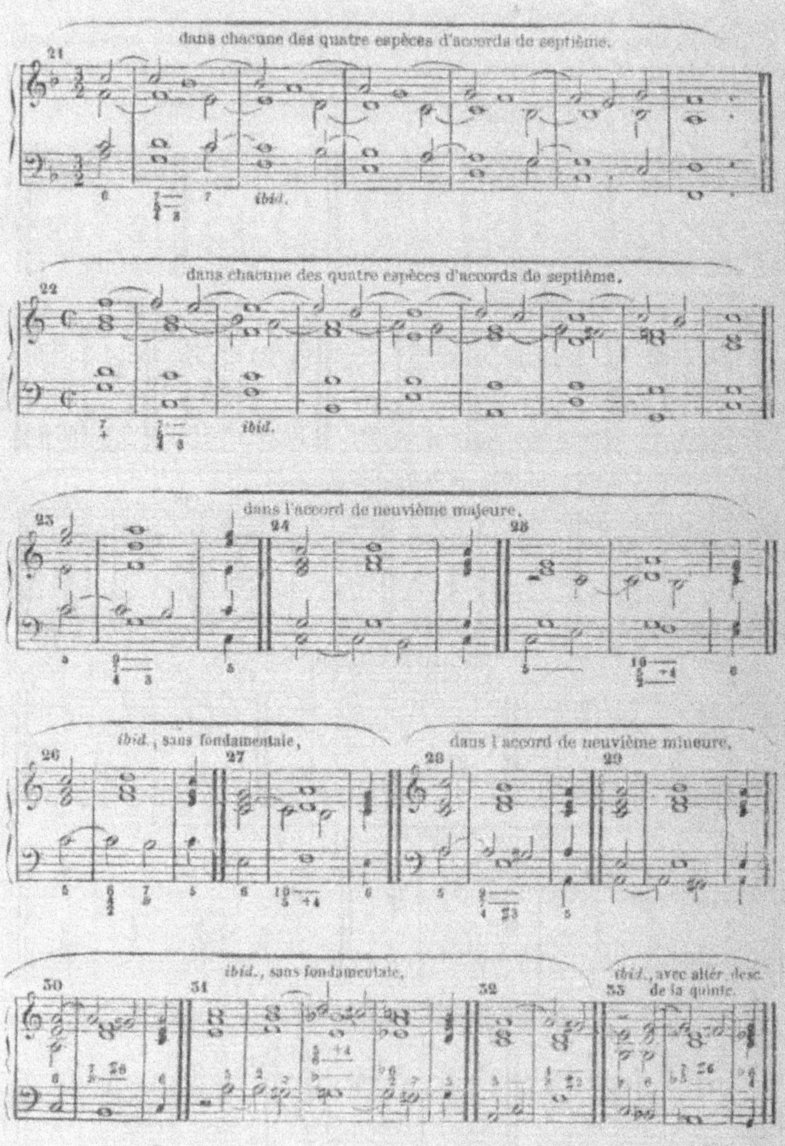

Les **Ex** 1, 2, 3, 4, 5, 6, 7, 14, 18, 20, 30 et 33 son les plus usités et les meilleurs.

§ 357. La *suspension de la tierce* exige une pureté de réalisation toute particulière : dans le style rigoureux on doit éviter de doubler la tierce de l'accord pendant la durée de la suspension de cette même tierce, à quelque distance que ces deux notes soient placées l'une de l'autre.

§ 357 *bis*. La règle précédente n'admet que l'exception suivante : la *suspension de l'octave de la tierce* (de même que celle de l'octave de la fondamentale) est praticable avec la disposition de *neuvième* (§ 348), mais elle n'est tolérée, à l'école, que lorsque l'intervalle de *neuvième* est formé par les deux parties extrêmes :

Dans toute disposition autre que celle des exemples précédents, la suspension de l'octave de la tierce constitue des licences qui ne sont admissibles que dans le style libre, et sous réserve de la règle suivante :

§ 358. **RÈGLE.** Sauf dans la disposition des Ex. 34, 34 *bis* et 34 *ter*, la suspension de l'octave de la *tierce*, n'est praticable que lorsque la note qui suspend est distante d'une seconde *majeure* de la note de résolution (*) (voyez Ex. 35 et 35 *bis*); mais quand la note qui suspend n'est distante de la note de résolution que d'une seconde *mineure* (**), il en résulte de grandes duretés (voyez Ex. 36 et 36 *bis*) qui ne sont tolérables que dans les cas où la suspension est de courte durée.

Les Ex. 37 et 37 *bis* où la dissonance de *neuvième* se trouve renversée, et surtout les Ex. 38 et 38 *bis* où cette dissonance est rapprochée de manière à former un intervalle de *seconde*, sont inadmissibles.

(*) C'est-à-dire que la suspension supérieure de la tierce doit former un intervalle de *neuvième majeure* avec la tierce réelle qui la double.

(**) C'est-à-dire lorsque la suspension supérieure de la tierce forme un intervalle de *neuvième mineure* avec la tierce réelle qui la double.

§ 359. EXEMPLES DE MARCHES HARMONIQUES CONTENANT DES SUSPENSIONS DE LA TIERCE.

Nº 3 ter.

Nº 4.

Ibid. (A 5 parties.)

10

(*) Pour la fausse relation voyez § 105.

Marches harmoniques à réaliser.

§ 360. Suspension supérieure de la quinte

Elle est loin de présenter les mêmes ressources que la suspension de la fondamentale ou celle de la tierce. Dans l'accord parfait (majeur ou mineur), la *quinte suspendue*, ne déterminant aucune dissonance, est dénuée du caractère principal d'une bonne suspension (*) : . . . . Exemple. Cependant lorsqu'elle est la conséquence d'un dessin mélodique prédominant et dont l'intérêt puisse compenser la faiblesse suspensive de l'harmonie, la *suspension de la quinte* s'emploie quelquefois :

Exemple.

En outre, il existe un cas dans lequel l'effet suspensif est assez caractérisé par la dissonance de *quarte diminuée* :

Exemple.

§ 361. Dans les accords dissonants formés sur la *dominante* des deux modes la *suspension de la quinte* est d'un très bon effet parce qu'elle y détermine une dissonance de *septième* ou de *seconde* (Ex. 1 à 10) ; la *dissonance de septième*, toutefois, est meilleure, et l'on dispose préférablement l'accord de telle sorte que la suspension soit placée dans la partie supérieure (voyez Ex. 1, 2, 3, 6, 7, 8 9 et 10).

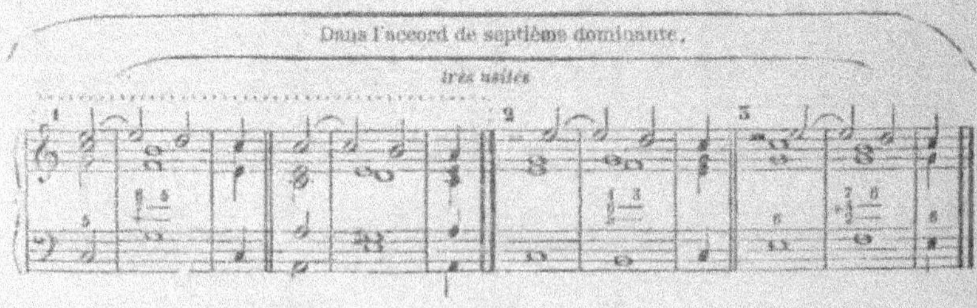

dans l'accord de septième dominante,

dans l'accord de neuvième majeure,

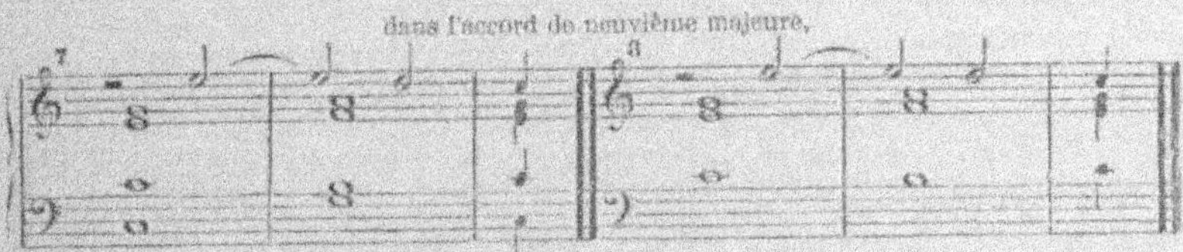

dans l'accord de neuvième mineure.

§ 362. La *quinte* de l'accord peut aussi être suspendue pendant que cette même quinte, non suspendue, est placée dans une partie inférieure, et à distance de *neuvième* de la suspension (voyez les Ex. ci-dessous); par ce moyen la suspension de la quinte, dans l'accord parfait, devient assez accusée (Ex. 11 et 12); cette *neuvième*, de même que celle qui résulte des autres suspensions, ne peut jamais être renversée. En résumé, la *suspension de l'octave de la quinte* se traite comme celle de l'octave de la fondamentale (§ 348).

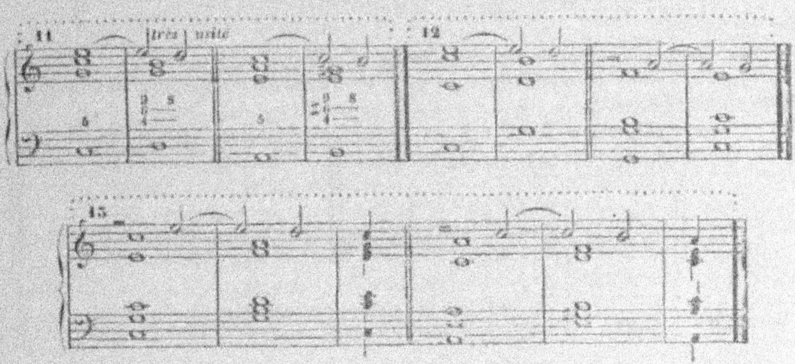

(*) Voyez § 342, exemple 6.

§ 363. SUSPENSION SUPÉRIEURE DE LA SEPTIÈME.

Elle ne peut avoir lieu que dans l'accord de septième dominante ou dans les accords de neuvième dominante (*); d'ailleurs les formules qui permettent de la pratiquer sont rares.

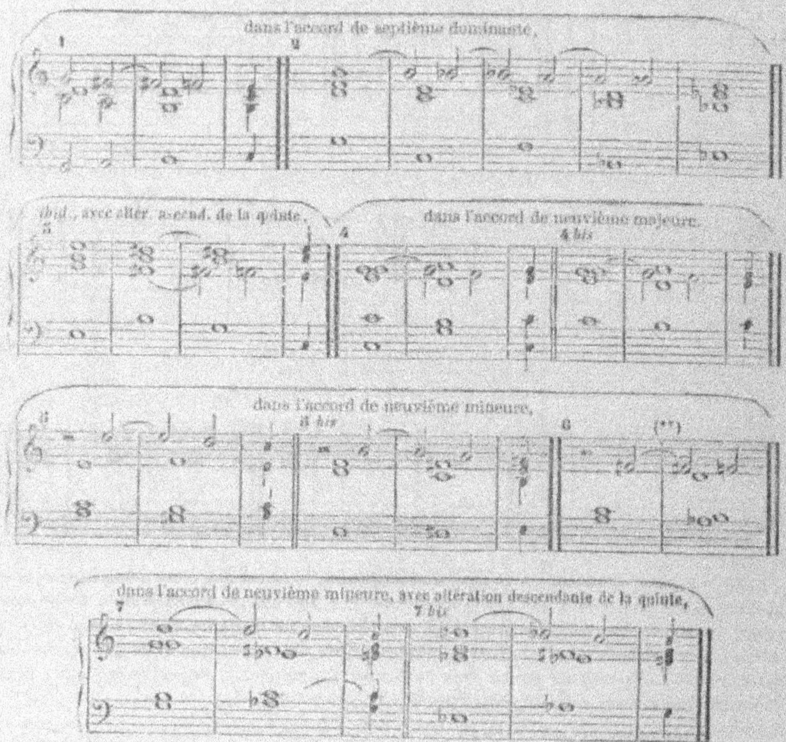

§ 364. SUSPENSION SUPÉRIEURE DE LA NEUVIÈME.

Elle est extrêmement rare et ne peut guère avoir lieu que dans des cas analogues aux deux exemples suivants :

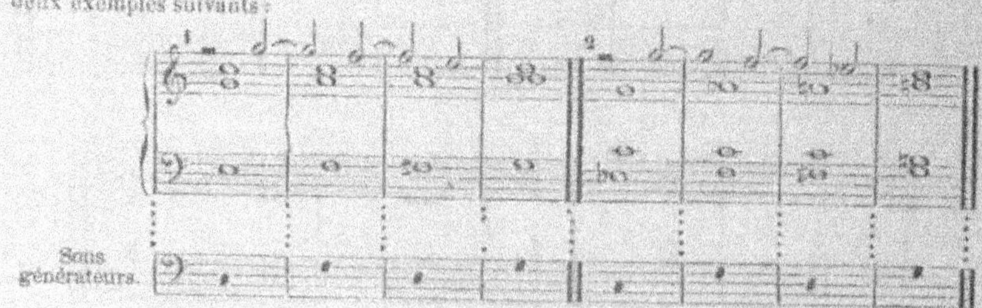

(*) Voyez § 348. — (**) Voyez § 312, Ex. 8 et 8 bis.

ARTICLE III.

DE LA SUSPENSION INFÉRIEURE (*)

§ 365. Dans un grand nombre de cas l'effet de la *suspension inférieure* est vague, ou peu caractérisé, ou mauvais; aussi est-elle infiniment moins pratiquée que la suspension supérieure.

§ 366. SUSPENSION INFÉRIEURE DE LA FONDAMENTALE.

Elle n'est guère admissible que lorsqu'elle fait sa résolution par *seconde mineure*, et principalement comme *note sensible* se résolvant sur la *tonique*; elle n'est d'ailleurs praticable que dans l'accord parfait majeur ou mineur, et elle est mieux caractérisée dans l'accord mineur (comparez l'Ex. 2 à l'Ex. 4); on évite de la placer dans la Basse (Ex. 1 et 3).

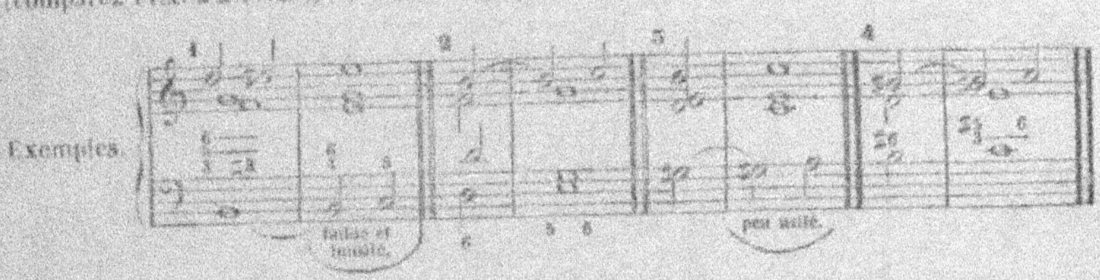

§ 367. La *suspension inférieure* de la *fondamentale* permet aussi de placer simultanément, et au grave, cette même fondamentale non suspendue, de manière à déterminer un intervalle de *septième* se résolvant sur l'*octave*; cette *septième* ne peut, en aucun cas, être renversée:

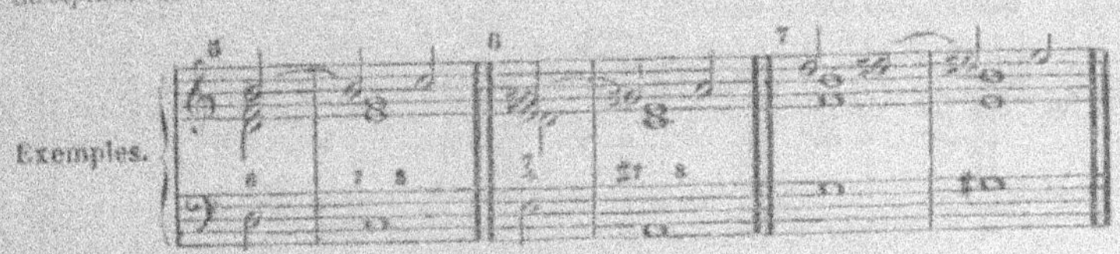

Aucune de ces versions n'est admise à l'école.

§ 368. SUSPENSION INFÉRIEURE DE LA TIERCE.

Quoiqu'on la rencontre assez rarement, elle présente plusieurs versions d'un très bon effet; (*voyez* entre autres les Ex. 1, 1 *bis*, 1 *ter*, 3 *bis* et 10, page 152).

Quant à la *suspension inférieure de l'octave de la tierce*, elle est assujétie à la règle § 358; toutefois les deux notes explicatives qui se trouvent adjointes à cette règle, doivent être modifiées, relativement à la suspension inférieure, ainsi qu'il suit: cette suspension n'est admissible que lorsqu'elle forme un intervalle de *septième mineure* avec la tierce *réelle* qui la double (Ex. 3), l'intervalle de *septième majeure* produisant des duretés qu'il faut éviter, surtout dans la suspension de la tierce *majeure* (Ex. 3 *ter*); la suspension de la tierce *mineure*, dans des conditions identiques, est beaucoup moins dure (Ex. 6).

(*) Pour le sens de cette dénomination, *voyez* § 336

(*) Voir § 386, Ex. 10 et 10 bis.

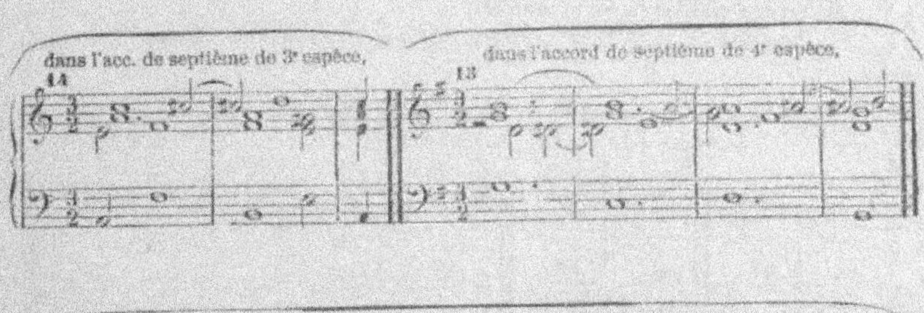

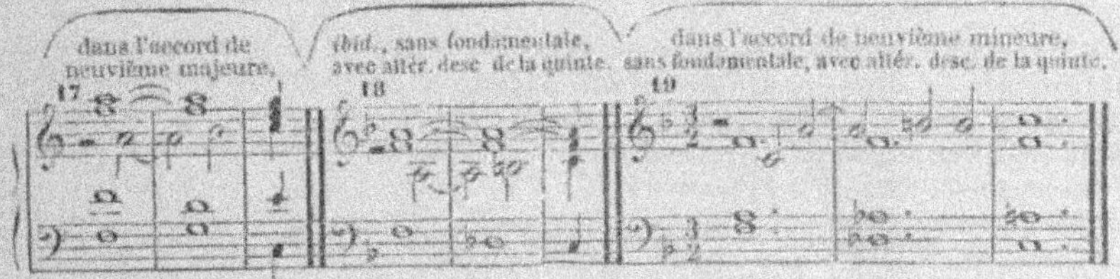

§ 369. Suspension inférieure de la quinte.

Elle est rare et ne s'emploie guère que lorsqu'elle peut se résoudre par seconde *mineure*. Quant à la *suspension inférieure de l'octave de la quinte* (Ex. 1 et 3), elle se traite comme celle de la fondamentale § 367.

§ 370. Suspension inférieure de la septième.

Elle est extrêmement rare et n'est praticable que lorsqu'elle peut se résoudre par seconde *mineure.*

§ 371. Suspension inférieure de la neuvième.

Elle est la plus rare de toutes les suspensions ; elle ne peut d'ailleurs s'appliquer qu'à l'accord de neuvième *majeure*, et seulement dans les cas où elle fait sa résolution par seconde *mineure*.

Exemple.

§ 372. Résumé. On peut conclure, d'après l'examen comparatif des divers tableaux de ce chapitre, que les meilleures suspensions sont celles : 1° qui se résolvent au degré conjoint *inférieur*; 2° pendant la durée desquelles on entend simultanément une note intégrante formant avec la suspension un intervalle de *septième* ou de *seconde*, même dans le cas où l'accord contiendrait une dissonance de neuvième (*).

Basses à réaliser.

(*) § 348, 357 bis et 362.

N° 2.

---

§ 271. Diverses manières de réaliser les suspensions.

N. B. Dans l'Ex. *b*, la suspension, au lieu de se résoudre immédiatement sur la note conjointe inférieure, se porte d'abord sur une autre note intégrante de l'accord; cette formule de réalisation est extrêmement usitée dans tous les styles et peut avoir lieu dans n'importe quelle partie. Ainsi les suspensions peuvent se *briser* par n'importe quelle note *réelle* (supérieure ou inférieure) de l'accord.

ARTICLE IV.

DES SUSPENSIONS SIMULTANÉES.

§ 374. On peut suspendre *simultanément* deux, trois, quatre et même cinq notes de l'accord.

Dans les *suspensions simultanées*, on évite de suspendre la Basse; à part cette condition, toute partie qui suspend est assujettie aux règles de la suspension simple.

§ 375. Un accord à *suspensions simultanées* peut contenir à la fois des suspensions *supérieures* et *inférieures*; mais, quelque soit le nombre des notes suspendues, les suspensions supérieures sont toujours les plus usitées.

§ 376. La SUSPENSION DOUBLE peut porter à volonté sur deux notes se résolvant soit par mouvement *parallèle* et en ce cas les deux notes suspendues doivent toujours se trouver en rapport de tierce ou de sixte (Ex. 1, 2, 3, 4, 5 et 6), soit par mouvement *contraire*, ce qui implique à la fois la suspension supérieure et la suspension inférieure (Ex. 7, 8 et 9).

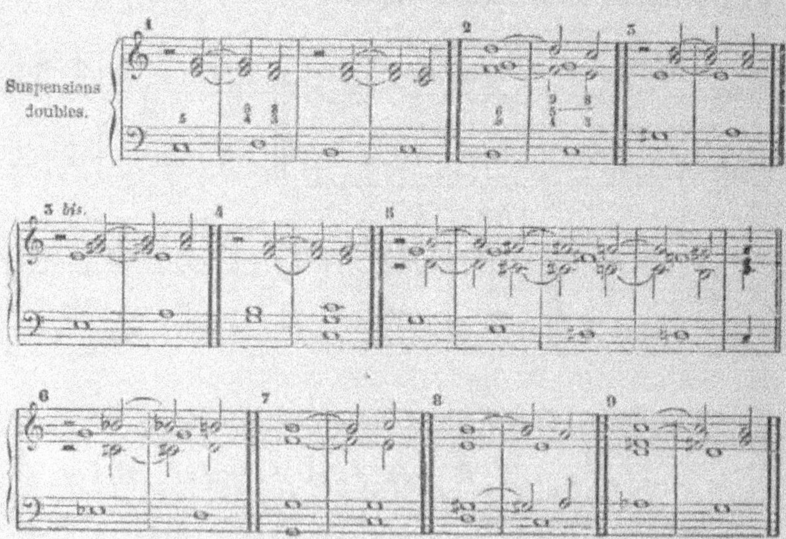

§ 377. Dans la SUSPENSION TRIPLE, la résolution *parallèle* et *simultanée* des trois parties qui suspendent ne peut avoir lieu que s'il n'en résulte ni *quinte juste*, ni *octave*; mais la *quarte* (Ex. 10 et 11), et même la *quinte diminuée* ainsi que la *septième mineure* (Ex. 12) y sont admissibles :

§ 378. Les SUSPENSIONS QUADRUPLES et QUINTUPLES impliquent simultanément et la résolution *parallèle* et la résolution par *mouvement contraire*; en d'autres termes, elles renferment à la fois la suspension *supérieure* soit double, soit triple, et la suspension *inférieure* soit simple, soit double, les cas où l'on peut admettre la résolution parallèle *quadruple* sont extrêmement rares (Ex. 24).

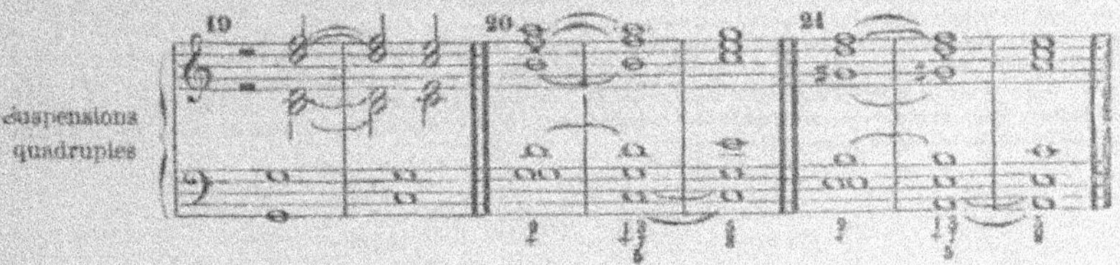

§ 379. L'accord qui résulte de la *suspension triple* des Ex. 13, 14, 15, et de la *suspension quadruple* de l'Ex. 19, est connu sous le nom d'accord de ONZIÈME TONIQUE; c'est, comme on peut le voir dans ces exemples, un *accord de septième dominante* avec adjonction de la *note tonique* placée à la Basse. Cet accord se chiffre ordinairement par +7, en plaçant la petite croix devant le 7, ce qui indique que la note qui forme l'intervalle de septième avec la Basse, est *note sensible*.

Les accords qui résultent de la *suspension triple* des Ex. 16, 17 et 17 *bis*, ainsi que de la *suspension quadruple* ou *quintuple* des Ex. 20, 21, 22, 23 25, 26 et 27, sont des *accords de neuvième majeure* ou *mineure* avec adjonction de la *note tonique* placée à la Basse; ils sont connus sous le nom de TREIZIÈME TONIQUE soit MINEURE, soit MAJEURE, selon qu'ils appartiennent à l'un ou à l'autre mode (*). L'accord appartenant au mode *majeur* se chiffre quelquefois par $+\frac{6}{5}$ ou $+\frac{6}{4}$, mais préférablement par $13 \atop 5$ ou $\frac{13}{5}$, le chiffre 5 s'ajoute ou se supprime selon que la fondamentale de l'accord de neuvième y est conservée (Ex. 20 et 21) ou supprimée (Ex. 22 et 23). L'accord appartenant au mode *mineur* se chiffre indifféremment par $+\frac{6}{5}$ ou $+\frac{7}{6}$ lorsque la fondamentale de l'accord de neuvième y est supprimée (Ex. 23), et par $13 \atop 5$ lorsque l'accord est complet (Ex. 21).

Il sera encore question des accords de *onzième* et de *treizième tonique* dans les articles *Anticipation*, *Pédale* et *Appogiature*.

(*) Ces dénominations de *onzième* et de *treizième tonique* sont conventionnelles; celle de *treizième tonique* est, il est vrai, suffisamment motivée lorsqu'elle s'applique à l'accord de neuvième majeure (Ex. 16, 20 et 22) parce que effectivement, dans cet accord, la neuvième doit se trouver à distance de treizième, au moins, de la note tonique placée à la Basse (cette condition tient aux principes du § 212); mais l'accord de neuvième mineure n'est pas soumis à cette condition lorsque sa fondamentale est supprimée (voyez Ex. 17 *bis*); de même, dans l'accord de septième dominante, il n'est nullement nécessaire de placer la septième à distance d'un intervalle de onzième de la note tonique (voyez Ex. 15); d'ailleurs on peut prolonger, sur la note tonique, l'accord de dominante sans septième (Ex. 3 *bis*), et, dans ce cas, à défaut d'autre nom, on lui conservera celui de *onzième tonique*.

§ 380. Exemples de marches harmoniques à suspensions doubles.

Nº 4.

Nº 5.

N° 6.

§ 381. Dans tous les exemples précédents, les *suspensions simultanées* se résolvent *simulta-nément*; mais leur résolution peut être *successive*; toutefois la résolution simultanée est la plus usitée.

Exemples de suspensions doubles à résolution successive.

N° 7.

N° 8.

ARTICLE V.

REMARQUES SUR L'ANALOGIE DE CERTAINES SUSPENSIONS AVEC CERTAINES NOTES
INTÉGRANTES.

§ 382. Il arrive assez souvent que la *suspension* présente une apparence de *note intégrante*
de l'accord ; dans ces cas l'harmonie peut être indifféremment analysée dans l'un ou dans
l'autre de ces deux sens ; cependant lorsque les principales conditions suspensives s'y trouvent, l'instinct harmonique penche toujours vers la suspension. Ainsi les Ex. 1, 2, 3, 4
ci-dessous, ont été traités, § 234 *bis*, de *résolutions exceptionnelles* d'accords de septième, et
peuvent effectivement être considérés de cette manière ; mais il est préférable de les envisager
comme *suspensions*, parce que l'oreille, de fait, n'y saisit pas de changement d'accord. Si toutefois, comme dans l'Ex. 5, la septième (*mi*) et la quinte (*ut*) se portent simultanément sur la
note de résolution (*ré*), il est indifférent d'analyser cette formule harmonique comme *accord
de septième* (§ 234, Ex. 5), ou comme *suspension double* (§ 376).

L'Ex. 6 contient une série de *suspensions*, tandis que l'Ex. 7 doit être analysé comme une
suite d'*accords de septièmes* se résolvant par *quintes inférieures*, résolution *naturelle* de tout
accord dissonant (§ 199).

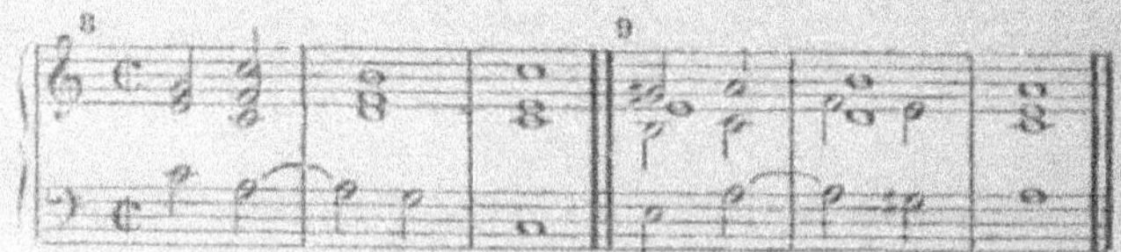

Dans l'Ex. 8 l'accord placé sur le temps fort de la seconde mesure présente un aspect d'*accord de septième de 3e espèce* ; mais l'instinct harmonique, quoique restant un peu dans le vague,
admet volontiers la *suspension* à cause de la tonalité établie par les accords antérieurs. Dans
l'Ex. 9, au contraire, la sensation de l'*accord de septième du 3e espèce* est immédiate parce qu'elle
est modale et que, dans cet exemple, une résolution pareille à celle de l'Ex. 8 causerait la
surprise d'une modulation.

Ainsi, beaucoup d'équivoques harmoniques disparaissent devant l'influence tonale et
modale.

CHAPITRE II.

DES RETARDS IRRÉGULIERS.

§ 383. Les *Retards irréguliers*, qu'on nomme simplement RETARDS, se distinguent de la suspension en ce que leur résolution est *irrégulière*, c'est-à-dire qu'elle ne s'effectue pas sur un degré conjoint (Ex. 1, 2, 3, 5 et 6), ou bien en ce que, tout en se résolvant sur un degré conjoint, ils ne répondent pas aux conditions et aux principes consignés dans les §§ 331, 332, 333, 348, 357, 358, etc. (Voir ci-dessous les Ex. 4, 9 et 10.)

Quelquefois la différence entre le *retard* et la *suspension* est si peu caractérisée qu'il importe peu, alors, de se servir de l'une ou de l'autre dénomination. Certains auteurs appellent indifféremment *retards* tout ce qui, dans le § 329, est compris sous le nom de *retardements*. De fait, toute suspension est un *retard*, mais tout *retard* n'implique pas toujours les conditions qui caractérisent la suspension.

§ 384. Les *retards* ne se pratiquent généralement qu'avec des valeurs brèves, si ce n'est dans quelques formules mélodiques analogues à celles de l'Ex. 5 qui font exception à cette règle.

§ 385. Les *retards* se placent très rarement dans la Basse; ainsi l'Ex. 6 est dur.

En résumé, la plupart des exemples qui terminent cet article sont plus ou moins admissibles dans un mouvement soit vif, soit modéré; exécutés lentement, plusieurs d'entre eux ne seraient pas supportables.

N. B. Les *retards irréguliers* sont tous, indistinctement, proscrits des écoles.

§ 386. Quelquefois, dans une succession de notes exécutées simultanément par deux parties qui se doublent entre elles en octaves, l'une de ces parties peut, à chaque changement de note former un *retard* à l'égard de l'autre partie (Ex. 4, 9, 10 et 10 *bis*); ce mode de réalisation ne s'applique qu'à la musique instrumentale :

CHAPITRE III.

DE L'ANTICIPATION.

§ 387. L'*Anticipation* est une note qu'on fait entendre avant l'accord dont elle doit faire partie; c'est donc, en quelque sorte, l'émission prématurée d'un son. Elle peut être *simple* (Ex. 1, 3, 5 et 7) ou *simultanée* (Ex. 2, 4 et 4 *bis*).

§ 388. L'*Anticipation* ne se pratique qu'avec des valeurs brèves et sur un temps faible ou sur la partie faible du temps; elle n'est généralement usitée que dans la partie supérieure ou dans une partie prédominante, et on ne la place guère dans une partie intermédiaire que dans les cas d'anticipations *simultanées* (Ex. 2, 4 et 4 *bis*); elle peut quelquefois se placer dans la Basse (Ex. 5), mais on l'y rencontre rarement, si ce n'est lorsqu'elle détermine les *accords de onzième* ou *de treizième tonique*; alors on l'attaque sur le temps fort (Ex. 6) (**).

(*) Ici on peut, à volonté, considérer le sol de la partie supérieure comme retard, ou le la de la partie intermédiaire comme anticipation (§ 387).

(**) Toutefois dans ce cas, les parties supérieures peuvent être envisagées comme *appoggiatures simultanées* (§ 451), et le [illegible].

Exemples.

§ 389. **Anticipation indirecte.** Lorsqu'une partie *anticipe* une note intégrante de l'accord qui doit suivre, et que, au lieu de maintenir cette même note, cette partie attaque, au moment du changement d'accord, une autre note intégrante de ce nouvel accord, l'anticipation est appelée *indirecte* (Ex. 8 et 9); toutefois ce genre d'anticipation peut aussi être envisagé, le plus souvent, comme formant une note essentiellement mélodique appelée *échappée* et dont il est traité, page 193.

Exemples.

CHAPITRE IV.

DE LA PÉDALE

§ 390. La *Pédale* est une note placée dans la Basse et qui se prolonge avec persistance tandis que les parties supérieures forment une harmonie souvent indépendante de cette note :

§ 390 *bis*. Mais lorsqu'une suite d'accords ne présente que des conditions analogues à celles de l'Ex. 4, où la Basse est constamment *note intégrante* de tous les accords, cette note ne doit pas, à la rigueur, être qualifiée de pédale :

§ 391. Le caractère distinctif de la *pédale* est donc d'être ou de pouvoir être *note étrangère* à l'un ou à plusieurs des accords placés au-dessus d'elle ; toutefois on est généralement convenu d'appeler aussi *pédale* toute tenue persistante de la Basse, lors même qu'elle est note intégrante de tous les accords frappés pendant sa durée ; il en résulte que les *résolutions exceptionnelles* de certaines dissonances (*) ainsi que de certaines suspensions se maintenant en place (**) sont souvent confondues, par beaucoup de théoriciens, avec la vraie pédale (on en parlera § 400 *bis*). A la vérité, quelle que soit l'extension qu'on donne à ce terme, il est à remarquer que toute dissonance produite par la pédale a cela de particulier que ce n'est pas la pédale elle-même qui semble note dissonante, mais que l'effet dissonant paraît plutôt causé par une ou plusieurs des notes superposées à la pédale, et que celle-ci, par son immobilité, conserve à elle la puissance tonale et finit toujours par forcer les autres parties à revenir concorder avec elle dès que ces parties tendent à s'égarer trop longtemps dans des harmonies qui lui sont étrangères. Cette particularité explique pourquoi on se méprend aisément sur le

---

(*) § 185. — (**) § 342.

caractère distinctif que donne à la pédale sa qualité de *note accidentelle*, et pourquoi on désigne volontiers du même terme toute espèce de note qui reste immobile pendant la succession de plusieurs accords; d'ailleurs l'origine de cette dénomination générale de *pédale* remonte à certains jeux de l'orgue où ces sortes de notes sont ordinairement produites par le moyen d'un clavier qui se joue avec les pieds.

§ 392. En conséquence de ce qui vient d'être dit sur la force tonale qui lui est particulière, la note qui forme *pédale* ne peut être que *tonique* ou *dominante* du ton établi; c'est surtout comme tonique ou comme dominante du ton primitif et principal que la pédale est le plus usitée; car les pédales qui ont lieu quelquefois dans le courant d'un morceau, et dans des tons soit relatifs, soit éloignés, sont généralement d'assez courte durée; tandis que celles de la tonique ou de la dominante du ton principal ont une durée arbitraire et, souvent, fort longue, particulièrement celle de la *dominante* en ce qu'elle offre, comme conclusion, la ressource de la cadence parfaite (voir Ex. 2 et 3).

§ 393. Les accords de *onzième* et de *treizième tonique* (§ 379) sont fréquemment la conséquence d'une *pédale*.

Exemple.

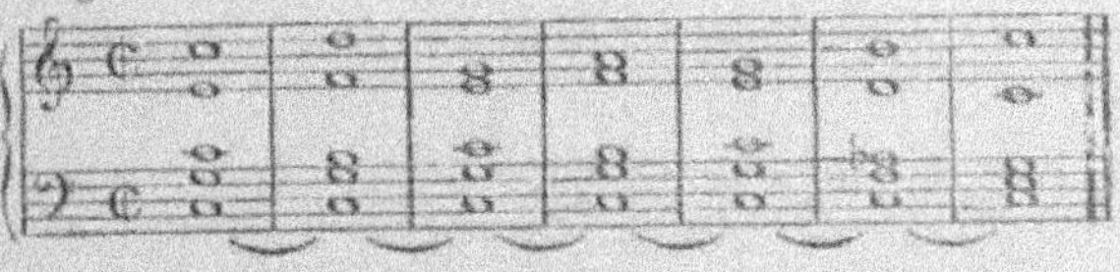

§ 394. La *pédale* est généralement note intégrante de l'accord avec lequel elle débute; il faut en excepter certains cas où elle peut déterminer les accords de *onzième* et de *treizième tonique* sans préparation (*).

§ 395. La *pédale* ne doit se terminer qu'avec un accord dont elle est note intégrante. Les exceptions à cette règle sont des excentricités extrêmement rares et, en tout cas, proscrites des écoles.

§ 396. On voit, dans plusieurs exemples contenus dans ce chapitre, que, parmi les accords placés au-dessus d'une pédale, il en est qui sont *empruntés* à différents tons, ou qui déterminent des *modulations passagères*; on peut même moduler complètement pendant la durée d'une pédale, et de manière à ce que cette pédale devienne une note appartenant à un ton autre que celui où elle a commencé, pourvu qu'elle soit, alors, une des notes intégrantes de l'accord par où elle finit. De toute manière, quelque varié que puisse être l'emploi des accords étrangers, on doit avoir soin de revenir fréquemment à des accords dont la pédale soit note intégrante.

§ 397. L'enchaînement des accords placés sur une *pédale* doit être correct, abstraction faite de cette pédale; par conséquent c'est la partie la plus rapprochée de la pédale qui doit servir de véritable Basse aux parties supérieures, et qui doit être traitée en *bonne Basse*, sauf dans les passages où la pédale est note intégrante. De plus, les accords doivent s'enchaîner entre eux par les successions les plus franches, les plus usitées (**), et qui puissent permettre, autant que possible, une réalisation dont les mouvements mélodiques procèdent par degrés conjoints.

(*) Ces accords sans préparation se trouvent dans l'article *Appogiature*.
(**) Les marches harmoniques sont d'un usage fréquent sur la pédale (voir Ex. 2 et 3).

§ 398. Dans la réalisation des accords placés sur une *pédale*, aucune des notes intégrantes de ces accords ne doit s'approcher de la pédale à distance d'un demi-ton chromatique :

§ 399. Lorsqu'on écrit à plus de quatre parties on double souvent la *pédale* à une ou plusieurs octaves *inférieures*.

§ 400. On peut aussi, quelquefois, doubler la *pédale* à une ou plusieurs octaves *supérieures* de manière à dépasser, à l'aigu, une ou plusieurs des parties qui forment l'harmonie indépendante de la pédale (Ex. 7); mais ce n'est qu'à condition qu'aucune des notes intégrantes de cette harmonie ne vienne toucher, à distance d'un demi-ton *inférieur* (*) (Ex. 8), c'est-à-dire à distance de *seconde mineure inférieure* soit simple, soit redoublée, ni à distance d'un *demi-ton chromatique* (§ 398), une des notes pédales redoublées :

Mais dans l'Ex. 2, entre autres, la *pédale* doublée à des octaves *aiguës* (Ex. 8) serait d'un très mauvais effet.

, etc. (*Voyez* l'Ex. 2.)

(*) Dans la musique instrumentale, où la différence des timbres ainsi que d'autres causes qui tiennent à l'art de l'instrumentation atténuent quelquefois certaines duretés, cette règle n'a pas toujours été observée, comme le témoigne la troisième mesure de l'Ex. suivant :

toutefois, ce passage n'est admissible qu'en raison de la rapidité du mouvement: il serait intolérable dans un mouvement lent.

§ 400 *bis*. En réalité, il est rare que les véritables pédales puissent ainsi être doublées à des octaves aiguës ; ce mode de réalisation s'applique presque toujours à celles de ces espèces de pédales qui ne sont que des *dissonances* (au nombre desquelles il faut classer les suspensions) *se maintenant en place* (*) et qui, de fait, ne cessent jamais d'être *notes réelles* ; c'est pourquoi, dans l'Ex. 9, la note tenue de la Basse, doublée à diverses octaves supérieures (Ex. 9 *bis*) est d'un excellent effet (**). Il est d'ailleurs à remarquer que, plus la note tenue est doublée de fois, plus elle fait prévaloir la sensation de la *pédale*

§ 401. La *pédale* ne se chiffre que rarement et lorsqu'elle ne porte que peu d'accords étrangers, ou que les chiffres de ces accords ne peuvent donner lieu à des interprétations ambiguës. En général, dans la pratique de la *Basse chiffrée*, on écrit, au-dessus de la pédale, la partie qu'on destine à être le plus rapprochée de cette pédale, et c'est cette partie là que l'on chiffre comme servant de véritable Basse aux parties supérieures.

§ 401 *bis*. On a déjà fait remarquer, au sujet de certaines suspensions, qu'à mesure qu'on avance dans l'étude de l'harmonie, le système de *Basse chiffrée* devient plus compliqué et plus confus, souvent même impraticable. Ainsi, dans chacun des deux exemples suivants (10 et 10 *bis*), le temps fort de la seconde mesure contient un *accord de neuvième* avec *suspension de l'octave de la quinte* (§ 362), et cet accord, dans son ensemble, est frappé sur la *pédale tonique*. Chacun de ces accords, dans les deux exemples, est composé des sept notes de la gamme à laquelle il appartient ; il n'existe pas de manière de chiffrer assez claire pour faire deviner la disposition et le caractère de l'accord :

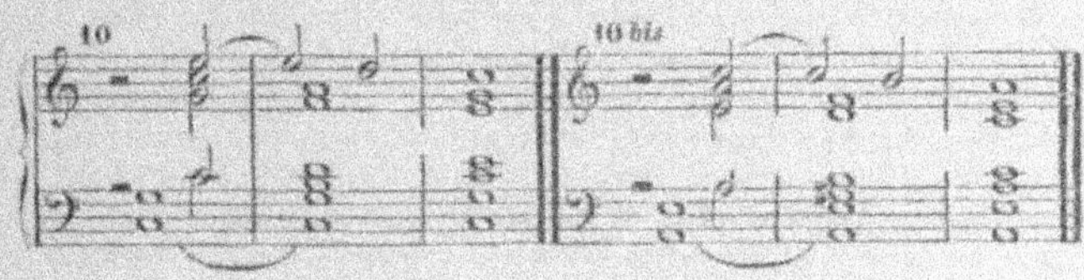

(*) § 185 et § 342.   (**) Voir, à ce sujet, le § 400.

§ 402. DIVERSES MANIÈRES DE RÉALISER LA PÉDALE. La note pédale, au lieu de former un son soutenu, peut se répéter à volonté suivant un rhythme quelconque (Ex. 11), ou faire partie d'une harmonie brisée (Ex 11 *bis* et 11 *ter*).

§ 403. *PÉDALES SIMULTANÉES.* La tonique et la dominante peuvent être prolongées simultanément (Ex. 12) et former ainsi une DOUBLE PÉDALE :

§ 404. *PÉDALE SUPÉRIEURE ET PÉDALE MÉDIAIRE.* Une note qui persiste, durant plusieurs accords différents, dans une partie autre que la Basse, est souvent, par analogie, qualifiée aussi de *pédale*; mais on abuse beaucoup de cette dénomination, et on ne doit pas perdre de vue le caractère distinctif de la pédale (§ 391), quelle que soit d'ailleurs la partie qui la contient. De fait, les *pédales effectives* soit SUPÉRIEURES (c'est-à-dire placées dans la partie supérieure extrême), soit MÉDIAIRES (c'est-à-dire placées dans une partie intermédiaire), sont extrêmement rares; elles sont ordinairement de courte durée, ne permettent jamais une grande variété d'accords, et semblent, en tout cas, exclure deux accords consécutifs qui leur soient étrangers.

Ces sortes de pédales sont particulièrement dures lorsqu'une des notes intégrantes de l'harmonie vient les toucher à distance de *demi-ton*, surtout de demi-ton *inférieur* (*) (Ex. 13, 3ᵉ mesure), qu'il soit *simple* ou *redoublé*; le mauvais effet qui en résulte ne peut être atténué, en partie, qu'en ne donnant qu'une valeur brève à la note réelle et en ne la plaçant que sur

---

(*) § 402.

les temps faibles ou sur la partie faible d'un temps; quelquefois, cependant, ce genre de dureté se fait accepter, avec une PÉDALE SUPÉRIEURE, par l'intérêt ou par l'étrangeté d'un motif,
ou par la persistance rhythmique d'un dessin constituant la *pédale* (Ex. 14). Quant au demi-
ton chromatique de la deuxième mesure de l'Ex. 13, il est absolument inacceptable (*).

La PÉDALE MÉDIAIRE, quoique généralement aussi dure que la PÉDALE SUPÉRIEURE, peut cependant donner lieu à quelques effets passagers très heureux; elle permet, par exemple, de
pratiquer certains renversements des accords de *onzième* ou de *treizième tonique*, sans que
ces accords impliquent, comme dans l'Ex. 14, le choc de seconde mineure entre la *pédale* et
la *note sensible*; en d'autres termes, on est à même d'éviter, lors d'une *pédale médiaire*, qu'une
note vienne choquer cette *pédale* à distance de *demi-ton inférieur*, puisqu'on a la faculté de
placer cette note à distance de *septième supérieure* de la pédale; telle est la disposition
des deux notes *ré* et *ut ♯* dans la troisième mesure de l'Ex. 15; on remarquera, en outre,
que cet exemple présente une *double pédale* : la *pédale médiaire* RÉ, et la *pédale supérieure* LA,
chacune de ces deux notes (RÉ et LA) devient successivement et alternativement, d'une mesure à l'autre, note étrangère à l'accord qui frappe simultanément avec elle; toutefois la pédale supérieure LA peut aussi être analysée, dans cet exemple, comme suspension se maintenant en place, ce qui rentre dans les *équivoques de la pédale* expliquées § 415.

On trouvera encore un exemple de véritable *pédale médiaire* dans l'article *Broderie*, § 448,
Ex. 30.

(*) Ce demi-ton chromatique ne pourrait avoir lieu que s'il se présentait comme *note de passage* de très courte durée.

ÉQUIVOQUES DE LA PÉDALE SUPÉRIEURE OU MÉDIAIRE.

§ 405. On donne souvent le nom de *pédale* soit *supérieure*, soit *médiaire*, à des prolongations qui (ainsi qu'on l'a déjà fait observer § 401) ne sont que des *résolutions exceptionnelles de dissonances*, ou des *suspensions se maintenant en place*; ainsi l'Ex. 16 ne renferme pas de particularités autres que des *accords dissonants se résolvant exceptionnellement*: dans l'Ex. 17, se présente, à deux reprises, *une suspension qui reste en place* (*); quant aux Ex. 18 et 18 *bis*, ils contiennent *la suspension de l'octave de la tierce* (§ 357 Ex. 34 *bis*) qui, au lieu de se résoudre *naturellement* au degré inférieur, comme dans l'Ex. 18 *ter*, *se maintient en place* et devient *note intégrante* de l'accord suivant, accord de septième dominante (second renversement) qui, lui-même, se résout *exceptionnellement*.

§ 405 *bis*. Des formules analogues à celle-ci : se rencontrent souvent; on y peut considérer la tenue de l'*ut* comme *pédale supérieure*, mais il est préférable de l'analyser différemment, comme on le verra dans le chapitre des *notes de passage*, § 401.

N. B. A l'école on n'admet que la pédale *basse*, appelée aussi PÉDALE INFÉRIEURE; toute pédale *supérieure* ou *médiaire* est absolument défendue, à moins qu'elle ne puisse s'analyser comme dissonance ou suspension se maintenant en place.

(*) Au surplus, si on voulait faire prévaloir davantage la sensation de la *pédale* dans les Ex. 16 et 17, il suffirait de doubler, à une ou plusieurs octaves, la tenue de l'*ut* dans l'Ex. 16, et la tenue du *la* dans l'Ex. 17, (voir, à ce propos, les réflexions du § 400 *bis*).

DEUXIÈME PARTIE.

NOTES ACCIDENTELLES DE DEUXIÈME CLASSE

ou

NOTES ESSENTIELLEMENT MÉLODIQUES.

Ces notes se divisent en deux catégories : 1° *les notes qui servent d'ornement à une autre note;* 2° *les notes de passage.*

(*N. B.* Pour tout ce qui concerne les chapitres suivants, ne pas perdre de vue la règle générale (§ 328) d'après laquelle la réalisation de l'harmonie doit être correcte, abstraction faite de toutes les notes accidentelles).

CHAPITRE I.

DES NOTES QUI SERVENT D'ORNEMENT A UNE NOTE PRINCIPALE.

LOIS GÉNÉRALES.

§ 406. Une note ne peut être *ornée* (dans le sens qu'on prête ici à ce mot) que par l'un de ses degrés conjoints (*). La note ornée s'appelle NOTE PRINCIPALE; celle qui sert d'ornement prend le nom soit d'*appoggiature*, soit de *broderie*, soit d'*échappée* (ou *broderie tronquée*), selon qu'elle précède, ou qu'elle sépare en deux, ou qu'elle suit sa *note principale*. L'ornement est ou SUPÉRIEUR OU INFÉRIEUR, selon qu'il se trouve au-dessus ou au-dessous de sa *note principale*.

§ 407. L'*ornement* est DIATONIQUE lorsqu'il appartient au même ton et au même mode que la note principale qu'il orne. Ainsi l'ornement diatonique forme, avec sa note principale, ou une *seconde majeure*, ou une *seconde mineure*, selon la place qu'occupent les deux notes dans la gamme (voyez Ex. 1).

(*) Il est bien entendu qu'il n'est question, ici, que d'ornements formés par des notes essentiellement mélodiques, c'est-à-dire étrangères à l'accord. Ainsi, quoique certaines notes connues sous le nom de *porte-de-voix* (voir l'Ex. ci-dessous) soient aussi des espèces d'ornements, ces notes sont toujours *notes réelles* donnant lieu à des formules qui sont de la catégorie des accords brisés (voir page 124 et suivantes), à moins que leur émission ne précède le frappé de l'accord; en ce cas, ce sont les *anticipations indirectes* (§ 389).

Exemple

§ 408. L'*ornement diatonique* maintient infailliblement la tonalité; c'est-à-dire qu'il ne peut, en aucun cas, déterminer une modulation :

Exemple. 

§ 409. L'*ornement* est ALTÉRÉ lorsqu'il est affecté d'un accident qui n'appartient pas au ton établi. En ce cas, selon la nature de l'altération, l'ornement se trouve nécessairement ou plus rapproché, ou plus éloigné de sa note principale qu'il ne le serait dans l'ordre diatonique; mais jamais on ne peut altérer un ornement qu'à condition de ne pas l'éloigner de plus d'une seconde majeure de sa note principale.

§ 410. L'intervalle mélodique de *seconde augmentée* que forment, entre elles, la sixième et la septième note de la gamme mineure, nécessite toujours l'altération de celle de ces deux notes qui sert d'ornement à l'autre; *cette altération n'influe en rien sur l'effet tonal et modal*, et se pratique ainsi qu'il suit :

§ 411. Pour appliquer l'ornement *supérieur* à la sixième note du mode mineur, il faut altérer la note sensible en la baissant d'un demi-ton chromatique :

Exemple. 

§ 412. Pour appliquer l'ornement *inférieur* à la note sensible du mode mineur, il faut altérer la sixième note de ce mode en la haussant d'un demi-ton (Ex. 3); on la hausse même quelquefois d'un ton entier (Ex. 4).

§ 413. En dehors des cas particuliers imposés par le mode mineur, et consignés dans les deux paragraphes précédents, il convient souvent d'enfreindre l'ordre diatonique à l'égard des notes qui servent d'ornement, en faisant subir à ces notes une altération soit ascendante, soit descendante. Ces altérations peuvent, selon le cas, influer ou ne pas influer sur la tonalité établie; leurs conséquences vont être développées dans ce qui suit :

§ 414. Lorsque l'ornement et *supérieur* et *diatonique* forme, avec sa note principale, une *seconde majeure*, et qu'on fait subir, à la note qui sert d'ornement, une altération *descendante* qui la *rapproche* de sa note principale (Ex. 5 et 6), on provoque une modulation; en d'autres termes : la note altérée devient note caractéristique (*) et acquiert la même influence tonale qu'elle aurait si elle était note réelle.

Cependant cette altération, dans les conditions qui viennent d'être énoncées, peut n'être que passagère, et n'impose pas toujours absolument un ton nouveau (Ex. 7); il est un cas, surtout, où elle n'ébranle pas la tonalité : c'est lorsque le mode majeur emprunte, à son mineur direct, la sixième note pour servir d'ornement à la cinquième (**) (Ex. 8).

§ 415. Lorsque l'ornement et *inférieur* et *diatonique* forme, avec sa note principale, une *seconde majeure*, on peut altérer la note qui sert d'ornement, c'est-à-dire la *rapprocher* d'un demi-ton de sa note principale (Ex. 9), sans influer en rien sur la tonalité; cette manière d'altérer l'ornement *inférieur* est extrêmement usitée dans la musique moderne.

§ 416. Mais, lorsque l'ornement *diatonique* soit *supérieur*, soit *inférieur*, forme avec sa note principale, une *seconde mineure*, la note qui sert d'ornement ne peut subir une altération qui l'*éloigne* de sa note principale sans qu'il y ait modulation évidente et impérieuse (Ex. 10 et 11).

§ 417. RÉSUMÉ. L'ornement *supérieur* doit suivre l'ordre diatonique si on veut maintenir la tonalité. — L'ornement *inférieur* peut aussi se pratiquer diatoniquement; mais en outre, il peut, en toute circonstance et sans porter atteinte à la tonalité, s'effectuer par la seconde mineure, que celle-ci soit, ou non, conforme à l'ordre diatonique.

(*) § 122.
(**) Cette particularité s'accorde avec les remarques du § 145.

RÈGLES GÉNÉRALES DE RÉALISATION.

§ 418. La *note principale*, quels que soient les ornements qu'on lui applique, peut être doublée par la même note non ornée, pourvu que l'une de ces notes soit à distance d'une *octave*, au moins, de l'autre (Ex. 12, 13 et 14); l'*unisson* (Ex. 15) n'est admissible qu'exécuté par deux instruments de timbres très différents(*); dans la musique purement vocale on ne doit jamais doubler, à l'*unisson*, une note ornée, par la même note non ornée.

§ 418 *bis*. Cependant le genre de réalisation qu'autorise le paragraphe précédent peut quelquefois occasionner des duretés ou des effets confus; c'est le goût qui doit en être juge; ainsi, dans le style vocal, la disposition des Ex. 12 et 14 est préférable à celle de l'Ex. 13.

En tout cas, et dans quelque style que ce soit, on doit principalement se conformer à la règle suivante :

§ 419. *RÈGLE*. Il faut éviter de doubler, même à distance d'une ou de plusieurs octaves, la tierce *majeure* (de n'importe quel accord) lorsqu'elle est ornée (Ex. 16), surtout quand l'ornement a une certaine durée et qu'il frappe simultanément avec la note non ornée (Ex. 17).

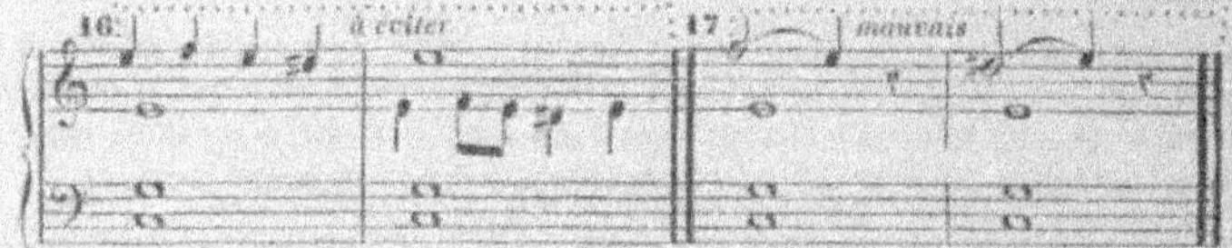

§ 420. Une note qui sert d'ornement peut être altérée dans les conditions des § 410, 411, 412 et 415, tandis que cette même note, non altérée, est entendue simultanément comme note intégrante de l'accord (Ex. 18, 19, 20, 21, et 22). On observera toutefois que, dans l'altération de la note sensible du mode mineur (§ 411), cette note, ainsi altérée, doit toujours se trouver séparée d'une ou de plusieurs octaves de la note sensible effective (Ex. 18 et 19); d'ailleurs l'ornement par la note sensible altérée s'emploie, le plus souvent, dans une partie prédominante, surtout dans la partie supérieure; et quand ce même ornement est pratiqué dans une partie grave, il ne doit être placé qu'après l'attaque de la note sensible effective et intégrante de l'accord (comparez l'Ex. 22 à l'Ex. 22 *bis*).

(*) Ou bien lorsque l'intention du compositeur est de produire un effet particulier tel que celui de l'Ex. 49, page

ARTICLE I.

DE L'APPOGGIATURE.

§ 421. L'*Appoggiature* est un ornement qui précède sa *note principale* :

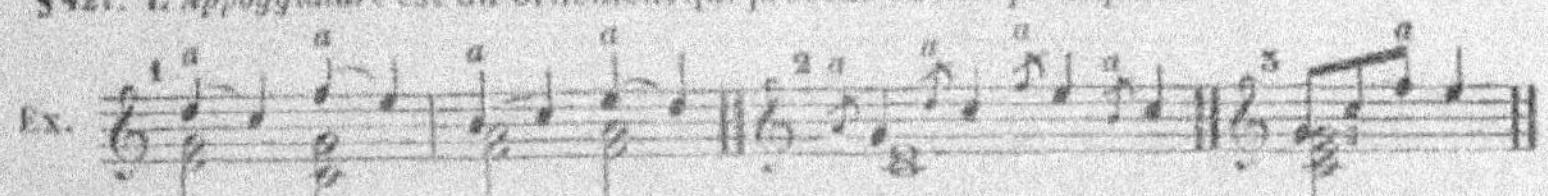

§ 422. Le terme *appoggiature* (en italien *appoggiatura*) vient du verbe italien *appoggiare* (appuyer). Ce terme, dont le sens est un peu vague, donne lieu à deux interprétations qui, selon l'importance que prend la note, s'appliquent tantôt à l'une tantôt à l'autre des deux sortes particulières d'appoggiatures qui sont : l'appoggiature *expressive* qui occupe momentanément la place de la note principale et sur laquelle l'exécutant doit appuyer (Ex. 1), et l'appoggiature *faible* qui n'est qu'une note non accentuée venant s'appuyer contre une autre note (Ex. 2 et 3).

§ 423. L'*APPOGGIATURE EXPRESSIVE* est, le plus souvent, placée sur un temps fort ; sa valeur est arbitraire :

Mais ce qui caractérise particulièrement cette note, c'est qu'elle attire à elle l'accent principal : ainsi toute appoggiature devient *expressive* dès qu'elle est accentuée, quelles que soient alors, et sa valeur, et la place qu'elle occupe dans la mesure :

424. La sensation causée par l'*appoggiature expressive* placée sur un temps fort est assez analogue à celle que produit la suspension ; car, de fait, c'est une suspension dont la préparation est supprimée :

D'ailleurs certaines suspensions accentuées, et qui ne sont pas liées à leur préparation par une syncope, prennent toujours le caractère de l'appoggiature.

Ainsi l'appoggiature peut, à volonté, être préparée; mais cette préparation n'exige pas la régularité de celle de la suspension (§ 311), et admet n'importe quelles valeurs :

§ 425. En conséquence de l'espèce d'analogie qu'on vient d'établir entre l'appoggiature *expressive* et la suspension, toutes les règles relatives à la réalisation des suspensions, principalement celles des § 348, § 357 et 358, sont applicables ici. Toutefois les duretés que produit quelquefois l'appoggiature en frappant simultanément avec celle des notes qui double sa note principale, sont généralement pratiquées avec beaucoup moins de scrupule que ces mêmes duretés résultant des suspensions (§ 357 et 358). La raison en est que la suspension est principalement affectée au style sévère, et que son caractère est plutôt calme, tandis que l'appoggiature, dont le caractère est dramatique, appartient essentiellement au style libre où les duretés sont beaucoup moins choquantes, et où elles sont pratiquées, souvent, avec intention. Quoiqu'il en soit, l'appoggiature est toujours plus douce lorsqu'elle n'est pas entendue simultanément avec la note principale doublée (Ex. 8), mais, si on double cette note, on se conformera aux règles de réalisation que renferment les § 418, § 419 et § 420.

§ 426. L'*appoggiature expressive* s'emploie le plus souvent dans la partie supérieure prédominante; on doit éviter de la placer dans une partie intermédiaire (sauf dans le cas d'appoggiatures simultanées § 431); quant à la Basse, il faut beaucoup de tact et d'expérience pour y faire usage de l'appoggiature expressive; elle y produit presque toujours des duretés inadmissibles (Ex. 9 et 10), à moins qu'elle n'y soit attaquée qu'après le frappé de l'accord, ce qui, en toute circonstance, rend l'appoggiature plus douce (Ex. 9 bis et 10 bis).

§ 427. L'accord peut changer au moment où l'appoggiature se résout sur sa note principale (Ex. 11); il peut même changer pendant la durée de l'appoggiature, en d'autres termes, celle-ci peut se prolonger dans l'accord suivant et y déterminer un retard (Ex. 12), ou faire partie intégrante de l'accord suivant (Ex. 13 à comparer avec l'Ex. 5 du § 312) (*).

§ 428. Relativement à l'appoggiature *diatonique*, à l'appoggiature *altérée*, ainsi qu'à l'appoggiature *supérieure* et *inférieure*, consulter les paragraphes compris entre § 407 et § 417; mais il est à remarquer que l'appoggiature *inférieure* se pratique de préférence, et presque constamment, par la seconde *mineure*; ainsi son altération est fréquente (voir, entre autres, les Ex. 8 et 9 *bis*); on ne conserve guère l'ordre diatonique de la seconde *majeure*, relativement à l'appoggiature *inférieure*, que lorsqu'elle orne la note sensible du mode majeur.

Ex. 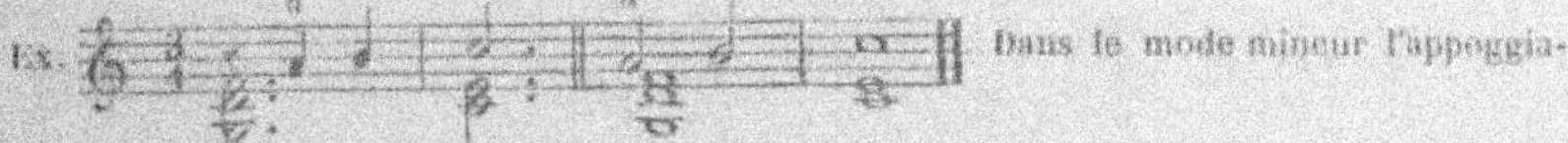 Dans le mode mineur l'appoggiature *inférieure* se place aussi d'ordinaire à distance de seconde *majeure* de la note sensible:

Ex. 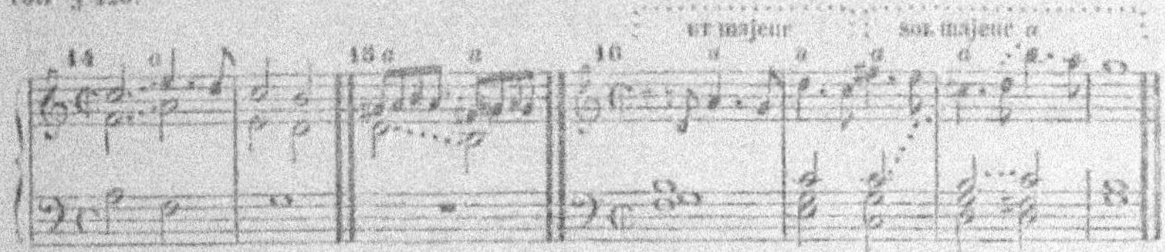, mais ici cette appoggiature a subi une altération (voir § 412).

§ 429. On se sert quelquefois de l'appoggiature pour déterminer une modulation (Ex. 16); mais ce moyen de moduler produit souvent des effets très durs.

§ 430. L'intervalle harmonique de quinte juste, ainsi que les intervalles dissonants qui peuvent résulter du mouvement direct aboutissant d'une part à une appoggiature et d'autre part à une note réelle, sont généralement sans inconvénient (Ex. 14, 15, 16); il en est de même de certains cas de fausses relations entre l'appoggiature, altérée dans les conditions du § 415, et une note réelle qui la précède (Ex. 16). Pour ce qui concerne les Ex. 17 et 18, voir § 420.

(*) Il est une autre particularité qui, à la vérité, est généralement trop peu praticable et qui offre trop peu d'exemples pour pouvoir être érigée en principe, mais qui se déduit naturellement de l'espèce d'analogie existant entre l'appoggiature et la suspension (§ 426), et que l'on ne peut se dispenser de consigner ici : c'est que l'appoggiature, de même que la suspension (§ 342), au lieu de se résoudre régulièrement, peut subir un changement chromatique; ce n'est qu'ainsi que s'explique le passage célèbre qui se trouve dans l'Introduction de la *Création* d'Haydn (voyez l'ex. suivant); le *fa* dièse (appoggiature altérée, § 409), au lieu de monter en *sol*, change en *fa* naturel.

Exemple. Comparez cet exemple avec l'ex. 8 bis du § 3.

§ 431. On peut frapper simultanément plusieurs appoggiatures dans différentes parties. Dans leurs rapports entre elles, ces APPOGGIATURES SIMULTANÉES exigent la même pureté de réalisation qu'on observerait entre notes réelles. Ainsi lorsque des appoggiatures simultanées proviennent du mouvement direct, et surtout lorsqu'elles se résolvent en mouvement parallèle sur leurs notes principales, elles doivent se trouver en rapports de *tierce* ou de *sixte* (Ex. 19); la *quarte* ne peut se pratiquer qu'en étant accompagnée de la *sixte* disposée comme dans l'Ex. 20, préférablement à l'Ex. 20 *bis*. Mais quand les appoggiatures simultanées se rencontrent en mouvement contraire, les duretés qui peuvent résulter de leur choc mutuel sont quelquefois d'un bon effet (Ex. 19 *bis* et 21).

§ 432. Lorsqu'on applique des appoggiatures simultanées à plusieurs notes d'un accord, ces notes ne peuvent pas toutes être doublées à la fois, même à l'octave inférieure, sans produire des duretés intolérables (Ex. 22); c'est à l'instinct et au goût à décider quelles sont, parmi ces diverses notes, celles qu'on peut doubler sans inconvénient; cependant la règle du § 419 peut, en ce cas, aider l'instinct.

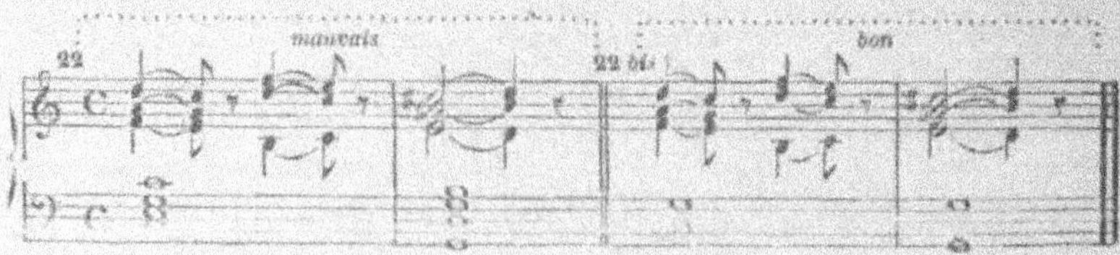

§ 433. *L'APPOGGIATURE FAIBLE* est celle qui n'implique pas d'accent, et qui, au contraire, s'appuie sur sa note principale. Elle est toujours placée sur un temps faible ou sur la partie faible du temps, et sa valeur n'est jamais longue (Ex. 23 à 28).

Les *petites notes* (Ex. 27) qui, en apparence, sont placées sur un temps fort, s'exécutent avant le frappé du temps, et sont par conséquent des *appoggiatures faibles*, car ce sont leurs notes principales qui, dans ce cas, reçoivent l'accent.

L'appoggiature faible, en ce qui concerne les règles du § 425, exige beaucoup moins de précautions que l'appoggiature expressive. Elle peut se placer dans n'importe quelle partie, pourvu que le dessin mélodique auquel elle contribue offre quelque intérêt, soit comme partie prédominante, soit comme partie d'accompagnement.

§ 434. *DOUBLE APPOGGIATURE.* La *note principale* peut être précédée par un groupe de deux appoggiatures successives, l'une supérieure et l'autre inférieure (ou *vice versâ*), ce qui forme la *double appoggiature* (Ex. 29); mais, dans ce cas, il n'y a qu'une seule des deux appoggiatures qui puisse être expressive (Ex. 30), souvent elles sont faibles toutes deux (Ex. 31; la seconde mesure de l'Ex. 28 contient aussi une double appoggiature)

OBSERVATIONS RELATIVES A L'EMPLOI ET A L'ANALYSE DE L'APPOGGIATURE.

§ 435. Il est évident que l'appoggiature ne peut s'appliquer qu'aux notes qui n'exigent point de préparation; ainsi, ni les notes dissonantes des accords de septième de 2e, de 3e et de 4e espèce, ni les suspensions, etc., etc., ne peuvent recevoir l'appoggiature. Mais

---

(*) Les deux quintes consécutives sont justifiées § 450, ex. 70.

l'appoggiature peut orner, dans beaucoup de cas, toute espèce de note mélodique, y compris l'appoggiature elle-même :

N. B. Les exemples de l'appoggiature appliquée aux autres notes mélodiques sont contenus dans les Articles subséquents.

§ 436. Les appoggiatures les plus caractérisées sont celles qui déterminent une dissonance; c'est sous ce rapport encore qu'on peut appliquer à l'appoggiature expressive les mêmes observations qu'aux suspensions § 333.

ÉQUIVOQUES PRODUITES PAR L'APPOGGIATURE.

§ 437. Certaines appoggiatures présentent quelquefois une apparence de notes intégrantes (Ex. 33); néanmoins, lorsque la note implique un accent, elle fait souvent prévaloir la sensation de l'appoggiature, lors même qu'elle ne produit pas d'effet dissonant

§ 438. Certaines appoggiatures *altérées* prennent quelquefois l'apparence de notes faisant partie intégrante d'accords altérés, soit que ces accords se trouvent effectivement conformes à la définition du § 267 (tels sont les Ex. 34, 34 bis, et 35), soit qu'ils présentent une agrégation de notes non conformes à cette définition, mais que plusieurs théoriciens classent parmi les accords altérés (Ex. 36, 37, 38, 39 et 40).

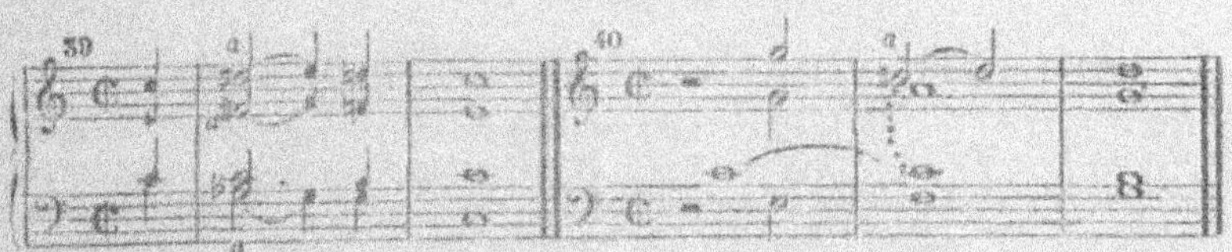

§ 439. Les accords de *onzième* et de *treizième tonique* (§ 379) résultent souvent d'appoggiatures simultanées:

Exemples:

§ 440. *FORMULES DIVERSES DE RÉALISATIONS.*

RÈGLE GÉNÉRALE CONCERNANT L'EMPLOI DE L'APPOGGIATURE

§ 441. L'harmonie doit être correcte en substituant à l'appoggiature la note principale qu'elle orne. Ainsi les Ex. 45, 46 et 47 sont mauvais parce que les deux premiers contiennent deux quintes consécutives et que le dernier contient deux octaves.

____

(*) Cette manière de réaliser, défendue d'après le § 419 est tolérée, dans la musique instrumentale, lorsque l'appoggiature est de courte durée.

§ 442. Il n'est peut-être pas de genre de note qui caractérise autant la musique moderne que l'appoggiature. Beaucoup d'auteurs en font un grand abus. Elle convient, en général, à la musique dramatique dont elle est évidemment née ; mais elle est souvent déplacée dans la musique calme et contemplative, ainsi que dans celle dont le caractère doit être grave et imposant ; il est même rare qu'elle se prête aux accents mâles et énergiques qui exigent une grande franchise, car l'appoggiature exprime surtout la tendresse, ou l'abattement, ou l'agitation, ou un certain abandon passionné, en un mot la faiblesse morale ou, pour mieux dire, l'absence d'empire sur soi-même.

N. B. L'usage de l'appoggiature est complétement interdit dans le contrepoint et dans le style rigoureux.

ARTICLE II.

DE LA BRODERIE.

§ 443. La *Broderie* est un ornement qui succède à sa *note principale*, et qu'elle remplace momentanément, pour retourner à cette même note principale :

§ 443 *bis.* Dans les divers exemples précédents on voit que chacune des *notes principales* est comme séparée, en deux ou plusieurs fractions, par chaque note qui la *brode.*

§ 444. La broderie est SIMPLE dans tous les exemples ci-dessus ; elle est DOUBLE lorsqu'on se sert successivement et de la broderie *supérieure* et de la broderie *inférieure* (ou *vice versâ*) avant de retourner à la note principale : (Ex. 7, 8, 9 et 10.)

§ 445 La *broderie* peut avoir lieu dans n'importe quelle partie, pourvu que, dans les cas où l'on double la note *brodée* par la même note *non brodée*, on se conforme à la règle du § 418 Quant à la règle du § 419, elle est beaucoup moins rigoureuse, à l'égard de la broderie, qu'à l'égard de l'appoggiature ; cependant il est toujours bon de l'observer.

§ 446. La valeur de la *broderie*, relativement à la note qu'elle orne, est arbitraire. Quant à sa valeur absolue, c'est-à-dire envisagée comme durée de temps, elle a certaines limites que le goût seul peut prescrire et qui dépendent surtout de l'effet plus ou moins dur que peut produire le choc de la *broderie* avec d'autres notes de l'harmonie accompagnante. En général le caractère de ce genre de note se prête infiniment mieux aux valeurs brèves ou moyennes, et il est rare de trouver des broderies dont la durée dépasse celle des Ex. 11, 11 *bis* et 11 *ter*, tirés, tous trois, d'un Adagio d'*Haydn*.

§ 447. Pour ce qui concerne la broderie *diatonique* et la broderie *altérée*, consulter depuis § 409 jusqu'à § 447, ainsi que § 429. Toutefois il est important de constater ici que l'altération qui rapproche l'ornement inférieur de sa note principale (§ 445), altération si généralement applicable à l'appoggiature inférieure (§ 428), est loin d'être aussi nécessaire au bon effet de la *broderie inférieure*; il est même à remarquer qu'elle rapetisse et affadit souvent le style, et que, par cette raison, on doit s'en abstenir dans les compositions d'un ordre sévère; cependant les habitudes contractées par notre oreille semblent, pour ainsi dire, exiger cette altération à l'égard de certaines notes: telle est, entre autres, la broderie inférieure de la *dominante (comparez* l'Ex. 12 à l'Ex. 12 *bis* et l'Ex. 13 à l'Ex. 13 *bis)*; toutefois cette dernière considération ne doit pas empêcher de remarquer que cette même note, non altérée, peut donner beaucoup de caractère à un motif: (Ex. 14 et 15.)

§ 447 *bis*. Quant à la broderie altérée dans les conditions du § 444 et surtout dans celles du § 446, elle offre des ressources pour moduler : (Ex. 16, 17, 18, 19 et 20.)

§ 448. Toute note, qu'elle soit consonnante ou dissonante, réelle ou accidentelle, peut être ornée par la broderie; (voir, outre les Exemples précédents, tous ceux que contient ce paragraphe; on trouvera, § 488, des exemples où la broderie s'applique aux notes de passage); la broderie elle-même peut être brodée (Ex. 32).

N. B. Cette propriété de pouvoir orner toute espèce de note, sans exception aucune, distingue particulièrement la broderie de toutes les autres notes mélodiques.

On remarquera, toutefois, qu'on ne se sert jamais que de valeurs courtes pour broder, et les notes dissonantes qui exigent une préparation, et les notes accidentelles.

Broderie de la Note altérée.
Broderie de la Suspension.
Broderie du Retard.
Broderie de l'Anticipation.
Broderie de la Pédale.
Broderie de la Péd. médiaire.
Beethoven, 7e Quatuor.

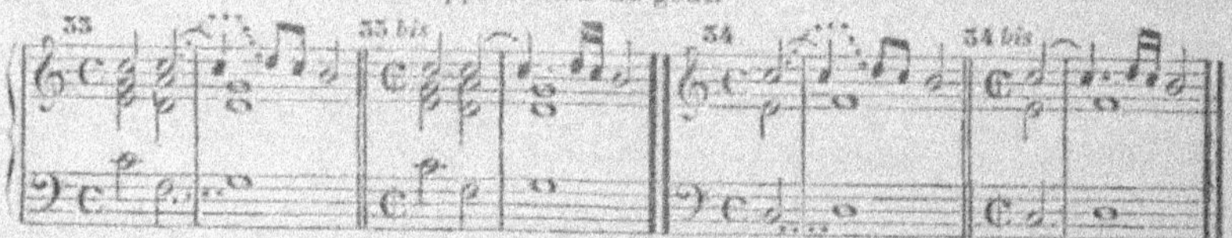

§ 448 *bis*. La *broderie*, ornant certaines suspensions comme celles des Ex. 33 et 34, est considérée, dans beaucoup d'écoles, comme formant, dans l'Ex. 33, une *quinte retardée*, et, dans l'Ex. 34, une *octave retardée*. Lorsque le mouvement est lent, et que, d'ailleurs, la valeur de la broderie a une certaine importance, ces exemples peuvent effectivement donner la sensation de quintes et d'octaves retardées; mais quand la broderie est de très courte durée (Ex. 33 *bis* et 34 *bis*), cette sensation n'a pas lieu. La faculté de se servir de la broderie, en pareil cas, est donc soumise à l'appréciation du goût.

§ 449. L'appoggiature peut aussi, à son tour, s'appliquer à la *broderie*: (*comparez* l'Ex. 35 avec l'Ex. 32.)

§ 450. Dans ses rapports avec les notes intégrantes de l'harmonie, une note brodée peut généralement être considérée comme si elle était tenue, c'est-à-dire comme si cette note était denuée d'ornement; par conséquent on peut changer d'accord pendant sa durée, peu importe que ce changement d'accord coïncide avec l'attaque de la note principale (Ex. 37), ou avec celle de la broderie même (Ex. 37 *bis*); toutefois cette faculté est soumise au goût et dépend de la lenteur ou de la rapidité du mouvement; ainsi une broderie d'une durée quelque peu longue produit souvent mauvais effet en correspondant au frappé d'un nouvel accord; c'est pourquoi, à l'école, on ne permet le changement d'accord que lorsqu'il coïncide avec la note principale et réelle (Ex. 37).

§ 450 *bis*. On peut même changer d'accord pendant la durée de la broderie: (Ex. 38 et 39)

§ 451. La réalisation des broderies, par rapport aux notes intégrantes de l'harmonie qui frappent simultanément avec elles, est, en général, assez indépendante. Ainsi, dans le cas de *deux quintes justes consécutives*, il suffit que *l'une* ou *l'autre* de ces deux quintes soit formée par une *broderie* d'une part et par une *note réelle* d'autre part, pour qu'il n'y ait point de faute (Ex. 40, 41 et 42); car, ainsi qu'on l'a dit § 450, la note brodée est considérée comme si elle était tenue; ce principe autorise de même, et les *octaves consécutives* (Ex. 43 et 44), et certaines *fausses relations* entre la *broderie* et une *note réelle* de l'harmonie (Ex. 45, 46 et 49), ainsi que le choc simultané de la broderie avec une note réelle, que ce choc provienne du mouvement direct ou du mouvement contraire, et quel que soit l'intervalle dissonant qui en résulte (Ex. 47 et 48).

§ 451 *bis*. Le principe contenu dans le § 451 explique le cas remarquable de l'Ex. 50 ci-dessous, où les trois quintes consécutives, par demi-tons, loin de produire mauvais effet, ont un charme tout particulier; chacune des deux parties qui concourent à ces quintes renferme alternativement une broderie et une note réelle de l'harmonie, de manière que l'une des deux notes de chaque quinte est toujours une broderie(*); en d'autres termes, il n'y a pas ici de quintes *réelles*.

N. B. Il est important, toutefois, de faire remarquer que toutes ces libertés de réalisation ne sont bonnes qu'avec des broderies d'une durée courte ou, au moins, moyenne, et que dans un mouvement très lent, ou avec des valeurs longues, elles produisent souvent des effets très mauvais; c'est pourquoi il est préférable de les interdire à l'école, quelle que soit d'ailleurs la durée de la broderie.

§ 452. Mais dans ses rapports avec les *notes accidentelles*, la broderie doit, en général, être soumise aux lois ordinaires qui concernent la pureté de réalisation exigée pour les notes intégrantes de l'harmonie. Ainsi tout intervalle formé par *deux notes accidentelles quelconques*, frappées simultanément, doit être traité comme le serait tout intervalle harmonique formé de deux notes réelles; (les *notes de passage* seulement permettent quelques licences consignées dans le chapitre suivant qui traite de ces sortes de notes). En conséquence, dans l'Ex. 51, les deux quintes consécutives sont d'un mauvais effet, parce qu'elles ne sont plus ici dans les conditions particulières mentionnées § 451; les deux notes *ré* et *la*, de la première de ces quintes, sont, toutes deux, *étrangères* à l'accord (car le *ré* est une suspension et le *la* une broderie), et les deux notes *ut* et *sol*, de la quinte ultérieure, sont *réelles* toutes deux. De même, dans les quintes consécutives et réitérées de l'Ex. 51 *bis*, dont l'effet est intolérable, l'une des quintes est toujours formée de *deux notes réelles*, l'autre de *deux broderies*.

(*) Le premier *fa* (qui succède au *mi*) est, à la vérité, une note de passage; mais ce *fa*♯, qui d'ailleurs n'influe en rien sur l'analyse des deux quintes qui suivent, est expliqué dans le § 478.

§ 153. Broderies simultanées. — Deux ou plusieurs notes, entendues simultanément, peuvent être brodées simultanément. Lorsque les *broderies simultanées* ont lieu par *mouvement semblable*, on les traite d'après la règle du § 152 (déjà appliquée aux appoggiatures simultanées § 131), c'est-à-dire que ces broderies doivent se trouver entre elles en rapports de tierces ou de sixtes (Ex. 52, 53 et 54); les quartes successives ne peuvent se pratiquer qu'à condition de les accompagner par des sixtes disposées comme dans l'Ex. 56 préférablement à l'Ex. 57. La quinte diminuée peut être suivie de la quarte augmentée (et *vice versa*), à condition que ces intervalles soient accompagnés, au grave, par la sixte (Ex. 58). La fausse relation, entre broderies *doubles* simultanées (Ex. 53 et 54), ou d'une broderie quelconque à une autre (Ex. 55), est sans inconvénient dès que l'une de ces broderies est altérée dans les conditions du § 415.

Mais lorsque c'est le *mouvement contraire* qui mène à des broderies simultanées, celles-ci permettent de nombreuses licences, telles que : le choc de toute espèce d'intervalle dissonant (Ex. 60 et 61), ou même le choc d'une note altérée dans les conditions des §§ 410 et 411 ou du § 415, avec la même note non altérée (Ex. 62 et 63), pourvu que toutes ces duretés n'aient lieu qu'avec des valeurs brèves. Ces licences, toutefois, doivent être défendues à l'école.

§ 454. De même que les appoggiatures simultanées, les *broderies simultanées* se présentent quelquefois sous la forme d'accords (Ex. 64); mais, pour peu que les valeurs en soient brèves, c'est la sensation de la *broderie* qui l'emporte. — Quant au genre de réalisation qui consiste à doubler toutes les notes *brodées simultanément* par les mêmes notes *non brodées* (Ex. 64 *bis*), il en résulte ici, en général, des effets moins durs qu'avec les appoggiatures § 432. On remarquera, cependant, que la réalisation de l'Ex. 64 est, en tout cas, la meilleure; car dans un mouvement lent, ou même modéré, l'Ex. 64 *bis* devient inadmissible; il en est de même de l'Ex. 59 *bis*, comparé à l'Ex. 59.

§ 455. FORMULES DIVERSES DE RÉALISATION

ÉQUIVOQUES PRODUITES PAR LA BRODERIE.

§ 456. Dans l'appréciation des deux genres d'ornement dont on vient de traiter, le sentiment musical distingue la broderie de l'appoggiature, plus encore par le caractère parti

...tier à chacune de ces deux notes, que par la place qu'elles occupent relativement à leur note principale. Ainsi la broderie, lorsqu'elle est placée sur un temps fort ou sur la partie forte du temps, et qu'on lui imprime un accent, prend le caractère de l'appoggiature (Ex. 69). Quant à la véritable appoggiature expressive, son caractère est trop tranché pour qu'elle puisse être confondue avec n'importe quelle autre note mélodique; mais c'est l'appoggiature faible qui, souvent, donne plutôt une sensation analogue à celle de la broderie, et cette sorte d'appoggiature peut être considérée comme une broderie où la première fraction de la note principale (§ 443 bis) a été supprimée; c'est pourquoi les deux quintes de l'Ex. 70 (déjà signalées § 433 Ex. 25) ne sont pas dures (*), et peuvent être assimilées à celles dont il est question § 451.

Nonobstant ces réflexions, il importe, au point de vue de la théorie et de l'analyse, de faire une distinction radicale entre ces deux variétés de notes mélodiques, car, ainsi qu'on l'a dit § 435, l'appoggiature, même faible, n'a pas la propriété, comme la broderie, d'orner n'importe quelle espèce de note (§ 448).

La broderie se présente quelquefois comme note réelle (Ex. 71).

ARTICLE III.

DE L'ÉCHAPPÉE.

§ 457. On nomme *Échappée* toute note essentiellement mélodique qui succède à sa *note principale* et qui n'a point de résolution régulière, c'est-à-dire qui est suivie par une note autre que celle de son degré conjoint inférieur ou supérieur

---

(*) Il est à remarquer que, même avec l'appoggiature expressive, deux quintes produites dans des conditions analogues à celles de l'Ex. 70 ne sont pas aussi dures que si elles étaient réelles:

Exemple.

Ce fait explique pourquoi les quintes occasionnées par les accords de neuvième qu'on fait résoudre dans le sens de la réalisation suivante:

ne sont pas fort choquantes, la neuvième donnant très-souvent la sensation de l'appoggiature. (Au sujet de quintes analogues, voyez § 285, Ex. 17, 21, 24 et 26). Toutefois ces licences ne sont généralement pas d'un bon effet, c'est pourquoi on n'a pas jugé à propos de les corriger dans l'article *Appoggiature*.

L'*échappée*, dans la plupart des cas, n'est donc, pour ainsi dire, qu'une broderie où la dernière fraction de la note principale (*) se trouve supprimée; ainsi l'Ex. 1 n'est, de fait, que la figure tronquée de l'Ex. 1 *bis*; en d'autres termes l'*échappée* est une *broderie tronquée*.

§ 458. Lorsque la note qui constitue l'*échappée* peut faire partie intégrante de l'accord qui la suit (Ex. 2, 3 et 8) elle est souvent analysée comme *anticipation indirecte* (**), surtout quand sa valeur est longue (Ex. 2 *bis*); dans ce cas on la fait quelquefois coïncider avec un changement d'accord (Ex. 4); elle peut même être anticipée relativement au changement d'accord, ce qui est très rare (Ex. 5).

§ 459. Quand l'*échappée* ne peut pas être envisagée comme anticipation indirecte, on ne l'emploie qu'avec des valeurs brèves (***) et sur les temps faibles ou, plus souvent encore, sur la partie faible des temps (Ex. 1, 6, 9 et 10).

L'*échappée* peut quelquefois être ornée par la broderie (Ex. 6 *bis*), ou par l'appoggiature (Ex. 6 *ter* et 14); on la rencontre fréquemment suivie d'une appoggiature (Ex. 13, 14 et 15).

La *double échappée* (Ex. 11) est extrêmement rare; il en est de même des *échappées simultanées* (Ex. 13).

(*) § 443 *bis*.

(**) § 380.

(***) L'Ex. 7 présente un des cas rares où la valeur de l'*échappée* peut avoir quelque durée.

§ 460. De toutes les notes mélodiques l'*échappée* est celle qu'on rencontre le plus rarement, même dans la musique moderne ; la plupart des traités d'harmonie n'en font pas même mention. Son emploi est très délicat et très restreint ; elle ne se prête d'ailleurs qu'aux mélodies prédominantes ; jamais on ne la place dans une partie d'accompagnement. On ne l'altère que dans les conditions des Ex. 6, 6 *bis*, 6 *ter* et 7, ou bien dans les cas très rares où elle peut servir à moduler (Ex. 12). Enfin, on n'a guère fait usage, jusqu'aujourd'hui, que de l'*échappée supérieure* se résolvant sur une note inférieure ; la plupart des exemples précédents sont dans ce cas. L'*échappée inférieure* se résolvant sur une note supérieure (Ex. 8, 8 *bis*, 9 et 13) ne se rencontre presque jamais.

N. B. L'échappée est interdite à l'école, et complétement exclue du contrepoint.

CHAPITRE II.

DES NOTES DE PASSAGE.

§ 461. Dans une série de notes qui s'enchaînent mélodiquement, soit par degrés conjoints (Ex. 1, 3, 5), soit par demi-tons chromatiques (Ex. 2, 4, 6), celles qui sont étrangères à l'harmonie, et qui, par conséquent, remplissent diatoniquement ou chromatiquement l'intervalle mélodique séparant deux notes réelles différentes, s'appellent *Notes de Passage*.

§ 462. Les *Notes de Passage* sont, de toutes les notes mélodiques, celles qui s'emploient le plus fréquemment ; elles conviennent à tous les styles et peuvent d'ailleurs occuper n'importe quelle partie. Ainsi, sans parler de leur participation à la plupart des mélodies principales ou prédominantes, ces notes, convenablement disposées dans les parties secondaires, communiquent à ces parties une allure plus naturelle, plus mélodieuse, plus facile, et, par là, contribuent souvent à adoucir l'effet de certains enchaînements, de certaines transitions, de certaines modulations.

§ 463. Les *notes de passage* se placent généralement sur les temps faibles ou sur la partie faible des temps ; placées sur les temps forts elles produisent souvent des duretés qui ne sont pas tolérées à l'école ; elles s'emploient le plus ordinairement en valeurs brèves ou moyennes ; cependant elles peuvent comporter aussi des valeurs assez longues, s'attaquer, dans ce cas, sur un des temps forts (Ex. 9 et 10), et même occuper une mesure entière (Ex. 11). La durée relative des notes de passage est, le plus souvent, ou égale à celle des notes réelles qu'elles séparent (Ex. 2, 3, 5, 6), ou plus brève que celle de ces notes (Ex. 7); ce n'est que bien rarement qu'on donne aux notes de passage une valeur relative plus longue qu'aux notes réelles (Ex. 8).

§ 464. Lorsqu'une série de notes, commençant et finissant par une note réelle, est enchaînée sous forme de gamme diatonique ou chromatique, en valeurs brèves et égales, l'oreille n'apprécie comme *notes réelles* que la première et la dernière de ces diverses notes, et saisit toutes les autres comme *notes de passage* (Ex. 12). Lorsque la note qui commence une gamme (ou une fraction de gamme) n'est pas note intégrante de l'harmonie, elle ne peut être qu'une appoggiature (Ex. 13); lorsque la gamme est interrompue dans sa marche régulière ascendante ou descendante, la note qui se trouve au point d'interruption, si elle n'est pas note réelle, est, ou une broderie (Ex. 14), ou une échappée (Ex. 14 *bis*).

§ 405. Durant le parcours d'une gamme diatonique, en notes brèves et égales, on peut enchaîner une suite d'accords appartenant au ton de cette gamme; le changement d'accord peut coïncider avec une note de passage, surtout lorsque le mouvement est rapide (Ex. 15 et 17); mais il est toujours préférable de ne changer d'accord que lorsque la note correspondante de la gamme peut faire partie de ce nouvel accord sans y déterminer de dissonance (Ex. 16 et 16 bis). C'est surtout quand les notes de passage sont renfermées dans la Basse, qu'il faut éviter de les faire coïncider avec un changement d'accord: ainsi l'Ex. 16 bis est bon, tandis que l'Ex. 17 bis est assez dur.

§ 466. Quand les notes d'une gamme sont de valeurs inégales, il ne faut pas traiter en notes de passage, mais bien en notes réelles, les notes longues ou accentuées ou placées sur les temps forts et auxquelles l'instinct reconnaît une valeur harmonique : (comparez l'Ex. 13 à l'Ex. 18 bis).

§ 467. Quelquefois une partie interrompt une gamme commencée pour la laisser achever par une autre partie; mais ces morcellements ne se pratiquent guère que dans la musique instrumentale, entre instruments ayant une grande analogie de timbre, et lorsque les bornes qui limitent l'étendue de l'un de ces instruments ne lui permettent pas de continuer; en tout cas, il est préférable de ne faire interrompre que sur une note réelle l'instrument qui a eu l'initiative, et de ne faire entrer que sur cette même note réelle, et à l'unisson, l'instrument qui doit continuer la gamme (Ex. 19). — Quelquefois aussi une note réelle, frappée et soutenue par une partie, sert de point de départ à une gamme que vient continuer une autre partie attaquant alors par une note qui est considérée comme note de passage (Ex. 20); mais cette manière d'écrire n'est usitée que pour les instruments à clavier, la solution de continuité ne s'y faisant pas sentir, à cause de l'homogénéité des timbres.

§ 468. Lorsque, dans une gamme descendante, doublée en octaves par deux ou plusieurs instruments, les bornes de l'un de ces instruments s'opposent à ce qu'on continue l'enchaînement mélodique par secondes, on saute quelquefois à la septième supérieure (Ex. 21); dans une gamme ascendante on peut se servir d'un procédé analogue, et interrompre la succession des secondes en sautant de septième inférieure (Ex. 22); mais, dans l'un et dans l'autre de ces deux cas, on a soin de n'interrompre l'enchaînement des secondes qu'après une note qui puisse être envisagée comme note réelle et qui, de plus, n'occasionne qu'un saut de septième mineure, et non pas de septième majeure.

§ 450. L'intervalle de *seconde augmentée*, que forment entre elles la 6ᵉ et la 7ᵉ note du mode mineur, peut être considéré comme *diatonique* dans une gamme mélodique mineure (Ex. 23); c'est le seul cas exceptionnel aux conditions voulues pour les notes de passage. Mais on modifie presque toujours la gamme mineure mélodique de façon à en faire disparaître cet intervalle de seconde augmentée; cette modification est nécessairement soumise à la nature de l'accord qui accompagne cette gamme; il en résulte plusieurs manières de faire la gamme mineure mélodique (Ex. 23, 24, 25, 26, 27 et 28). La version de l'Ex. 24 est la plus usitée lorsque l'harmonie ne s'y oppose pas. — Dans un trait extrêmement rapide et qui se reproduit symétriquement on n'a quelquefois pas rigoureusement égard à toutes les notes de l'harmonie, et l'on écrit la gamme mineure de la manière la plus aisée pour l'exécution et la plus satisfaisante pour la symétrie. Ainsi la seconde mesure de l'Ex. 29 est praticable parce que l'oreille n'a, pour ainsi dire, pas le temps d'y apprécier les notes du trait.

§ 470. Dans toute circonstance autre que celles qui sont consignées dans le paragraphe précédent relativement au mode mineur, dès qu'on change la relation *diatonique* d'une note de passage en lui faisant subir une *altération*, la tonalité est aussitôt changée (Ex. 30 et 31) et l'on doit nécessairement conformer le choix des accords à cette nouvelle tonalité. Ainsi les notes de passage, de même que les autres notes mélodiques, offrent des ressources pour moduler.

§ 471. Mais lorsqu'on ne fait qu'interrompre momentanément l'ordre diatonique d'une gamme ou d'une fraction de gamme pour y intercaler une ou plusieurs notes de passage *chromatiques*, cette alternative du diatonique et du chromatique n'influe nullement sur la tonalité (Ex. 32 et 33).

§ 472. La *gamme chromatique*, appartenant de fait à tous les tons, permet toute espèce de modulation pendant sa durée, à condition, toutefois, que cette gamme ne contienne que des notes à valeur brèves et égales (Ex. 34).

§ 473. En ce qui concerne la notation de la *gamme chromatique*, on emprunte, le plus possible, les signes altératifs aux tons qui sont le plus relatifs de celui qui règne momentanément; mais, avant tout, on consulte la facilité de la lecture et de l'exécution.

§ 474. L'emploi et la réalisation des *notes de passage* à l'égard des autres notes, soit réelles, soit accidentelles, demandent une grande expérience; toutefois les règles contenues dans les paragraphes suivants peuvent servir de guides.

§ 475. Dans le style libre, une *note de passage* d'une valeur courte peut être frappée simultanément, et par *mouvement semblable*, avec une *note réelle*, quelque soit l'intervalle que ces deux notes forment entre elles, pourvu, toutefois, qu'elles ne produisent pas un choc de *seconde* (surtout de *seconde mineure*), mais qu'elles soient distantes, l'une de l'autre, au moins d'une *septième* ou d'une *neuvième* (Voyez l'Ex. 35).

§ 476. Comme complément du paragraphe précédent : toutes les fois qu'il y a rencontre, par mouvement direct, entre une *note de passage* et une *note réelle*, ce n'est pas la note de passage qu'il faut consulter pour vérifier si la réalisation est correcte, mais il faut substituer à cette note de passage la note réelle qui en est le plus proche et vers laquelle elle se dirige; si l'intervalle harmonique qui résulte de cette substitution est une *quinte juste* ou une *octave*, la réalisation est fautive. En conséquence l'Ex. 36 contient des quintes et des octaves défendues qu'on pourrait encore appeler ici *cachées* (*) ou *retardées* par une note de passage ; l'Ex. 35, au contraire, est bon.

§ 477. Lorsque les intervalles harmoniques de quinte juste ou d'octave, provenant d'un mouvement direct, se trouvent dans les conditions permises par l'*exception* du § 53 (Voir plus bas Ex. 37 et 38), il ne faut pas remplir, par des notes de passage, la lacune qui sépare les deux notes formant l'intervalle disjoint (Ex. 37 *bis* et 38 *bis*) : car, alors, la partie inférieure ne procéderait plus par degrés disjoints, et il en résulterait *deux quintes* consécutives dans l'Ex. 37 *bis*, et *deux octaves* dans l'Ex. 38 *bis*.

(*) V. § 341, ainsi que § 89 et 90.

§ 478. Il est important de ne pas confondre les cas qui doivent être soumis à la règle du paragraphe précédent (c'est-à-dire les cas où les notes qui forment l'intervalle de quinte juste ou d'octave auquel on aboutit sont toutes deux *notes réelles*) avec ceux dont il est question dans le § 451. Ainsi, lorsque le mouvement direct aboutit à une quinte juste formée par une note *réelle* d'une part et par une note *mélodique quelconque* d'autre part, la note de passage qui précède la note réelle est sans inconvénient, comme on le voit dans l'Ex. 39 déjà consigné dans le § 451. L'élève, toutefois, ne se permettra pas ces sortes de licences.

§ 479. On fait quelquefois résoudre la *septième* de l'accord de dominante tel qu'on le voit Ex. 40 ; et les *deux quintes* qui résultent des Ex. 41 et 42 ne sont pas d'un mauvais effet, atténuées, comme elles le sont ici, par une bonne Basse (Voir § 216 Ex. 9 et 10) ; mais cette licence ne se pratique que dans le style libre ; d'ailleurs la réalisation de l'Ex. 43 est, en tout cas, préférable (*).

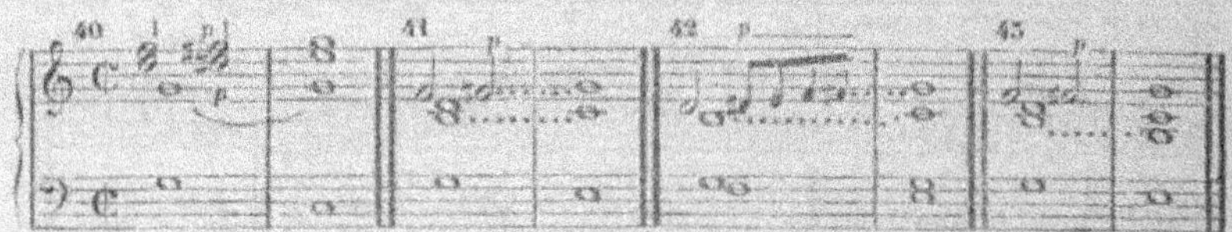

§ 480. Le *mouvement contraire* aboutissant simultanément à une *note de passage* et à une *note réelle*, ne pourrait avoir d'inconvénient que si la note de passage était longue, ou si les deux notes étaient rapprochées de manière à produire simultanément un choc de *seconde* ; encore, dans la musique instrumentale, n'a-t-on pas toujours égard à cette dernière considération, surtout lors des différences de timbres.

§ 481. La *fausse relation*, entre une note de passage *diatonique* et une note réelle, est généralement d'un mauvais effet ; mais dès que la note de passage est *chromatique*, la fausse relation n'est d'aucun inconvénient (Ex. 44).

§ 482. A l'égard des notes accidentelles de *première classe* (**), les notes de passage ont, en général, une marche assez libre. Pendant la durée d'une suspension on peut parcourir, en valeurs brèves, une gamme (soit diatonique, soit chromatique,) d'une ou de plusieurs oc-

---

(*) La meilleure réalisation est celle de l'Ex. 100 § 420.
(**) Page 136.

taves, sans se préoccuper de ce que cette gamme, durant son parcours, fasse entendre la note de résolution de la suspension avant que cette résolution ait eu lieu dans la partie qui suspend (Ex. 45); pourvu, toutefois, que la suspension ne se résolve pas au moment où la gamme arrive simultanément, et par mouvement semblable, sur la note résolutive de la suspension, ce qui produirait *deux octaves* (Ex. 46).

§ 483. Les *notes de passage* rapides, frappées simultanément avec la *broderie* et même avec l'*appoggiature*, ont aussi une allure assez indépendante comme on peut le voir par les Ex. 47 et 48; toutefois, à mesure qu'on ralentit le mouvement de ces exemples, les chocs dissonants des diverses notes mélodiques deviennent plus sensibles et finalement intolérables. Toutes ces licences doivent être sévèrement défendues à l'école, quelle que soit d'ailleurs la rapidité du mouvement.

§ 484. NOTES DE PASSAGE SIMULTANES. En procédant par le *mouvement direct*, les *notes de passage simultanées* ayant simultanément la même durée, qu'elles soient diatoniques ou chromatiques, ne peuvent être disposées qu'en rapports de tierces (Ex. 49 et 50) ou de sixtes (Ex. 51) ou de quartes accompagnées par une partie inférieure formant des sixtes avec la partie supérieure (Ex. 52). Pourtant, dans une série de notes analogues à celle de l'Ex. 52, on double quelquefois, à l'octave, chacune des trois parties (Ex. 52 *bis*), et, quoique cela produise une suite de *quintes*, l'effet n'en est pas dur lorsque le mouvement est rapide; cependant on ne voit cette licence que dans la musique instrumentale.

§ 485. En procédant par le *mouvement contraire*, les *notes de passage simultanées* et étant de valeurs brèves, permettent entre elles des chocs dissonants qui seraient intolérables avec des valeurs longues (Ex. 53 et 54). En tout cas, dans la musique vocale, on évite ces licences, et il est toujours préférable de disposer, en rapports consonnants, les notes de passage simultanées; on peut, alors, leur donner une durée plus longue que ne le permettraient des rapports dissonants (Ex. 55, 56 et 57).

§ 486. Les diverses notes d'un accord peuvent être soutenues durant une série de *notes de passage simultanées*, mais à condition que ces notes de passage soient assez rapides pour ne pas trop accuser les duretés qui en résultent dans les moments où elles viennent toucher les notes réelles :

§ 487. Deux ou plusieurs parties peuvent renfermer simultanément des notes de passage, sans que ces notes coïncident entre elles comme durée (Ex. 59 et 60). En ce cas, et lorsque deux parties procèdent par *mouvement semblable*, elles ne doivent aboutir ni à une *quinte juste*, ni à une *octave*, que ces intervalles, d'ailleurs, soient ou non *retardés* dans le sens expliqué § 476. Le *mouvement contraire*, entre ces *notes de passage simultanées* et d'inégale durée réciproque, autorise, pour ainsi dire, toute espèce de dureté en ce qui concerne le style libre, pourvu que les chocs des notes qui sont dissonantes entre elles passent avec une rapidité suffisante pour que l'oreille n'en soit pas blessée

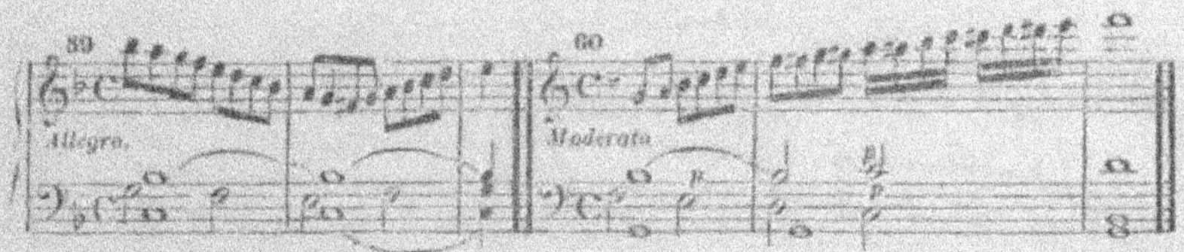

FORMULES DIVERSES DE RÉALISATION AUXQUELLES SE PRÊTENT LES NOTES DE PASSAGE ET ORNEMENTS APPLICABLES À CES NOTES.

§ 488. Une *Note de passage* peut être répétée instantanément, à diverses reprises et selon des rhythmes divers (Ex. 61 et 62); elle peut être précédée ou suivie de silences (Ex. 63, 64 et 65), ou faire partie d'une harmonie brisée (Ex. 66, 67 et 68); les notes de passage *simultanées* peuvent se briser entre elles (Ex. 76 et 77).

Les *notes de passage* peuvent être ornées par la *broderie* (Ex. 69, 70, 71, 72 et 73), ou par l'*appoggiature* (Ex. 73, 74, 75, 79, 80 et 81), et même par l'*échappée* (Ex. 82, 83 et 84).

Enfin, une *note de passage* peut précéder ou suivre, soit la *broderie* (Ex. 85 et 86), soit l'*appoggiature* (Ex. 86, 87, 88, 89, 89 bis et 90); l'*échappée* peut être précédée d'une *note de passage* (Ex. 91).

(*) La même formule peut être analysée différemment (Voir § 444, Ex. 8).

ÉQUIVOQUES RÉSULTANT DES NOTES DE PASSAGE.

§ 489. Dans les Ex. 92, 93 et 94, les notes qui occupent les temps faibles, tout en pouvant être envisagées comme notes intégrantes de l'harmonie, ont, en réalité, le caractère de *notes de passage* et doivent préférablement s'analyser comme telles.

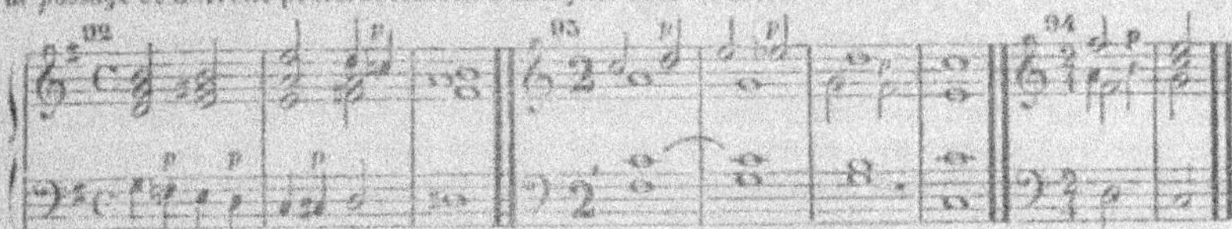

§ 490. Certaines notes de passage *chromatiques* déterminent momentanément des agrégations qui peuvent s'analyser comme accords altérés (*), (Ex. 95 et 96), ou d'autres agrégations que plusieurs théoriciens ont classées, à tort, parmi les accords altérés (Ex. 97, 98, 99, 99 *bis* et 100).

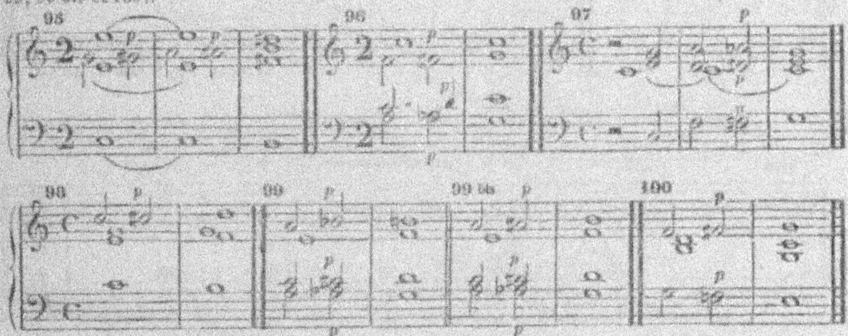

§ 491. Lorsqu'une *note de passage* accuse le temps fort, et qu'elle implique un accent, elle prend souvent le caractère de *l'appoggiature* (Ex. 101 et 102). Les remarques du § 456 sont, en partie, applicables ici.

§ 492. Les *notes de passage simultanées* se traitent quelquefois, entre elles, comme formant de véritables accords (Ex. 103 et 103 *bis*); mais l'instinct musical, en ce cas, les saisit de préférence comme notes de passage (**). Ces notes, ainsi harmonisées entre elles, constituent donc ce qu'on pourrait appeler des ACCORDS DE PASSAGE ou des HARMONIES DE PASSAGE.

(*) Voyez § 263 relativement à l'altération mélodique et à l'altération harmonique.

(**) Voir, à l'appui de cette remarque, les réflexions du § 318.

§ 493. Les *harmonies de passage* dont on vient de parler ont souvent lieu pendant la durée d'une note placée dans une partie supérieure ou intermédiaire (Ex. 104, 105, 105 *bis*, 106 et 106 *bis*); cette note est alors généralement qualifiée de *pédale* (supérieure ou médiaire) par la plupart des théoriciens; mais il est à remarquer que les accords passagers placés dans ces conditions (malgré la persistance de la note qui leur est étrangère) n'ont presque jamais l'importance, ni l'ampleur que peuvent affecter les accords accompagnant une véritable pédale; en un mot, lorsque les diverses notes de ces accords passagers procèdent, mélodiquement, par degrés conjoints et que d'ailleurs leur durée n'est pas longue, elles prennent un caractère non équivoque de notes de passage, et, par conséquent, leur émission simultanée forme des *harmonies de passage*.

APPENDICE DES DEUX CHAPITRES PRÉCÉDENTS.

RÉFLEXIONS SUR L'ANALYSE DES DIVERSES NOTES MÉLODIQUES.

§ 494. On a vu, dans différents paragraphes des deux chapitres précédents, que les notes mélodiques donnaient lieu, quelquefois, à une double interprétation de l'analyse, et qu'alors c'était au sentiment musical à apprécier le caractère de ces notes; mais on remarquera que, de fait, cette appréciation est, le plus souvent, l'effet naturel de l'influence qu'ont les temps forts et les temps faibles, influence qui, dans bien des cas, se joint à celle de la durée relative de ces notes. Néanmoins, au point de vue de la théorie et de l'analyse rigoureuse, chaque note mélodique doit être classée d'après sa position par rapport à sa note principale, car il est important d'être guidé par une méthode sûre qui puisse s'appliquer, en toute circonstance, à l'emploi ainsi qu'à la réalisation des notes mélodiques, et qui mette l'élève à même d'en étudier toutes les ressources.

MANIÈRE DE CHIFFRER L'HARMONIE CONTENANT DES NOTES ESSENTIELLEMENT MÉLODIQUES.

§ 495. Quoique, dans de rares occasions, on exprime par les chiffres certains mouvements mélodiques passagers très simples, les notes mélodiques en général ne doivent pas se traduire en chiffres. Lorsque c'est la Basse qui contient des notes mélodiques, on ne chiffre que les notes réelles, et on fait succéder, à chaque chiffre, un trait horizontal qu'on prolonge au-dessus des notes mélodiques jusqu'au point où une autre note réelle établit un changement d'accord :

Ici finit ce qui concerne la théorie de l'harmonie proprement dite. L'élève doit s'exercer maintenant à réaliser d'abord les Basses chiffrées de FENAROLI (*), puis les Basses non chiffrées du même auteur, les Basses de SALA, de MATTEI, etc., etc., ainsi que les Basses et les Chants donnés des concours du *Conservatoire de Paris* (**). Enfin, il s'exercera surtout à composer l'harmonie ou l'accompagnement de mélodies diverses, tant anciennes que modernes (***), en les réalisant toujours préférablement, et autant que possible, pour les voix.

Dans ce nouveau travail de réalisation on suivra, bien entendu, une marche progressive : les premiers exercices doivent être réalisés très simplement ; à mesure qu'on avancera, on y appliquera quelques artifices de composition consistant principalement dans l'emploi des *imitations* dont les lois les plus importantes sont exposées dans le SUPPLÉMENT de ce traité, où l'on a consigné aussi quelques idées succintes sur le *contrepoint renversable*, ainsi que les prescriptions relatives au style exigé pour les concours d'harmonie du Conservatoire, ce style étant, d'ailleurs, le plus convenable à ce genre d'exercices, et le plus favorable, en tout point, pour apprendre à écrire avec facilité, élégance et pureté.

(*) *Partimenti* de FENAROLI.

(**) Un assez grand nombre de ces Basses et de ces Chants se trouve dans le très estimable ouvrage de M. SAVARD : *Traité complet d'harmonie théorique et pratique.*

(***) Dans le but de fournir des données favorables aux différents exercices d'harmonie, il a paru, en Allemagne, un petit volume qui se recommande suffisamment par le nom de son auteur : *Uebungen zum Studium der Harmonie und des Contrapunktes von* FERDINAND HILLER. (Cologne 1860.)

ysera bon aussi de reprendre toutes les marches harmoniques contenues dans le SECOND
ivre et de les varier par l'addition de notes mélodiques, en n'y appliquant toutefois que la
broderie et les *notes de passage* (qui sont les seules notes mélodiques acceptées dans le style
rigoureux), et en se conformant à peu près au caractère des exemples suivants:

Variantes de la marche harmonique, N. 11, page 137 et page 252.

APPENDICE

CONTENANT

LES CORRIGÉS DE TOUTES LES LEÇONS

DE CE TRAITÉ.

BASSES POUR LES CHANTS DONNÉS

(Voir, les instructions du § 71, page 28.)

ACCORDS DE TROIS SONS.

ÉTAT DIRECT.

(Voir, page 24.)

N. B. Toutes les *Basses* qui vont suivre doivent être chiffrées par l'élève après les avoir placées sous leurs *Chants* correspondants.

PREMIER RENVERSEMENT.

(Voir, page 35.)

SECOND RENVERSEMENT.

(Voir, page 43.)

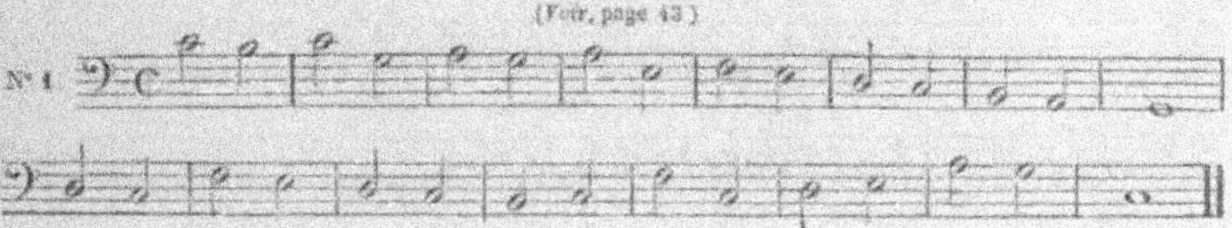

N° 2.
N° 3.
MODULATIONS.
(Voir, page 69.)
N° 1.
N° 2.
N° 3.
ACCORD DE SEPTIÈME DOMINANTE.
(Voir, pages 24 et 25.)
N° 1.
FIN.
N° 2.

N° 3.

ACCORDS DE SEPTIÈME DE DEUXIÈME ET DE TROISIÈME ESPÈCE.

(Voir, page 83.)

N° 1.

N° 2.

ACCORD DE SEPTIÈME DE QUATRIÈME ESPÈCE.

(Voir, page 91.)

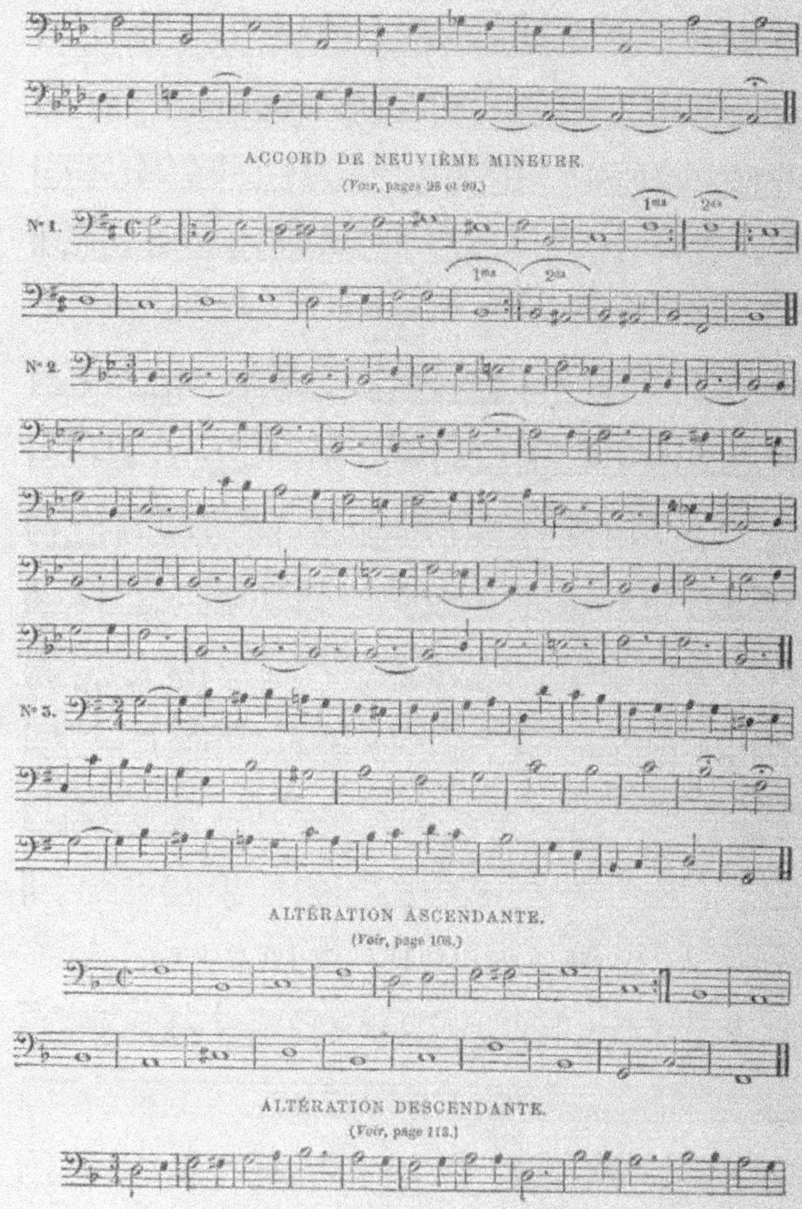

ACCORD DE NEUVIÈME MINEURE.

(Voir, pages 98 et 99.)

ALTÉRATION ASCENDANTE.

(Voir, page 108.)

ALTÉRATION DESCENDANTE.

(Voir, page 112.)

RÉALISATIONS DE TOUTES LES LEÇONS DU TRAITÉ.

N. B. Ces leçons, quoique présentées sous la forme d'une réduction pour le piano, n'en sont pas moins les transcriptions exactes d'une réalisation vocale conforme aux prescriptions des §§ 29 et 30, pages 10 et 11.

ACCORDS DE TROIS SONS A L'ÉTAT DIRECT.

BASSES DONNÉES.
(Voir, pages 17 et 18.)

N° 1.

Ibid., autre réalisation.

Ibid., à 3 parties.

N° 2.

N° 3.
N° 4
N° 5.
N° 6.
Ibid.,
à 3 parties.
N° 7
N° 8.

CHANTS DONNÉS.
(Voir, page 24.)

N° 1.

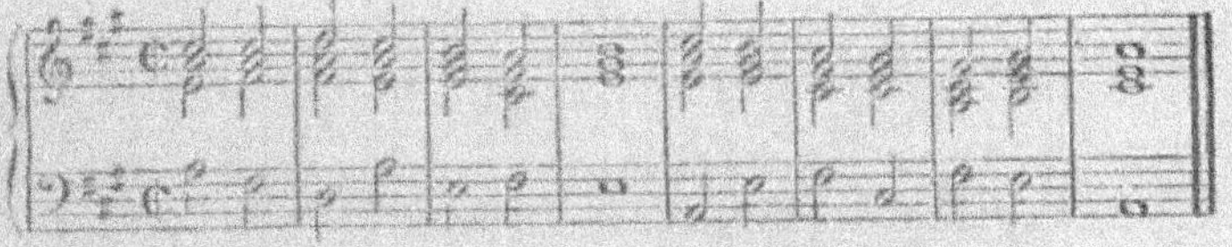

N° 2.

N° 3.

N° 4.

N° 5.

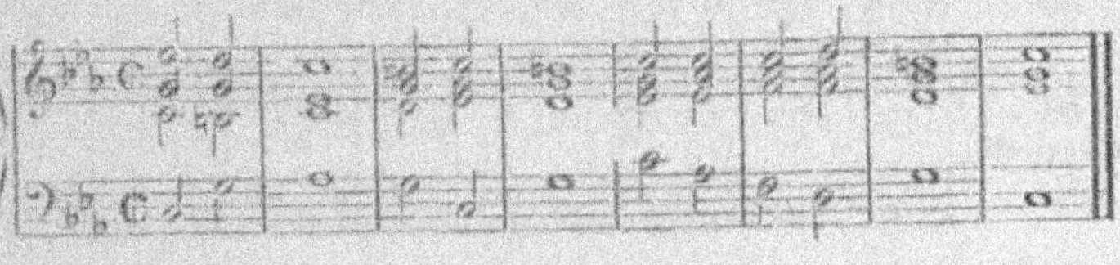

N° 6.

PREMIER RENVERSEMENT.

BASSES DONNÉES.

(Voir, page 35.)

CHANTS DONNÉS.
(Voir, page 35.)

SECOND RENVERSEMENT.
BASSES DONNÉES.
Préparation et résolution régulière de la Quarte. (Page 37.)

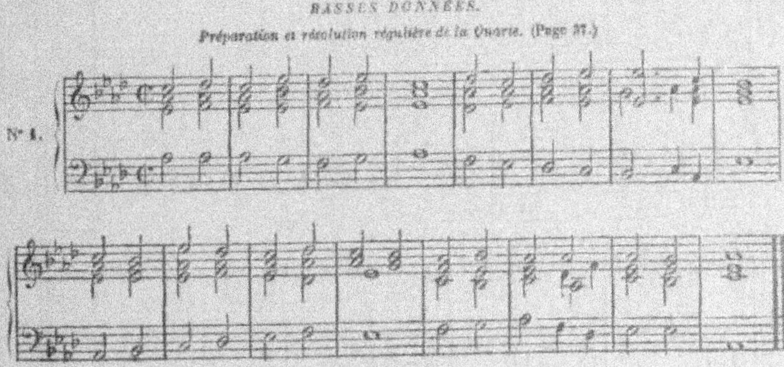

Emploi de la Quarte sans préparation. (Page 37, § 113.)

Résolutions exceptionnelles de la Quarte. (Page 39.)

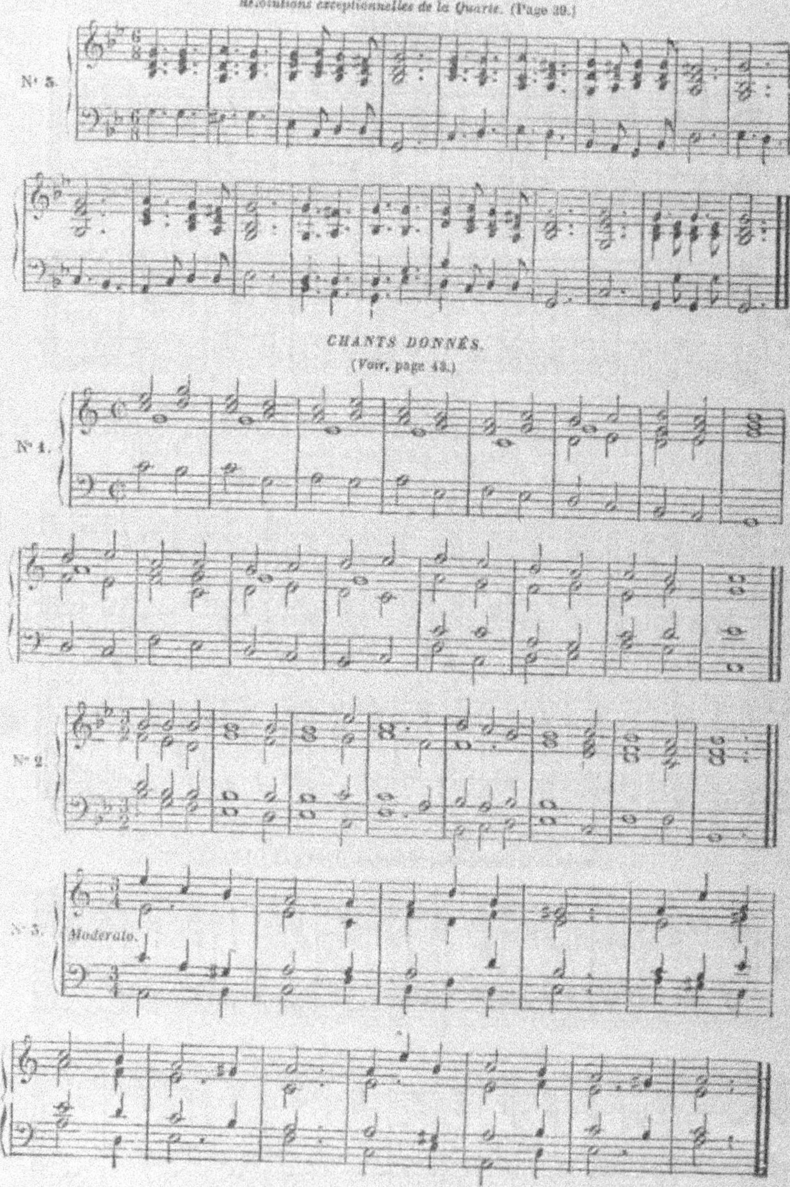

CHANTS DONNÉS.
(Voir, page 43.)

MODULATIONS AUX TONS RELATIFS.

BASSES DONNÉES.

(Voir, pages 54 et 55.)

N° 3.

MODULATIONS AUX TONS ÉLOIGNÉS et MODULATIONS PASSAGÈRES.

BASSES DONNÉES.

(Voir, pages 59 et 60.)

Nº 1.

N.º 2.

CHANTS DONNÉS.

(Voir, page 60.)

(*) Dans la réalisation des *Chants donnés* on s'est servi de quelques unissons de courte durée

MARCHES HARMONIQUES.

BASSES DONNÉES.

(Voir, pages 63 et 64.)

ACCORD DE SEPTIÈME DOMINANTE

BASSES DONNÉES.

Résolution naturelle. (Voir, page 78.)

Résolutions exceptionnelles. (Pages 80 et 81.)
N° 3.

Sons fondamentale. (Page 84.)
N° 3.
CHANTS DONNÉS.
(Voir, pages 84 et 85.)
N° 1.
Moderato.
FIN.
D.C.
N° 2.
Allegretto.

N° 3.
Allegretto
moderato.

ACCORDS DE SEPTIÈME DE DEUXIÈME ET DE TROISIÈME ESPÈCE
BASSES DONNÉES.
(Voir, pages 87 et 88.)
N° 1.

1844.
à 3 parties.
N° 2

N° 3.
CHANTS DONNÉS.
(Voir, page 88.)
N° 1.
Andantino

ACCORD DE SEPTIÈME DE QUATRIÈME ESPÉCE.

BASSES DONNÉES.

(Voir, pages 90 et 91.)

N.º 2

CHANT DONNÉ.
Voir, page 94.)
Andante.

ACCORD DE NEUVIÈME MAJEURE.
BASSES DONNÉES.
(Voir, page 95.)
N° 1.
N° 2.

ACCORD DE NEUVIÈME MINEURE

BASSES DONNÉES.

(Voir, pages 97 et 98.)

No 2
No 3.

CHANTS DONNÉS.

(Voir, pages 98 et 99.)

N.° 3. *Allegretto*

Ibid.,
à 4 parties. *Allegretto*

(*) La partie de Ténor marche mélodiquement avec la Basse.

ALTÉRATION ASCENDANTE.
BASSE DONNÉE.
(Voir, page 107.)

CHANT DONNÉ.
(Voir, page 108.)

ALTÉRATION DESCENDANTE.
BASSES DONNÉES.
(Voir, pages 112 et 112.)

N 1.

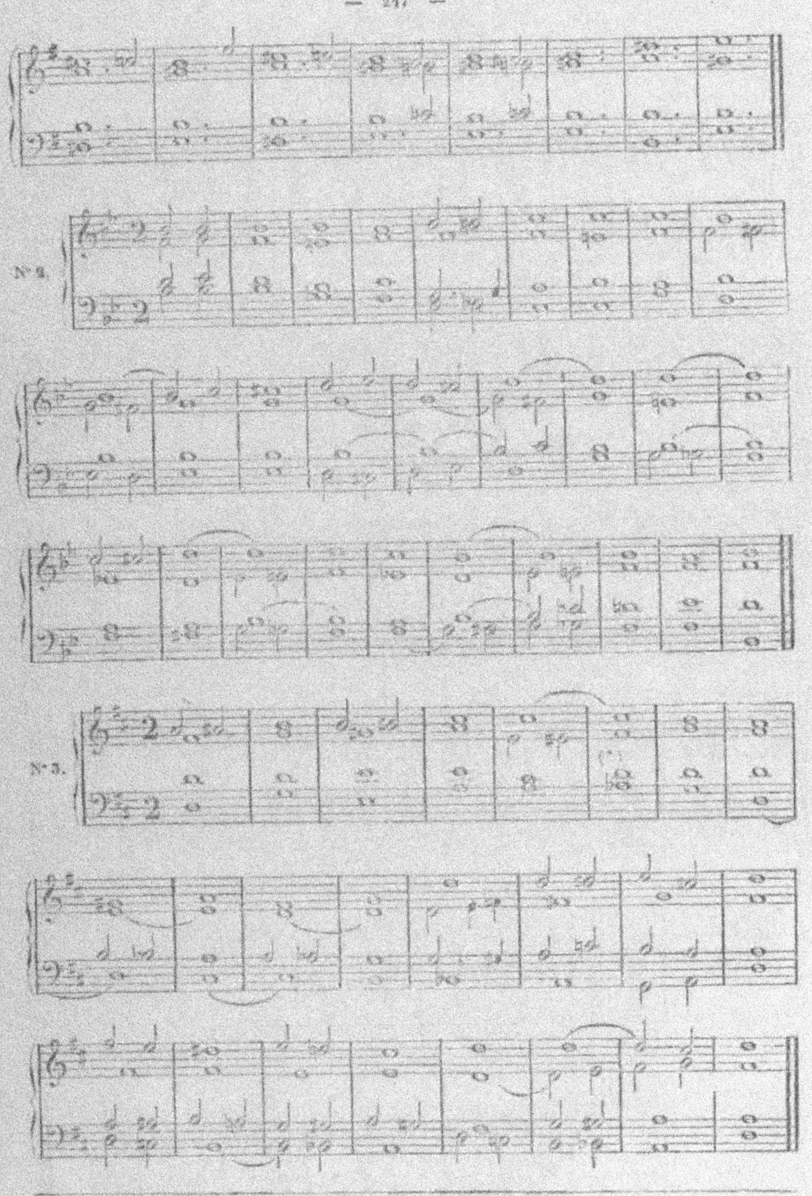

Nᵒ 2.
Nᵒ 3.

CHANT DONNÉ.

(Voir, page 113.)

SUSPENSION SUPÉRIEURE DE LA FONDAMENTALE.

(Voir, pages 136 et 137.)

N° 3.

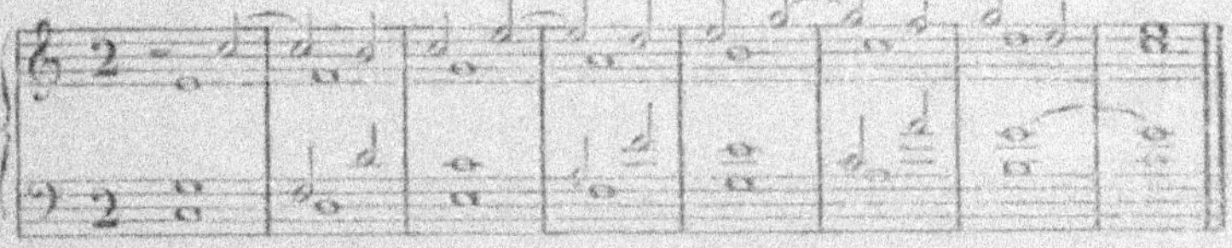

N° 4.

N° 5.

N° 6.

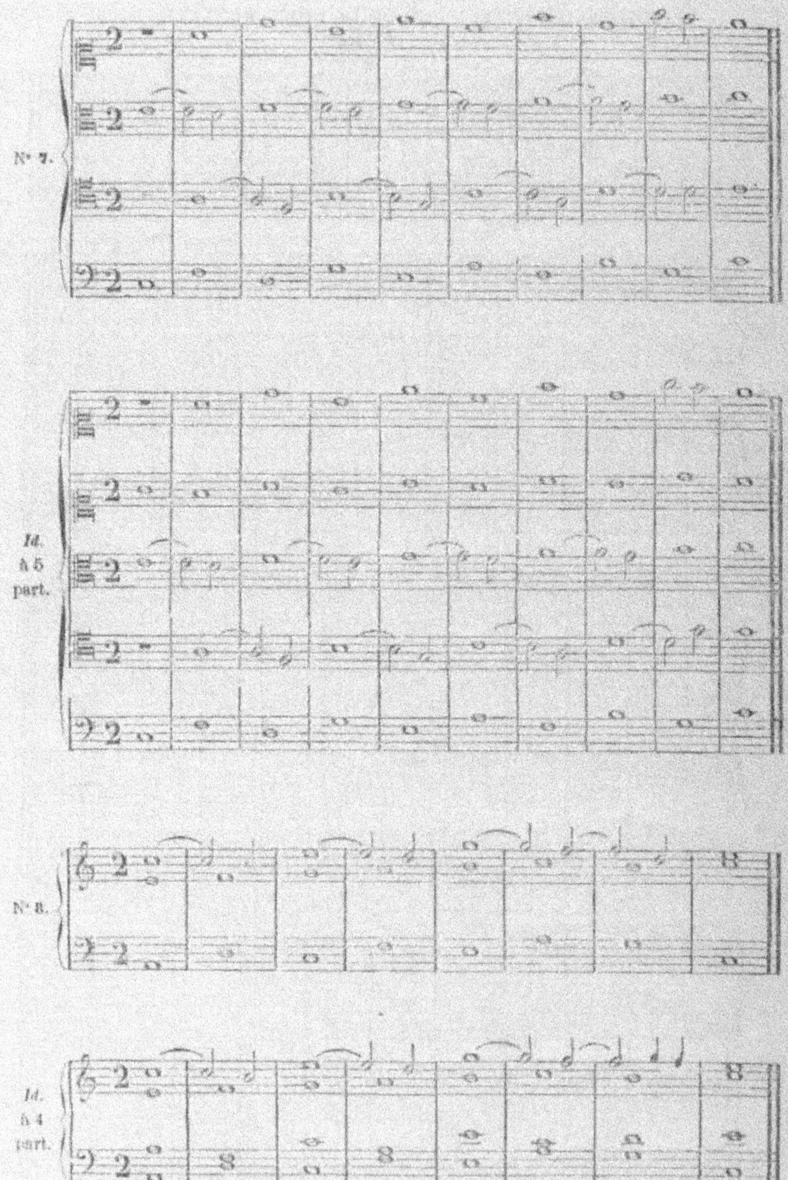
N° 7.
Id. à 5 part.
N° 8.
Id. à 4 part.

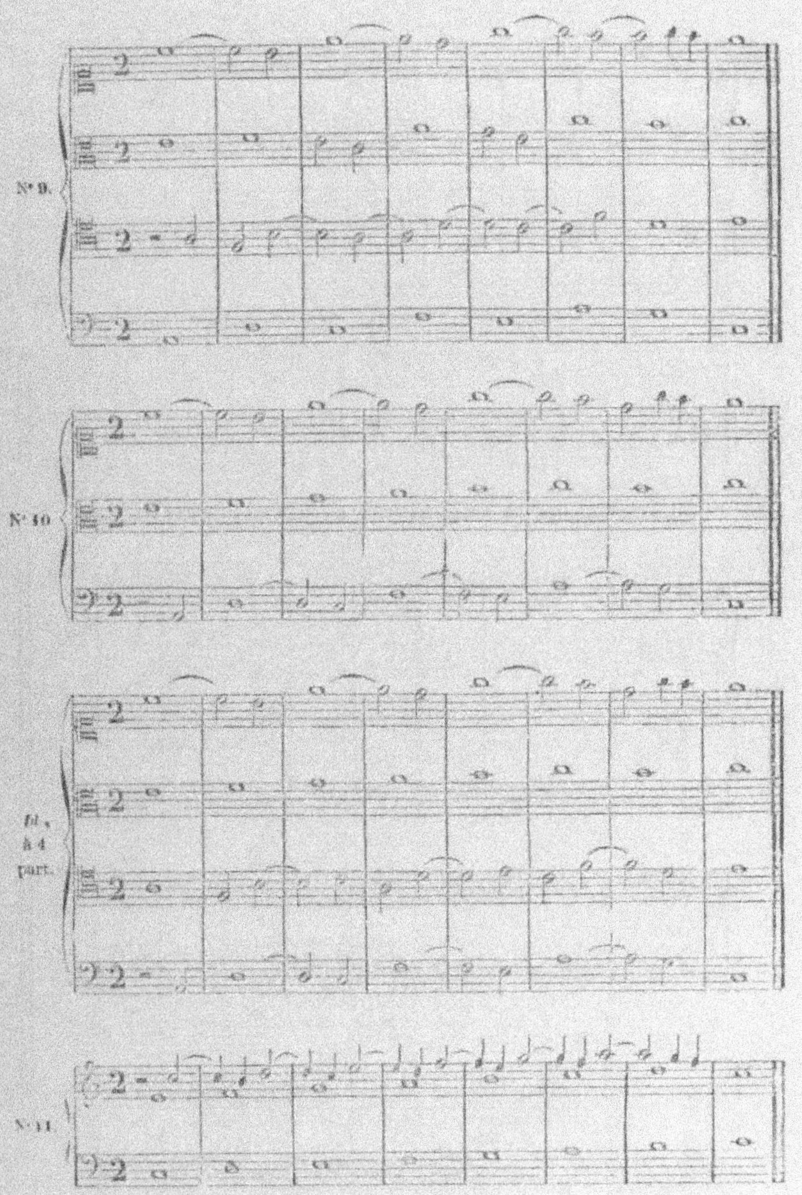
N° 9.
N° 10.
Fl., à 4 part.
N° 11.

SUSPENSION DE L'OCTAVE DE LA FONDAMENTALE.

(Voir, page 139.)

N° 2.
N° 3.
N° 4.
N° 5.

Id.
à 4
part
SUSPENSION SUPÉRIEURE DE LA TIERCE.
(Voy. page 147.)
N° 8.
N° 8 bis
N° 9

N° 10.
N° 10 bis.
à 5
parties.
N° 11.

N° 11 bis.
N° 12.
Id.
à 4
parties.

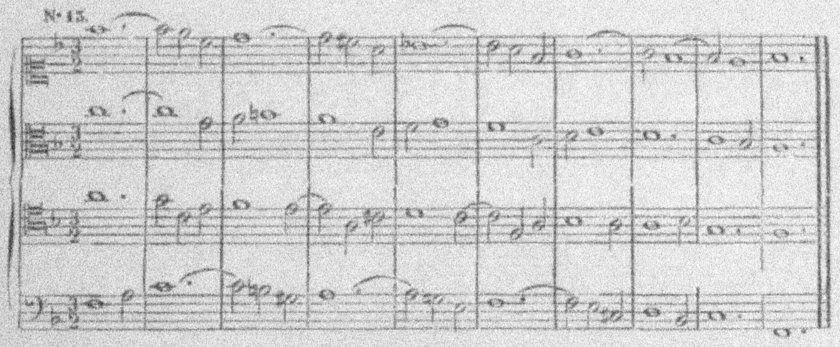

BASSES DONNÉES.
(Voir, pages 154 et 155.)

17

N° 2.

SUPPLÉMENT

DES

IMITATIONS

ET DU

CONTREPOINT RENVERSABLE

SUPPLÉMENT

CONTENANT UN APPERÇU TRÈS SUCCINT

DES IMITATIONS ET DU CONTREPOINT RENVERSABLE

DES IMITATIONS.

§ 496. L'IMITATION consiste à reproduire, dans une partie quelconque, un MOTIF ou un *fragment de motif* qu'une autre partie vient de proposer (*Voir*, plus bas, les exemples).

On peut produire des imitations, non-seulement avec la *tête* du motif, mais encore avec toutes les *parcelles* dont se compose ce motif, et varier ainsi l'intérêt d'un morceau de musique sans sortir de son sujet ni de son caractère.

Les *motifs* courts, et surtout les fragments qui ne présentent qu'une *parcelle* d'un motif, sont ceux qu'on emploie de préférence, pour les *imitations*, dans ce qu'on nomme le *style fugué*.

§ 497. Le motif proposé se nomme l'ANTÉCÉDANT, l'*imitation* de ce motif se nomme le CONSÉQUENT; on rend l'*imitation* plus saisissable en faisant précéder le *conséquent* par un silence plus ou moins long:

Exemples.

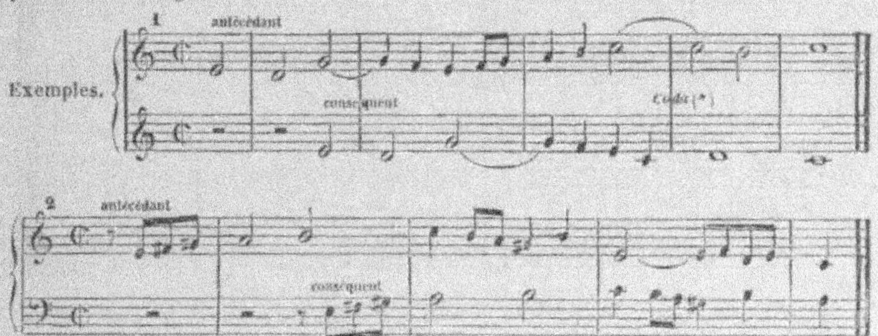

§ 498. Le *conséquent* n'imite souvent qu'une partie du motif proposé, et peut, à son tour devenir *antécédant* en proposant un autre motif: Exemple.

(*) On fait cesser l'*imitation*, à volonté, soit dans le courant, soit à la fin d'une phrase. La *Coda*, dans cet exemple, ainsi que dans la plupart des exemples suivants, n'a été ajoutée que pour servir de terminaison.

§ 499. Dans les exemples 1 et 2 le *conséquent* imite l'*antécédant* à l'*unisson* ou à l'*octave*; mais, selon que le motif s'y prête, le *conséquent* peut imiter l'*antécédant* à n'importe quel intervalle (soit simple soit redoublé) : Exemples.

§ 500. On nomme **IMITATION RÉGULIÈRE OU CONTRAINTE** celle où tous les intervalles mélodiques du *conséquent* répondent rigoureusement aux intervalles mélodiques qui leur correspondent dans l'*antécédant*; par exemple où la seconde *majeure* répond à une seconde *majeure*, la quinte *juste* à une quinte *juste*, etc., etc. Lorsque cette correspondance n'est pas complètement observée, c'est-à-dire lorsqu'on répond, par exemple, à une seconde *mineure* par une seconde *majeure* (*voyez* entre autres Ex. 4), à une quinte *juste* par une quinte *diminuée* (*Voir* Ex. 13)

l'imitation est appelée irrégulière. Il est donc évident que l'imitation à l'*octave* ou à l'*unisson* est la seule qui puisse, en toute circonstance, être parfaitement *régulière*; toutes les imitations autres qu'à l'unisson ou à l'octave sont presque toujours plus ou moins *irrégulières*, et, si on voulait les rendre *régulières*, on serait forcé d'altérer certaines notes du *conséquent* afin que tous les intervalles y répondissent exactement aux intervalles correspondants de l'*antécédant*; mais alors, le plus souvent, les exigences tonales s'opposeraient absolument à ces altérations; les imitations à la *quarte* ou à la *quinte* seules peuvent quelquefois s'y prêter sans nuire à la tonalité (*) (*Voir plus bas, Ex. 16 bis*).

On nomme imitation libre celle où la correspondance des intervalles est plus arbitraire encore que dans l'imitation *irrégulière* : par exemple où on répond à une *tierce* par une *quarte* (*Voir* Ex. 17), à une *quarte* par une *sixte* (Ex. 18). — Enfin on nomme imitation de mouvement celle où la correspondance des différents intervalles est si peu observée qu'il n'existe, entre l'*antécédant* et le *conséquent* que la seule conformité du rhythme (Ex. 19).

§ 501. L'*Imitation*, soit *régulière*, soit *irrégulière*, soit *libre*, peut avoir lieu :

1° Par mouvement semblable, c'est-à-dire lorsque le *conséquent* imite tous les mouvements ascendants ou descendants de l'antécédant (*Voir* tous les Exemples depuis 1 jusqu'à 18).

2° Par mouvement contraire : lorsque tous les intervalles *ascendants* de l'*antécédant* sont convertis, dans le *conséquent*, en intervalles *descendants*, et *vice versâ* : exemples.

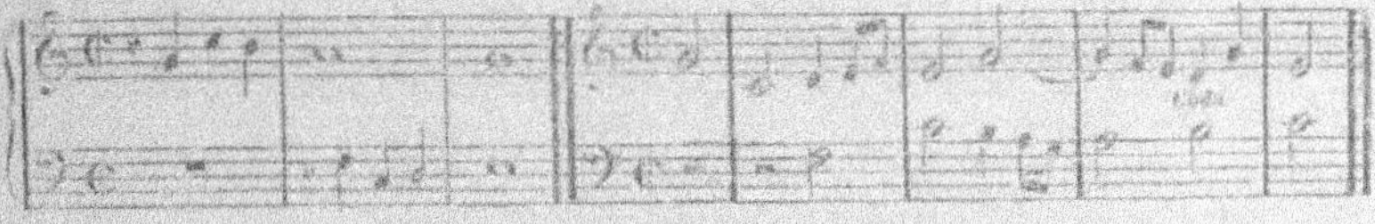

<hr>

(*) Ces mêmes imitations à la *quarte* et à la *quinte* se trouvent parfois être naturellement régulières sans les secours des altérations (*Voir* Ex. 9, 10 et 11, et comparer l'Ex. 16 à l'Ex. 16 bis); de là vient, sans doute, que jusqu'ici elles ont été classées parmi les imitations *régulières*.

3° Par AUGMENTATION : en doublant, dans le *conséquent*, la valeur de chacune des notes de l'*antécédant* :

4° Par DIMINUTION : en réduisant de moitié, dans le *conséquent*, la valeur de chacune des notes de l'*antécédant* :

Il existe encore plusieurs autres espèces d'*imitations*, mais la plupart d'entre elles sont ou ingrates ou puériles.

§ 502. Les *imitations*, selon le nombre des parties qui s'imitent successivement, prennent le nom d'*imitations* à DEUX, à TROIS, à QUATRE PARTIES, etc.

EXEMPLE D'UNE IMITATION A TROIS PARTIES.

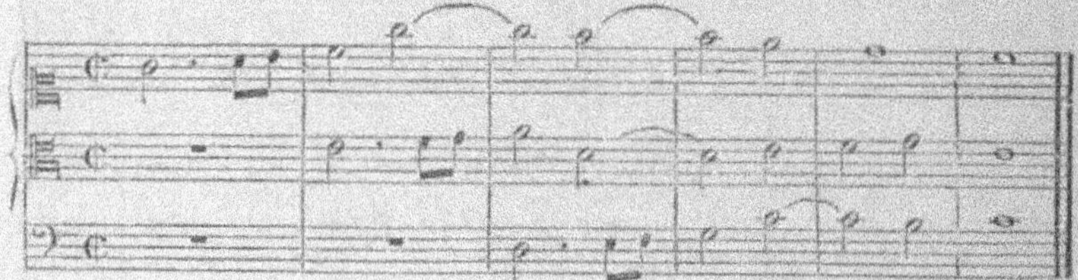

EXEMPLE D'UNE IMITATION A QUATRE PARTIES :

DU CANON(*).

§ 503. On nomme IMITATION CANONIQUE, ou simplement CANON, celle où le *conséquent* imite rigoureusement l'*antécédant* jusqu'à la fin de la phrase ou du morceau.

(*) On s'est borné à donner ici une explication générale du canon. Les instructions détaillées sur les différentes espèces de *canons* se trouvent dans la plupart des traités spéciaux de *contrepoint*.

Les **canons** à l'*unisson* ou à l'*octave* sont les plus usités et les plus saisissables pour l'auditeur, toutefois les **canons** à la *quinte* et à la *quarte* peuvent être aussi d'un très bon effet (*Voir* à cet égard les réflexions du § 500).

On nomme **canon perpétuel** celui qui est conçu de manière à ce que sa dernière mesure s'enchaîne naturellement avec celle du commencement :

Si l'on veut terminer ce *canon* il faut nécessairement y ajouter une *coda*, ne fût-elle que d'une seule note. Le plus souvent cette *coda* ne se traite pas en *canon*.

DU CONTREPOINT.

CONSIDÉRATIONS GÉNÉRALES SUR LE CONTREPOINT.

§ 504. Le mot **contrepoint**, c'est-à-dire *point contre point* (ou *note contre note*), était autrefois le seul terme universellement adopté pour désigner l'art de faire concorder les sons entre eux ; il a donc, sous beaucoup de rapports, la même signification que le mot *harmonie*, et, dans beaucoup de cas, la distinction entre ces deux termes devient illusoire et inutile. C'est ainsi que les diverses espèces de contrepoint qui tiennent à la catégorie des contrepoints *non renversables* et qu'on nomme *contrepoint simple*, *contrepoint fleuri*, etc., ne sont, de fait, que des exercices servant d'application à une harmonie très restreinte et soumise à des règles plus sévères que celles de l'harmonie moderne ; nous n'en parlerons donc pas ici, parce que ces exercices offrent peu d'intérêt au point de vue de l'*analyse*; mais ils sont très salutaires à l'élève en ce qu'ils l'assouplissent à certaines difficultés, l'astreignent à faire chanter naturellement chaque partie, et, surtout, lui apprennent à connaître le caractère du style ancien et à en apprécier la pureté (*).

De nos jours on entend principalement, par le mot *contrepoint*, une harmonie *renversable*. Le *contrepoint* n'est donc qu'une sorte de complément de l'harmonie ; c'est pourquoi on a jugé à propos d'en donner, ici, au moins les notions les plus indispensables ; l'élève, plus tard, aura recours à des traités spéciaux (**) pour l'étude approfondie de cette partie de l'art.

DU CONTREPOINT RENVERSABLE

§ 505. On nomme *renversable* toute harmonie dont les différentes successions mélodiques, peuvent, à volonté, faire entre elles un échange de parties, c'est-à-dire être transposées de telle sorte que la mélodie d'une partie aiguë passe dans une partie grave, ou *vice versâ*, et que toutes ces mélodies puissent ainsi servir alternativement de *bonne Basse* les unes aux autres.

§ 506. La mélodie proposée la première se nomme *sujet*; chacune des autres mélodies se nomme *contre-sujet*.

§ 507. Les conditions essentielles à tout *contrepoint renversable* sont les suivantes :

1° Quelle que soit la disposition des parties, et quelque renversement qu'on leur fasse subir, elles ne doivent jamais donner lieu : ni à une *quarte juste* quand elle est la conséquence

<hr>

(*) Consulter, pour ce genre de travail, le *Cours de contrepoint et de fugue par* CHERUBINI.
(**) Outre le traité de CHERUBINI déjà mentionné, nous recommandons celui de REICHA.

d'un second renversement (*), ni au renversement de la dissonance de *neuvième* (que ce soit l'accord de neuvième, ou la suspension neuf-huit), puisque ce renversement n'est jamais admissible, même dans l'harmonie simple (*Voir* § 242 et § 348).

2° Toute dissonance doit être préparée, même celle de l'accord de septième dominante (**).

§ 508. Le *contrepoint* le plus utile, le meilleur, et, pour ainsi dire, le seul généralement pratiqué de nos jours, est celui dont les diverses parties mélodiques peuvent alternativement et indifféremment se transposer d'une *octave* (ou d'une *quinzième*), soit à l'aigu, soit au grave; on l'appelle CONTREPOINT A L'OCTAVE; il offre de précieuses ressources au compositeur et il a l'avantage de pouvoir s'appliquer à tous les styles.

§ 509. Parmi les *contrepoints* renversables à des intervalles autres que l'*octave*, il n'en est que deux qui offrent quelque intérêt: ce sont: le CONTREPOINT A LA DIXIÈME et le CONTREPOINT A LA DOUZIÈME; mais ces deux sortes de contrepoint sont peu praticables dans la musique moderne, leurs ressources étant fort restreintes; on a donc jugé à propos, dans ce court exposé, de ne parler que du contrepoint à l'*octave*.

CONTREPOINT A L'OCTAVE

§ 510. Cette espèce de contrepoint peut se traiter à *deux*, à *trois*, ou à *quatre* parties, et selon le nombre de ces parties, on le qualifie de DOUBLE, TRIPLE, QUADRUPLE.

§ 511. Le CONTREPOINT DOUBLE A L'OCTAVE, OU A LA QUINZIÈME (*double octave*) se compose d'un *sujet* et d'un *contre-sujet* pouvant tous deux mutuellement, et à volonté, servir de bonne Basse l'un à l'autre, soit qu'on les maintienne dans la disposition où ils ont été conçus d'abord (EX. 1), soit qu'on transpose, d'une ou de plusieurs octaves, la partie supérieure au grave (EX. 1 *bis*) ou la partie inférieure à l'aigu (EX. 1 *ter*).

§ 512. En conséquence cette espèce de contrepoint ne permet ni l'intervalle harmonique de *quinte juste*, puisqu'il est défendu d'employer son renversement, la *quarte juste* (§ 507); ni la dissonance de *neuvième*, puisque son renversement est impraticable (§ 507).

(*) Pour les règles explicites sur l'emploi de la *Quarte*, voir, § 520 à 521.

(**) Toutefois, dans le contrepoint moderne appliqué au style libre, on se dispense quelquefois de préparer la **septième** de cet accord.

§ 513. Cependant la *quarte juste* est permise lorsqu'elle n'est pas le résultat d'un *second renversement* (*) : par Ex. lorsqu'elle peut être considérée comme *suspension* de la *tierce* :

§ 514. Le *contre-sujet* doit, autant que possible, différer du *sujet* par le rhythme et par l'allure mélodique ; ainsi un passage tel que le suivant :  quoique très-renversable, est d'un style trop plat pour pouvoir caractériser un vrai *contrepoint*. Il faut donc éviter les mouvements *parallèles* réitérés.

§ 515. Il est, en général, préférable de ne faire entrer le *contre-sujet* qu'après l'attaque du *sujet*, afin que la *tête* de chacun des motifs se distingue nettement l'une de l'autre.

§ 516. On évite l'intervalle harmonique d'*octave*, parce que son renversement donne l'*unisson*. Ce n'est qu'au début du contrepoint, pour servir de préparation à une dissonance (Ex. 2), ou bien comme terminaison du contrepoint (Ex. 4), que l'unisson et l'octave sont d'un bon effet ; partout ailleurs on ne les emploie guère que placés sur les temps faibles (Voir la fin de la deuxième mesure de l'Ex. 1).

§ 517. Dans le style vocal (**), où il faut nécessairement avoir égard aux limites prescrites par l'étendue des voix, le *contre-sujet* doit toujours être conçu de manière à ne pas présenter, entre lui et le *sujet*, un intervalle harmonique plus grand que l'*octave* (Ex. 1 et 2) ; car si on dépassait cet écartement (comme dans l'Ex. 3), le renversement ne pourrait se pratiquer que par le fait d'une transposition à la double octave, c'est-à-dire à la *quinzième* (Ex. 3 bis), vu que le renversement à la *simple octave* placerait le *contre-sujet* tantôt au-dessus tantôt au-dessous du *sujet* (Ex. 3 ter) et il n'y aurait pas de véritable renversement.

(*) Voyez § 522 et 523.

(**) Dans le style instrumental même, il est toujours infiniment préférable de se conformer aux instructions contenues dans ce paragraphe.

Il est à remarquer qu'un *contrepoint à l'octave* est, en tout cas et à volonté, renversable aussi à la *quinzième*, tandis qu'un *contrepoint à la quinzième* prive le compositeur d'une partie des avantages que présente le contrepoint réel à *l'octave*, dans les diverses dispositions dont il est susceptible.

§ 518. Un *contrepoint* quelconque peut être accompagné par des parties accessoires qu'il n'est pas nécessaire de traiter en contrepoint, et qu'on n'y ajoute que pour compléter l'harmonie; en ce cas c'est toujours le nombre de parties renversables qui, seul, donne sa qualification au contrepoint; ainsi un contrepoint à deux parties renversables reste *contrepoint double* quel que soit le nombre des parties qui l'accompagnent, et il ne devient contrepoint *triple* ou *quadruple* que lorsque l'harmonie contient *trois* ou *quatre* parties renversables.

§ 519. Le CONTREPOINT TRIPLE et surtout le CONTREPOINT QUADRUPLE, *à l'octave*, sont infiniment moins usités que le contrepoint double. La suppression obligatoire de la *quinte juste*, dans les accords, prive nécessairement l'harmonie de l'une de ses ressources et crée au compositeur beaucoup d'entraves dans la conception mélodique des parties. Néanmoins, dans certaines circonstances, ces deux sortes de contrepoint peuvent être d'une heureuse application; il sera donc indispensable de s'y exercer lorsqu'on se livrera à l'étude spéciale de l'art du contrepoint.

En résumé, le *contrepoint triple* et le *contrepoint quadruple à l'octave* sont soumis aux mêmes règles que le *contrepoint double à l'octave*; on se dispensera, ici, d'en parler plus longuement.

RÈGLES SUR L'EMPLOI DE LA QUARTE DANS LE CONTREPOINT ET DANS LE STYLE RIGOUREUX.

§ 520. Tout *second renversement* produisant une *quarte juste* est proscrit (Voir plus bas les Ex. 1 et 2).

§ 521. Pour que le *second renversement* soit admissible il faut retrancher la *fondamentale* de l'accord; dès lors il n'y a plus de quarte (Ex. 1 *bis* et 2 *bis*).

§ 522. Lorsque la *quarte juste* produite par la Basse et une des parties supérieures n'est pas le résultat d'un *second renversement*, cette quarte est permise pourvu qu'elle soit traitée en *dissonance*, c'est-à-dire qu'elle soit *préparée* et *résolue* :

§ 523. La *quarte juste* est encore permise lorsqu'elle est placée sur un temps faible et que l'une des notes, formant cette quarte, a le caractère d'une *note de passage* :

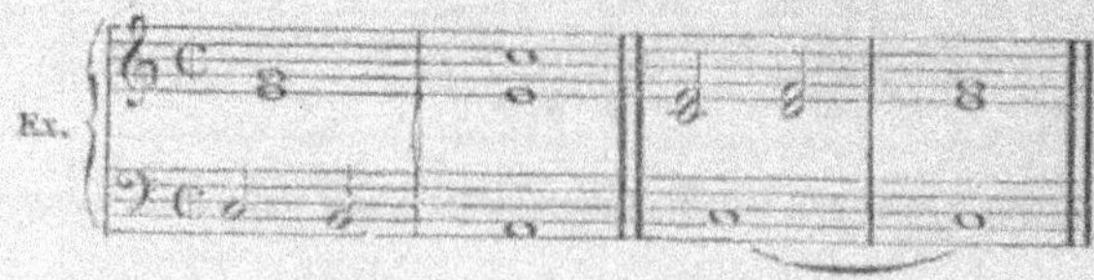

§ 524. La quarte *augmentée* est permise (Ex. A) ; toutefois, lorsqu'elle n'est pas **préparée, on** l'accompagne ordinairement de la sixte (Ex. B).

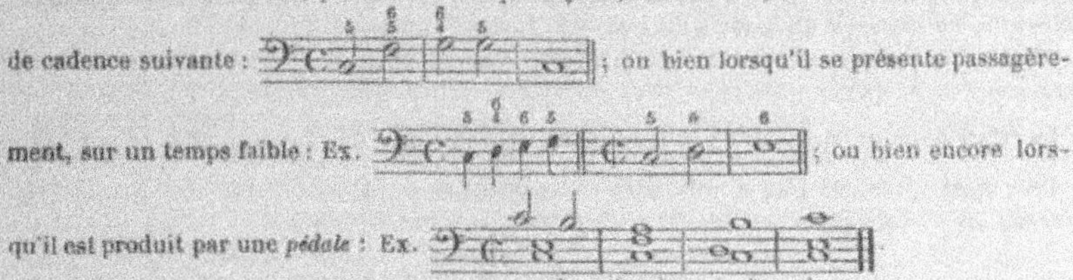

DU STYLE RIGOUREUX.

N. B. Les règles de ce qu'on nomme style rigoureux ne sont pas absolues : elles sont plus ou moins sévèrement observées dans les différentes écoles. Nous donnons ici un relevé de celles qui sont imposées, au Conservatoire de Paris, pour les concours d'harmonie et de fugue.

§ 525. Les leçons doivent être écrites à quatre parties vocales, pour *soprano, contralto, ténor* et *basse*, dans les clefs suivantes :

Il faut, autant que possible, maintenir les voix dans leur *médium* qu'on ne doit dépasser que rarement et momentanément.

La *marche mélodique* de chaque partie doit être naturelle, facile, et, le plus souvent, *diatonique*.

On proscrit : 1° Tous les intervalles mélodiques *augmentés* ou *diminués*, sauf ceux qui se trouvent dans le courant d'une marche harmonique ; 2° tous les intervalles plus grands que la *quinte juste*, sauf l'octave ; toutefois on tolère la *sixte mineure* ; 3° les intervalles soit *augmentés* soit *diminués*, ainsi que les intervalles, soit de *septième*, soit de *neuvième*, coupés par une seule note intermédiaire (*Voir* § 42 *bis*). Cependant, lorsque le *sujet donné* contient de pareils intervalles, ils peuvent s'employer dans les imitations tirées de ce sujet.

Toute *fausse relation*, entre *notes réelles*, est proscrite.

Tout *second renversement*, produisant une *quarte juste*, est défendu, si ce n'est dans la formule de cadence suivante : ; ou bien lorsqu'il se présente passagèrement, sur un temps faible : Ex. ; ou bien encore lorsqu'il est produit par une *pédale* : Ex.

On doit *préparer* toutes les *dissonances*. Quoique la *septième dominante* fasse exception à cette règle, il est préférable de la préparer ; la *septième diminuée* peut dans certains cas, se passer de préparation ; mais la *septième de sensible* (§ 244), que d'ailleurs on emploie rarement, doit toujours être préparée.

Les *dissonances* qui exigent une *préparation* ne peuvent changer de place pendant la durée de l'accord.

L'*accord de neuvième majeure* et surtout l'*accord de neuvième mineure* ne doivent jamais s'employer avec leur *fondamentale*, à moins que cette fondamentale ne se présente comme *pédale*.

On ne se sert de l'*altération ascendante de la quinte* que comme *note de passage* : Exemple . . . .

On n'admet l'*altération descendante de la quinte* que comme *accord de sixte augmentée*, et seulement dans certaines formules semblables aux suivantes :

Ex. 

Les accords de *sixte augmentée* avec *quinte* ou avec *quarte* ne sont pas admis (*).

Parmi les *notes accidentelles de 1re espèce* on n'emploie que les *suspensions* et la *pédale*. Parmi les *notes accidentelles de 2e espèce* on n'emploie que la *broderie* et les *notes de passage* (**). Ainsi on n'admet ni les *retards irréguliers*, ni l'*anticipation*, ni l'*appoggiature*, ni l'*échappée*.

Parmi les *suspensions* on n'admet que les suivantes : 1° La suspension *supérieure de la fondamentale* dans les *accords de trois sons* seulement, et principalement la suspension 7-6 ainsi que la suspension 9-8. 2° La suspension *supérieure de la tierce*; dans les *accords de trois sons* et dans l'*accord de septième dominante sans fondamentale*; dans l'accord de neuvième mineure sans fondamentale (accord de *septième diminuée*) : Ex.   ; et dans l'*accord de sixte augmentée* : Ex.   . Quant à l'*accord de septième dominante* (avec fondamentale), la suspension de la *tierce* y est tolérée; toutefois il faut observer que, en général, l'effet d'une *suspension* est meilleur lorsque l'accord ne contient pas d'autre dissonance que celle qui est produite par la *suspension* même.

Les suspensions *doubles* et *triples* ne sont admises que dans l'*accord de onzième tonique*.

La *pédale* ne s'emploie jamais que dans la Basse (*pédale inférieure*); la *pédale*, soit *supérieure*, soit *médiaire*, n'est admise que lorsqu'elle peut s'analyser comme dissonance se maintenant en place (§ 183 et § 312), c'est-à-dire comme *note intégrante*.

La *broderie* et les *notes de passage* ne s'emploient qu'après le frappé de l'accord.

En ce qui concerne les *quintes* et les *octaves* RÉELLES provenant du *mouvement direct*, on doit se conformer à la *règle* du § 48, à l'*exception* § 53, et à l'*observation* du § 54.

Deux quintes justes consécutives, ou *deux octaves*, sont proscrites, même par le *mouvement contraire*.

La *quinte diminuée*, succédant à la *quinte juste*, est défendue : Ex.

Deux quintes justes ou *deux octaves* entre notes *réelles* et notes *accidentelles* (Voir § 451) sont considérées comme *quintes réelles*, et, par conséquent, sont défendues.

La *broderie* de la *suspension* dans les deux exemples suivants :

est considérée comme produisant des quintes et des octaves *retardées* (Voir § 448 *bis*).

Dans tous le cours du morceau, chaque temps doit être *frappé*, c'est-à-dire accusé par un mouvement mélodique quelconque de l'une des parties au moins(*); toutefois la *broderie*, étant généralement d'un effet assez faible, est considérée comme insuffisante pour accuser un temps; Ex. 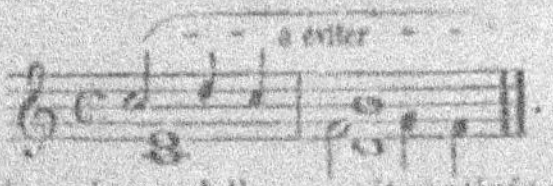 . On n'admet pas non plus la *répétition* d'une même note, à moins qu'elle ne soit motivée par le *sujet* principal; il en est de même des *accords brisés*, en d'autres termes: de certains dessins mélodiques formés seulement par les diverses notes successives d'un accord: p. Ex.  . Ces sortes de dessins ne sont permis que lorsqu'ils sont justifiés par le caractère du *sujet donné*.

Les *liaisons boiteuses* (§ 182) sont sévèrement défendues.

On ne doit jamais *syncoper simultanément* les *deux parties extrêmes*, sauf dans le cas où la partie supérieure contiendrait une suspension pendant la durée d'une pédale dans la Basse.

Il faut éviter de *syncoper l'harmonie*, c'est-à-dire, de prolonger, quelle que soit sa valeur, le dernier accord d'une mesure dans la mesure suivante, lors même que, au lieu d'être syncopé, cet accord y serait refrappé, fût-il dans une position différente. L'exception à cette règle n'est admise que lorsque la partie *donnée* ne permet pas de traiter l'harmonie différemment; c'est ainsi que la *Basse donnée*, page 272, contient plusieurs passages d'harmonie syncopée.

On doit éviter une suite quelque peu continue de *tierces* ou de *sixtes*, en un mot, les *mouvements parallèles* réitérés.

On fait grand usage de *suspensions*, de *marches harmoniques* et d'*imitations*.

On ne *croise* les parties entre elles que dans les *imitations*; mais on évite toujours de croiser avec la Basse.

Lorsque deux ou plusieurs parties s'*imitent*, il est bon de faire précéder l'attaque du *motif*, dans chacune des parties, par un *silence*; plus ce silence est long, mieux l'imitation se fait sentir.

Lorsqu'on fait taire momentanément une partie elle ne peut faire sa *rentrée* que sur un *accord consonnant*, lequel, cependant, peut avoir une *note suspendue*. On ne peut faire taire une partie qu'en l'arrêtant sur un *accord consonnant*.

N. B. Toutes les règles qui sont consignées dans le relevé précédant concernent surtout les concours de *fugue*. Dans les concours d'*harmonie* aussi elles doivent être sévèrement observées pour la réalisation des BASSES DONNÉES. Quant aux CHANTS DONNÉS, lorsque le style en est moderne, ils permettent plus de latitude dans l'emploi de certains accords dissonants: p. Ex. l'*accord de septième de sensible sans préparation*, l'*accord de sixte augmentée avec quinte ou quarte*, y sont admis. En outre, ces CHANTS DONNÉS renferment quelquefois des *appoggiatures*, et même des *anticipations* ou des *échappées*; c'est à l'instinct musical de l'élève à apprécier ces différentes notes et à les traiter, chacune dans son caractère.

Afin de donner un aperçu plus saisissable du style usité dans les concours d'harmonie du Conservatoire, nous donnons pour exemples les leçons suivantes:

(*) Dans la mesure ₵ *alla breve* il suffit de frapper les deux temps principaux.

CONCOURS DE 1852 (*)

PREMIER PRIX DÉCERNÉ A M. P. M. TAITE, ÉLÈVE DE M. REBER.

(*) Le programme des concours d'harmonie, au Conservatoire, consiste toujours dans la réalisation d'une *Basse donnée* (non chiffrée), ainsi que d'un *Chant donné*. — Les *Basses* et les *Chants* suivants sont tous de M. Laborne, professeur au Conservatoire.

Allegretto.
dolce
CHANT DONNÉ
C.
dolce
T.
dolce
B.
dolce
cresc.
cresc.
cresc.
cresc.

F
dolce
dolce
dolce
dolce

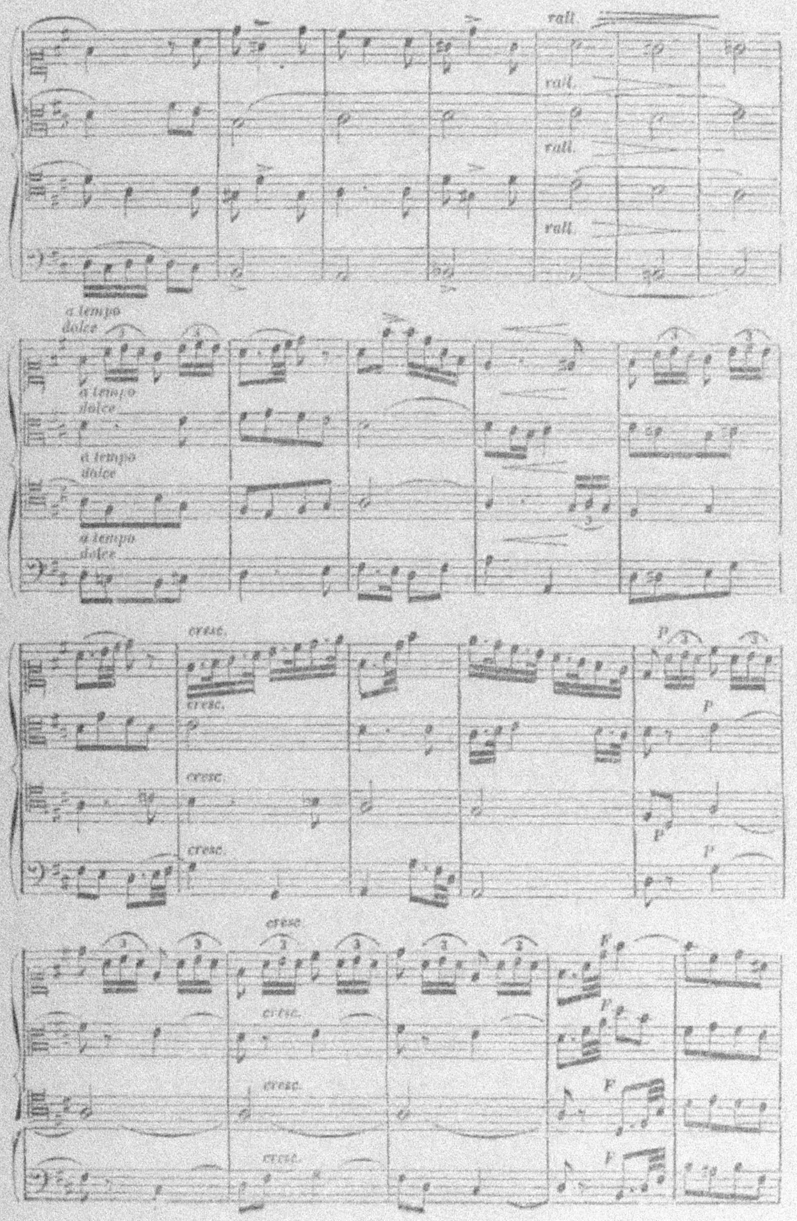

cresc.
cresc.
cresc.
cresc.

CONCOURS DE 1855.

PREMIER PRIX DÉCERNÉ A M. L. LEGOUIX, ÉLÈVE DE M. REBER.

CHANT DONNÉ.
C.
T.
B.

CONCOURS DE 1860.

PREMIER PRIX DÉCERNÉ A M. JUSTIN PERROT, ÉLÈVE DE M. REBER.

Moderato.
CHANT DONNÉ
C.
T.
B.